JN114071

山本浩司の
automa
system

新・でるトコ 一問一答＋要点整理

不動産登記法 2

オートマ実行委員会
代表 **山本浩司**

早稲田経営出版

TAC PUBLISHING Group

はしがき

　司法書士試験用のテキストとしてオートマシステムを世に問うてから10年近くになりました。

　この本を受験生のみなさまにご愛用いただき、いままで数多くの合格者を輩出できたことはまことに喜ばしく、ありがたいことでありました。

　さて、このオートマシステム、本体は、「民法1」から「短期合格のツボ」の14冊がありますが、これは、私の独創によって生まれたものです。その作成の方針は、受験生のみなさまにわかりやすいものをということで一貫しており、たとえば、各科目の学習の順番も私の独創です。オートマシステムには類書がないわけでありまして、この点が、従来、シリーズの長所でもあり、若干のネックでもありました。

　ネックというのは、学習の順が独創なので、これに見合う、その順番通りの練習用の問題集がこの世になかったのです。オートマ過去問よりも出題形式が平易で、初学者でもサクサク解ける練習用の問題集が、です。

　しかし、今回、オートマ実行委員の西垣哲也先生の力を借りて本シリーズの刊行に至りました。

　これによりオートマ本体を学習したみなさまが、問題を解く練習をしながら楽しく実力を固め、そして確かめる道ができることとなりました。

　「新・でるトコ」シリーズの問題文、解説文はすべて私の精査を経ています。

　どうぞ、オートマシステムでの学習のお供に、また、それを離れても基礎事項の確認作業に本シリーズを十分にご活用いただき、司法書士試験を突破していただけましたら、これ以上の喜びはありません。

　みなさまのご多幸をお祈り申し上げます。

平成28年3月

オートマ実行委員会代表　山本浩司

第6版の刊行にあたって

　令和6年4月までに施行される「相続登記義務化」「単独申請の拡大」などに関連する不動産登記法、不動産登記令、不動産登記規則の改正内容を反映させて、その他必要な修正をしたうえで、第6版を刊行することといたしました。

　本書を使って、しっかりとした基礎を身につけていただければ幸いです。

令和6年3月

オートマ実行委員会代表　山本浩司

本書の使い方

1 本書のコンセプト

「初学者にもわかりやすい、テキストによるインプット学習を最適な形でサポートする復習用問題集」です。

2 本書の特徴

「新・でるトコ」は、「オートマシステム」で学習をしている全ての受験生のために新しく作り直した「基本知識を定着させる」ためのシリーズです。

「オートマシステム」を読みながら、同時に「新・でるトコ」で基本を復習すれば、あっという間に知識が定着していきます。

「新・でるトコ」は「オートマシステム」の著述の順に従って、重要な基礎知識だけを絞り込んで、一問一答形式に配列しました。同時に使用することで、学習がとても効率的に進められます。

3 本書の構成

① 一問一答で基本知識を問う；問題文は勉強しやすい一問一答形式です。

② 解説は×肢であれば「×の理由」を端的に記述；無駄のない学習に最適です。

③ 「ココまでのまとめ」；要所に配置された「ココまでのまとめ」では、特に重要な知識を「急所」としてコンパクトに整理しました。知識の定着にとどめをさしてください。

4 オートマシリーズによる学習プロセス

「オートマシステム」→「新・でるトコ」→「オートマ過去問」

「オートマシステム」で知識をインプットするときは、かならず同時に「新・でるトコ」で復習しましょう。「テキストを1章読んだら新・でるトコの該当箇所をやる」イメージです。何度も往復して、しっかりと知識を定着させましょう。

知識が定着したら、次は実戦です。知識を使って問題を解く練習を、「オートマ過去問」を使って徹底的にやりましょう。解けなかった問題は、もう一度「オートマシステム」と「新・でるトコ」に戻ってやり直しましょう。

この繰り返しが、合格の力を身につける最短の近道です。

目 次

Part 2　各種の登記

Chapter 1　登記名義人の住所・氏名等の変更、更正の登記 … 156

Chapter 2　所有権の移転の登記（相続関係）… 166

Chapter 3　所有権の移転の登記（相続以外）… 174

Chapter 4　所有権の変更の登記 ························· 184

Part **1**

基本編

Section **1** 共同申請

1 登記事項証明書

Q 1 何人も、登記官に対し、手数料を納付して、登記事項証明書の交付を請求
することができる。

Q 2 閉鎖登記記録に記録されている事項の全部または一部を証明した書面の交
付を請求することはできない。

Q 3 表示に関する登記には、登記義務がある。

2 登記の申請、登記原因証明情報

Q 4 登記は、法令に別段の定めがある場合を除いて、当事者の申請または官公
署の嘱託がなければすることができない。

Q 5 錯誤を登記原因とする所有権の移転の登記の抹消を申請するときは、登記
原因証明情報の提供を要しない。

Q 6 仮処分による失効を登記原因とする登記を申請するときは、登記原因証明
情報の提供を要しない。

電子申請（以下、オンライン申請）に関する問題では、問題文に記載のない限り、特例方式は考慮しないで解答してください。

A 1 ◯　そのとおり（不動産登記法119条1項）。理由のいかんを問わず、手数料さえ支払えば、誰でも登記事項を見ることができる。そして、この仕組みを「公示」という。

A 2 ✕　閉鎖登記事項証明書の交付も請求できる（不動産登記規則196条2項参照）。登記記録は、過去の履歴を含めて公示されている。

A 3 ◯　そのとおり。不動産の表示に関する登記を記録する部分を表題部といい、建前として、わが国の不動産はすべて登記記録が作成される。

A 4 ◯　そのとおり（不動産登記法16条1項）。職権による登記は、原則として認められない。

A 5 ✕　権利に関する登記を申請する場合、申請人は、法令に別段の定めがある場合を除いて、登記原因証明情報を提供しなければならない（不動産登記法61条）。錯誤を登記原因とする所有権の移転の抹消登記について、これを要しないとする「別段の定め」は存在しない。

A 6 ◯　そのとおり。本問の登記は、「別段の定め」の一つである（不動産登記令7条3項3〜5号）。

Q 7　売買契約の日から10年を経過した買戻特約の抹消登記を登記権利者が単独で申請するときは、登記原因証明情報の提供を要しない。

③ 登記識別情報

Q 8　登記が完了したときは、申請人に対して、常に登記識別情報が通知される。

Q 9　債権者が登記権利者に代位して、所有権の移転の登記を申請した場合、申請人である債権者に登記識別情報が通知される。

Q 10　登記識別情報は、不動産および登記名義人となった申請人ごとに通知される。

Q 11　法定代理人が申請人を代理して登記を申請し、その登記が完了したときは、登記識別情報は、法定代理人に通知される。

Q 12　司法書士が申請人を代理して登記を申請し、その登記が完了したときは、登記識別情報の通知を受けるための特別の委任がなくても、登記識別情報は、司法書士に通知される。

A 7 ○ 　そのとおり（不動産登記令7条3項1号）。売買契約と同時にする買戻しの期間の上限は10年であり、これを伸長することができない（民法580条1項・2項）。また、売買契約の日は登記されており、実体上、買戻権の消滅が登記記録からも明らかとなるからである。

> 🐕 **One Point ◆ 法令の別段の定め**
>
> 法令上、登記原因証明情報の提供を要しないケースは、次のとおりです（不動産登記令7条3項）。
>
> 1　契約の日から10年を経過した買戻特約の単独抹消の登記
> 2　所有権保存登記（敷地権付き区分建物に係る法74条2項保存の場合を除く）
> 3　仮処分による失効を登記原因とする抹消登記

A 8 ✕ 　登記識別情報は、その登記をすることによって申請人自らが登記名義人となる場合にのみ、通知される（不動産登記法21条本文）。常に通知されるわけではない。

A 9 ✕ 　債権者代位により登記を申請した場合、申請人（代位者）は、登記名義人とならないため、申請人、登記名義人（債務者）いずれにも登記識別情報は通知されない（不動産登記法21条本文、前問参照）。なお、債権者代位による登記の詳細は、Chapter 2で学習しよう。

A 10 ○ 　そのとおり（不動産登記規則61条）。たとえば、AおよびBを所有者とする5個の不動産の登記が完了したときは、AとBにそれぞれ5個ずつ、合計10個の登記識別情報が通知される。

A 11 ○ 　法定代理人は、当然に、登記識別情報を受領する権限を有する（不動産登記規則62条1項1号）。

A 12 ✕ 　司法書士は、当然には登記識別情報を受領する権限を有しない。このため、登記申請に関する委任とは別に、登記識別情報の通知を受けるための特別の委任を要する（不動産登記規則62条2項）。

Q 13 申請人があらかじめ登記識別情報の通知を希望しない旨の申出をした場合、登記識別情報は通知されない。

Q 14 一の申請情報によって複数の不動産の登記を申請する場合、申請人は、一部の不動産についてのみ登記識別情報の通知を希望しない旨の申出をすることはできない。

Q 15 登記権利者および登記義務者が共同して権利に関する登記を申請するときは、原則として、登記識別情報の提供を要する。

Q 16 申請人が単独で登記を申請するときは、登記識別情報の提供を要する場合はない。

A 13 ⭕　そのとおり（不動産登記法21条ただし書）。

A 14 ❌　登記識別情報は不動産ごとに通知されるから、一部の不動産についてだけ不通知の申出をすることもできる。

A 15 ⭕　そのとおり（不動産登記法22条本文）。共同申請の場合、登記識別情報の提供を要するのが原則である。

> **One Point ◆ 正当な理由がある場合**
>
> 　正当な理由があるときは、登記識別情報の提供を要しません（不動産登記法22条ただし書）。たとえば、前問や前々問のように不通知の申出をしていたために、そもそも登記義務者が登記識別情報の通知を受けていない場合などは、登記識別情報の提供は不要です。

A 16 ❌　単独申請の場合でも、登記識別情報の提供を要する例外が３つある（下記One Point参照）。

> **One Point ◆ 単独申請と登記識別情報**
>
> 　単独申請の場合であっても登記識別情報の提供を要するのは、次の３つのケースです（不動産登記令８条１項５号、８号、９号）。
> 1　所有権の保存の登記の抹消
> 2　自己信託による変更の登記
> 3　仮登記名義人が単独で申請する仮登記の抹消

④ 印鑑証明書

Q 17 所有権の移転の登記を申請するときは、登記義務者の印鑑証明書の提供を
□□□ 要する。

Q 18 登記識別情報を提供して抵当権の移転の登記を申請するときは、登記義務
□□□ 者の印鑑証明書の提供を要する。

Q 19 所有権以外の権利の登記を申請する場合でも、登記識別情報を提供するこ
□□□ とができないときは、登記義務者の印鑑証明書の提供を要する。

Q 20 登記名義人の法定代理人が登記を申請するときは、法定代理人の印鑑証明
□□□ 書の提供を要する。

Q 21 所有権の移転の登記を申請する場合に提供する登記義務者の印鑑証明書は、
□□□ 作成後3か月以内のものであることを要する。

Q 22 承諾書の一部として提供する印鑑証明書は、作成後3か月以内のものであ
□□□ ることを要する。

Q 23 外国人または外国に居住する日本人が、印鑑証明書に代えて署名証明書を
□□□ 提供するときは、その署名証明書は、作成後3か月以内のものであることを
要する。

A 17 ○ 　そのとおり（不動産登記令16条2項、18条2項、不動産登記規則47～49条）。所有権は最も重要な権利であるから、登記識別情報のほか、印鑑証明書による本人確認をも行う趣旨である。

> 🐕 **One Point** ◆ 添付を要する印鑑証明書
>
> 1　登記義務者が個人である場合は、市区町村長作成のもの
> 2　登記義務者が法人である場合は、登記所作成のもの
> 3　破産管財人など裁判所によって選任された者がその職務上行う申請において印鑑証明書を添付する場合は、1のほか裁判所書記官作成のものでもよいです。

A 18 ✕ 　印鑑証明書の提供を要しない。所有権以外の権利については、登記識別情報の提供のみで登記義務者の本人確認を行うことが原則である。

A 19 ○ 　そのとおり（不動産登記規則47条3号ハ）。つまり、登記識別情報を提供できない場合は、印鑑証明書で本人確認をするという仕組みとなっている。

A 20 ○ 　そのとおり（不動産登記令16条2項、18条2項）。たとえば、未成年者所有の不動産の所有権移転登記を親権者が代理して申請するときは、親権者の印鑑証明書を添付する。

A 21 ○ 　そのとおり（不動産登記令16条3項、18条3項）。

A 22 ✕ 　作成後3か月以内のものであることを要しない。前問の登記義務者の印鑑証明書とよく比較しよう。

A 23 ✕ 　外国人または外国に居住する日本人が印鑑証明書を提供すべきときは、これに代えて、署名証明書を提供することができる。そして、この署名証明書には作成期限の定めはナイ。

5 代理人の権限を証する情報、住所を証する情報

Q 24 代理権限証明情報を書面で提供するときは、それが公文書、私文書のいずれである場合でも、作成後3か月以内のものであることを要する。

Q 25 抵当権の設定の登記を申請するときは、抵当権者の住所を証する情報の提供を要する。

Q 26 共有物分割を原因として、他の共有者に持分移転の登記を申請するときは、登記権利者の住所を証する情報の提供を要する。

Q 27 住所を証する情報として、印鑑証明書を提供することができる。

Q 28 住所を証する情報は、作成後3か月以内のものであることを要する。

Q 29 オンライン申請をする場合、電子証明書を提供することにより、住所を証する情報の提供に代えることができる。

A 24 ✗ 　代理権限証明情報が、戸籍等の公文書であるときは、作成後3か
月以内のものであることを要する（不動産登記令17条1項、7条1
項2号）。しかし、委任状などの私文書の場合、作成期限の定めはナ
イ。

A 25 ✗ 　住所を証する情報の提供を要しない。

> 🐕 **One Point ◆ 住所を証する情報**
>
> 住所を証する情報の提供を要するのは、以下のケースです。
> 1　所有権の保存の登記
> 2　所有権の移転の登記
> 3　所有権の更正の登記
> なお、3は、更正によってはじめて所有権（持分）を取得することとなる
> 者についてのみ、住所を証する情報の提供を要します（登記研究391P
> 110）。

A 26 ◯ 　そのとおり（先例昭32.5.10-917）。移転の登記において住所を証
する情報の提供を要するのは、はじめて所有権を取得する場合に限
られない。

A 27 ◯ 　そのとおり（先例昭32.6.27-1220）。印鑑証明書には、「住所」の
記載があるので、住所を証する情報として使うこともできる。

A 28 ✗ 　作成期限の制限はない。このため、前問のように住所を証する情
報として印鑑証明書を提供する場合、その印鑑証明書は古いもので
もオッケーである。

リンク➡ **Q 21**

A 29 ◯ 　そのとおり（不動産登記規則44条1項）。なお、電子証明書には
作成期限の代わりに有効期間というものがあり、電子署名をする場
合、有効期間内の電子証明書を用いることになる。

6 法人が申請人となる場合

Q 30 申請人が会社法人等番号を有する法人であるときは、原則として、申請情報と併せて会社法人等番号を提供しなければならない。

Q 31 申請人が会社法人等番号を有する法人であっても、その代表者の資格を証する作成後1か月以内の登記事項証明書を提供したときは、会社法人等番号の提供を要しない。

Q 32 オンライン申請の申請人である法人の代表者が、電子認証登記所の登記官が作成した電子証明書を提供したときは、その電子証明書の提供をもって、その法人の会社法人等番号の提供に代えることができる。

Q 33 申請人が会社法人等番号を有する法人以外の法人であるときは、代表者の資格を証する情報を提供しなければならない。

Q 34 株式会社を登記権利者とする所有権の移転の登記を申請する場合において、会社法人等番号を提供したときは、住所を証する情報の提供を要しない。

A 30 ◯ 　株式会社や持分会社など、会社法人等番号を有する法人が申請人
となるときは、原則として、会社法人等番号の提供を要する（不動
産登記令7条1項1号イ）。

> 🐕**One Point◆ 会社法人等番号の提供**
>
> 　会社法人等番号を提供することの趣旨は、株式会社などの法人の代表者の
> 代表権を証明することにあります。この会社法人等番号を提供するときは、
> 申請情報の「申請人の名称」に続けて記載します。具体的には、後述の「コ
> コまでのまとめ」で確認しましょう。

A 31 ✗ 　正しくは、作成後3か月以内の登記事項証明書である（先例令
2.3.30-318、不動産登記規則36条1項・2項）。

A 32 ◯ 　そのとおり（不動産登記規則44条2項）。オンライン申請の特則
であり、登記官が、電子証明書の内容によりその法人の会社法人等
番号を確認することができるからである。

A 33 ◯ 　そのとおり（不動産登記令7条1項1号ロ、17条1項）。なお、
本問の情報を記載した書面であって、市町村長や登記官等が職務上
作成したものは、作成後3か月以内のものでなければならない。

A 34 ◯ 　そのとおり（不動産登記令9条、不動産登記規則36条4項）。会
社法人等番号の提供により、登記官においてその法人の本店を確認
できるためである。

> 🐕**One Point◆ 自然人の場合**
>
> 　申請人が自然人である場合、申請情報と併せて住民票コードを提供したと
> きは、住所を証する情報の提供を要しません（不動産登記令9条、不動産登
> 記規則36条4項）。この点も、一緒に覚えておきましょう。

Q 35 株式会社Aを登記義務者とする所有権の移転の登記を申請する場合、その会社法人等番号を提供することにより、印鑑証明書の提供を省略することはできない。

Q 36 所有権または所有権以外の権利の登記名義人が法人であるときは、会社法人等番号その他の特定の法人を識別するために必要な事項が登記事項となる。

7 登録免許税の基本

Q 37 登録免許税を納付しないときは、その登記の申請は却下される。

Q 38 課税価額に端数があるときは、その1000円未満を切り捨てる。

Q 39 計算した登録免許税額に端数があるときは、その1000円未満を切り捨てる。

Q 40 計算した登録免許税額が1000円に満たないときは、登録免許税額は金1000円となる。

A 35 ✕ 　会社法人等番号を添付情報として提供し、さらに申請情報の内容とした場合において、申請を受けた登記所の登記官がその法人の代表者の印鑑証明書を作成できるときは、印鑑証明書の提供を要しない（先例令2.3.30-318、不動産登記規則48条1号、49条2項1号）。

 One Point◆ 会社法人等番号と印鑑証明書

　会社法人等番号の提供により印鑑証明書の提供を省略するときは、その申請書の添付情報には「印鑑証明書（会社法人等番号1234-56-789012）」と記載します。また、この仕組みは、設問の場合のほか、承諾書等の一部として印鑑証明書を提供する場面でも使うことができます。

A 36 ✕ 　会社法人等番号その他の法人識別事項は、所有権の登記名義人が法人であるときに限り、登記事項となる（不動産登記法73条の2第1項1号）。所有権以外の権利においては、登記事項とならない。

 One Point◆ 所有権の登記の登記事項

　会社法人等番号のほか、所有権の登記名義人が国内に住所を有しないときは、その国内における連絡先となる者の氏名または名称および住所、その他の国内における連絡先に関する事項も、登記事項となります（不動産登記法73条の2第1項2号）。これらの法人識別事項や国内の連絡先に関する事項は、いずれも所有権の登記に特有の登記事項であることに注意しましょう。

A 37 ◯ 　そのとおり（不動産登記法25条12号）。

A 38 ◯ 　そのとおり（国税通則法118条1項）。たとえば、不動産価額が金1000万2345円という場合、課税価額は金1000万2000円となる。

A 39 ✕ 　登録免許税額は、100円未満を切り捨てる（国税通則法119条1項）。たとえば、計算した結果が、金1万5678円の場合、登録免許税は金1万5600円となる。

A 40 ◯ 　そのとおり。登録免許税額は、最低でも金1000円である（登録免許税法19条）。

Chapter 1
～添付情報全般～

急所 1 　登記原因証明情報の提供を要しない場合

　権利に関する登記を申請する場合、申請人は、法令に別段の定めがある場合を除いて、登記原因証明情報の提供を要する。その提供を要しないとする別段の定めの登記は、以下の登記である（不動産登記令7条3項）。
　　1　契約の日から10年を経過した買戻特約の抹消登記を登記権利者が単独で申請する場合
　　2　所有権保存登記を申請する場合
　　　（敷地権付き区分建物に関する法74条2項申請の場合を除く）
　　3　仮処分による失効を原因とする抹消登記を申請する場合

急所 2 　登記識別情報の提供

　およそのところ、共同申請の場合に登記義務者の登記識別情報の提供を要するのが原則である（不動産登記法22条）。単独申請であっても登記識別情報の提供を要するのは、次の3つの場合である（不動産登記令8条5号、8号、9号）。
　　1　所有権の保存の登記の抹消
　　2　自己信託による変更の登記
　　3　仮登記名義人が単独で申請する仮登記の抹消

急所 3 　印鑑証明書の提供の要否

　印鑑証明書の提供を要する場合として、次のケースを学習しておこう（不動産登記規則48条5号、49条2項4号参照）。
　　1　所有権の登記名義人が登記義務者となるとき（担保権の登記の場合に例外アリ。詳細は抵当権の登記の項目で学習しよう）
　　2　1のほか、所有権の登記名義人が登記識別情報を提供しなければならないとき
　　3　所有権以外の権利の登記において登記義務者（または登記名義人）が登記識別情報を提供することができないとき

急所4 住所を証する情報

次の登記を申請する場合に、住所を証する情報の提供を要する。

1 所有権の保存の登記

2 所有権の移転の登記

3 所有権の更正の登記（更正によりはじめて所有権の登記名義人となる者に限る）

急所5 添付書面の作成期限

以下の書面は、申請時において作成後3か月以内のものであることを要する。

1 申請書または委任状に押印した実印についての印鑑証明書

2 会社法人等番号のない法人の資格証明書（公文書に限る）

3 会社法人等番号を有する法人の代表者の資格または支配人等の権限を証する登記事項証明書

4 代理権限証明情報（公文書に限る）

5 共有物の管理者の選任を証する書面、または、長期の賃借権等の設定に係る同意書とともに添付する共有者の印鑑証明書

Chapter 1
～法人が申請人となる場合～

急所 1 会社法人等番号

会社法人等番号について整理しておこう。

1　株式会社などの会社法人等番号を有する法人
　①　原則
　　　申請人が株式会社などの会社法人等番号を有する法人であるときは、その法人の会社法人等番号の提供を要する（不動産登記令7条1項1号イ）。この場合、申請情報の「申請人の名称」に続けて会社法人等番号を記録する（先例平27.10.23-512、右ページの申請情報例を参照しよう）。

　②　例外
　　　申請人が会社法人等番号を有する法人であっても、法人の代表者の資格を証する登記事項証明書を提供したときは、会社法人等番号の提供を要しない（不動産登記令7条1項1号カッコ書、不動産登記規則36条1項）。この登記事項証明書は、作成後3か月以内のものであることを要する（不動産登記規則36条2項）。

2　健康保険組合など会社法人等番号を有しない法人
　　法人の代表者の資格を証する情報を提供する（不動産登記令7条1項1号ロ）。この代表者の資格を証する情報を記載した書面であって、市町村長や登記官その他の公務員が職務上作成したものは、作成後3か月以内のものであることを要する（不動産登記令17条1項）。

3　所有権の登記の登記事項
　　所有権の登記名義人が法人であるときは、会社法人等番号その他の特定の法人を識別するために必要な事項（法人識別事項）が登記事項となる（不動産登記法73条の2第1項1号）。

急所 2 申請情報例

会社法人等番号を提供して申請する場合の申請情報例である。

【申請情報例】

登記の目的	所有権移転
原　　因	年月日売買
権　利　者	何市何町何番地
	甲野　太郎
義　務　者	何市何町何番地
	オートマシステム株式会社
	（会社法人等番号　1234-56-789012）
	代表取締役　山本　一郎
添 付 情 報	登記原因証明情報　　登記識別情報　　住所証明情報
	印鑑証明書（会社法人等番号　1234-56-789012）
	会社法人等番号　　代理権限証明情報

＊　申請人の名称に続けて会社法人等番号を記載し、添付情報欄にも会社法人等番号と記載する。

＊　住所証明情報の提供を要する場合に、申請情報と併せて会社法人等番号を提供したときは、住所証明情報の提供を省略することができる（不動産登記令9条、不動産登記規則36条4項）。この場合も、添付情報として、住所証明情報と記載する。

＊　申請書または委任状に記名押印すべき者が会社法人等番号を有する法人である場合において、その法人の会社法人等番号を添付情報として提供し、さらに申請情報の内容としたときは、申請を受けた登記所の登記官がその印鑑証明書を作成することができる場合に限り、その法人の代表者の印鑑証明書の提供を要しない（先例令2.3.30-318）。

→所有権の登記名義人である法人が登記義務者となる場合など、法人の代表者が委任状に登記所届出印を押印すべき場合のハナシ。

Section 2 単独申請

1 相続登記全般

Q 1 相続を原因とする権利の移転の登記は、登記権利者が単独で申請することができる。

Q 2 相続を原因とする権利の変更の登記は、登記権利者が単独で申請することができる。

Q 3 相続を原因とする所有権の移転の登記を申請するときは、登記識別情報および印鑑証明書の提供を要しない。

Q 4 Xの相続人がAおよびBである場合、Aは、自己の持分についてのみ、相続を原因とする所有権の一部移転の登記を申請することができる。

Q 5 Xの相続人がAおよびBである場合において、Aのみが申請人となってAB名義とする相続登記が完了したときは、AおよびBに対して登記識別情報が通知される。

Q 6 Xの相続人がAおよびBである場合において、Aのみが申請人となって、AB名義とする相続登記を申請するときは、Bの住所を証する情報の提供を要しない。

Q 7 相続人以外の者に対して、相続を原因とする権利の移転の登記を申請することはできない。

A 1 ○ そのとおり。共同申請主義の例外規定のひとつである（不動産登記法63条2項）。

A 2 ✕ 変更登記については、単独申請できるとする例外規定は存在しない。「相続」を登記原因とするときは、常に単独申請となるわけではないことに注意しよう。

A 3 ○ そのとおり。相続登記を申請するときは、登記識別情報、印鑑証明書のいずれもその提供を要しない。

A 4 ✕ 相続登記に一部移転はありえない（先例昭30.10.15-2216、定理といってよい）。この場合、共有物の保存行為として、AまたはBはそれぞれ単独で、AB名義の相続登記を申請することができる（登記研究157P45）。

A 5 ✕ 通知を受けるのはAのみである。Bは申請人ではないから、登記識別情報は通知されない（不動産登記法21条本文）。

リンク Section 1 Q 8

A 6 ✕ Bにも固定資産税が課税されるから、Aのものはもちろん、Bの住所を証する情報の提供も要する。

A 7 ○ そのとおり。相続登記は、相続人にしか入らない（定理）。

> **One Point ◆ 相続を証する情報と作成期限**
>
> 相続登記を申請する場合、登記原因を証する情報として、戸籍全部事項証明書等の相続を証する情報の提供を要します（不動産登記令別表22）。この戸籍全部事項証明書等については、作成後3か月以内のものであることを要しません（先例昭35.2.5-286）。なお、相続があったことを証する戸籍等に代えて、法定相続情報一覧図の写しを提供することもできます（不動産登記規則37条の3）。

② 遺産分割

Q 8 　共同相続人の一部の者を除外して行われた遺産分割協議書を提供して、相続による所有権の移転の登記を申請することはできない。

Q 9 　共同相続人の中に不在者がいるときは、不在者以外の相続人全員の協議に基づく遺産分割協議書を提供して、相続登記を申請することができる。

Q 10 　遺産分割協議後に認知によって相続人となった者がいるときは、その遺産分割協議に基づく所有権の移転の登記を申請することはできない。

Q 11 　相続登記の申請情報と併せて提供する遺産分割協議書には、相続人全員の印鑑証明書を添付することを要する。

Q 12 　遺産分割協議をした相続人の１人が遺産分割協議書に押印したが、印鑑証明書を交付しないときは、その者に対する遺産分割協議書真否確認の訴えの勝訴判決をもって、その者の印鑑証明書に代えることができる。

Q 13 　遺産分割協議が成立したが、協議をした相続人の１人が、遺産分割協議書への押印を拒んでいるときは、遺産分割調停によらなければ、遺産分割に基づく登記を申請することはできない。

Q 14 　遺産分割調停が成立したことにより相続登記を申請する場合、相続を証する情報およびその他の登記原因を証する情報として、遺産分割調停調書のほか、相続関係を証する戸籍全部事項証明書等の提供を要する。

A 8 ◯　そのとおり（登記研究507P198）。遺産分割協議は、相続人の全員で行うことを要する（定理）。このため、相続人のうちの一部の者を除外して遺産分割協議をしても、その協議は無効である。

A 9 ✕　相続人中に不在者がいるときは、不在者の財産管理人の選任→その財産管理人が遺産分割協議をすることへの家庭裁判所の許可を得る、という段取りとなる。そして、その協議に基づく遺産分割協議書を提供して相続登記を申請することができる（先例昭39.8.7-597）。

A 10 ✕　民法910条により遺産分割協議は有効であり、その協議書を提供して、所有権の移転の登記を申請することができる（先例昭43.7.11-2346）。また、この場合、認知された者の同意書等の提供は不要である。

A 11 ✕　正しくは、相続登記の申請人（遺産分割によって権利を取得した者）以外の相続人全員の印鑑証明書の添付を要する（先例昭30.4.23-742）。

> 🐕 **One Point ◆ 公正証書**
>
> 公正証書により遺産分割協議書を作成したときは、上記の印鑑証明書の添付を要しません（登記研究146P42）。

A 12 ◯　そのとおり（先例昭55.11.20-6726）。裁判所において、この者の意思に基づいて遺産分割協議書が作成されたことの確認ができれば、登記を受理するという取扱いである。

A 13 ✕　押印を拒んでいる相続人に対して、所有権の確認訴訟を提起し、その勝訴の確定判決と他の協議者の印鑑証明書付の遺産分割協議書を提供して、相続登記を申請することができる（先例平4.11.4-6284）。

A 14 ✕　遺産分割調停の前提として、家庭裁判所が相続関係を調査するため、戸籍全部事項証明書等の提供を要せず、遺産分割調停調書のみを提供すればよい（先例昭37.5.31-1489）。遺産分割調停調書は、オールマイティなのである。

Q 15 甲土地の所有権登記名義人Aが死亡し、その相続人であるBCD間で遺産分割協議が成立し、Bが甲土地を取得する旨の記載のあるBC間の証明書及び同一内容の記載のあるDの証明書を提供して、相続を登記原因とするAからBへの所有権の移転の登記を申請することはできない。

Q 16 法定相続分による相続登記をする前に遺産分割協議が成立し、相続人の1人が単独で不動産を取得する旨の合意が成立したときは、その者に対して、「相続」を登記原因とする所有権の移転の登記を申請することができる。

Q 17 親権者とその親権に服する未成年者との間で遺産分割協議をする場合、それが、未成年者が単独で不動産を取得するとの内容であっても、相続登記の申請情報と併せて、特別代理人の選任を証する情報の提供を要する。

❸ 特別受益、寄与分

Q 18 相続人中に特別受益者がいる場合に、相続およびその他の登記原因を証する情報の一部として提供する特別受益証明書には、作成後3か月以内の印鑑証明書の添付を要する。

Q 19 特別受益者である未成年者は、単独で特別受益証明書を作成することができない。

Q 20 親権者と未成年の子が共同相続人である場合において、親権者が未成年者の特別受益証明書を作成することは、利益相反行為に当たる。

Q 21 相続開始後に特別受益者が死亡した場合、特別受益者の相続人の1人が、特別受益証明書を作成することができる。

Q 22 法定相続分による相続登記をする前に、共同相続人間で、相続人の1人が単独で不動産を取得する旨の寄与分協議が成立したときは、その者に対して、直接「相続」を登記原因とする所有権の移転の登記を申請することができる。

A 15 ✕ 本問のように数通の遺産分割証明書を提供して、相続登記を申請することもできる。相続人が遠隔地に散らばっていて、遺産分割協議書に持ち回りの署名捺印が面倒なケースなど、実務でも、しばしば用いられる方式である。

A 16 ◯ そのとおり（先例昭19.10.19-692）。遺産分割の効果は、相続開始の時にさかのぼって生じるからである（民法909条）。

A 17 ◯ そのとおり。未成年者にとって有利な内容の協議であっても、親子で遺産分割協議をすること自体が利益相反行為に当たる（先例昭28.4.25-697、登記研究459P97）。

A 18 ✕ 特別受益証明書に添付する印鑑証明書には、作成期限の定めはない（先例昭30.4.23-742、登記研究129P47）。

A 19 ✕ 特別受益の証明は、過去の事実の証明にすぎない（法律行為ではない）ため、未成年者でも、単独で特別受益証明書を作成することができる（先例昭40.9.21-2821）。

A 20 ✕ 事実の証明は取引ではないから、利益相反の問題は生じない（先例昭23.12.18-95）。

A 21 ✕ 特別受益者の相続人全員が作成することを要する（登記研究455P91）。

A 22 ◯ そのとおり（先例昭55.12.20-7145）。

④ 相続分の譲渡

Q 23 法定相続分による相続登記をする前に、相続人の１人が他の相続人に相続分を譲渡したときは、譲渡後の相続分をもって相続登記を申請することができる。

Q 24 甲の相続人ＡＢＣのうち、Ａが第三者のＸに相続分を譲渡したときは、ＸＢＣ名義とする相続による所有権の移転の登記を申請することはできない。

Q 25 甲土地の所有者Ａが死亡し、ＢＣが相続した後、Ｃが死亡し、Ｃの相続人ＤＥがＢにその相続分を譲渡したときは、Ｂは、相続を登記原因として、直接、Ｂの名義とする所有権の移転の登記を申請することができる。

Q 26 「相続分の売買（贈与）」を原因とする持分移転の登記の登録免許税の税率は、移転した持分の価額の1000分の４である。

⑤ 廃除、欠格事由、相続の放棄

Q 27 共同相続人の中に廃除された者がいるときは、登記原因証明情報の一部として、廃除の旨の記載のある戸籍全部事項証明書を提供して、相続による所有権の移転の登記を申請することができる。

Q 28 共同相続人の中に欠格事由に該当する者がいる場合、欠格事由に該当することを証する情報として、欠格者自身が作成した証明書を提供することはできない。

Q 29 共同相続人の中に相続放棄をした者がいる場合、相続による所有権の移転の登記の登記原因証明情報の一部として、その者が作成した相続放棄の事実を証する情報を提供することができる。

A 23 〇　そのとおり（先例昭59.10.15-5196）。この場合、登記原因証明情
報の一部として、相続分の譲渡を証する情報（印鑑証明書付）の提
供を要する。

A 24 〇　そのとおり。相続登記は、相続人にしか入らない（定理）。この場
合、①甲からＡＢＣへの相続登記、②「相続分の売買（贈与）」を原
因とするＡからＸへのＡ持分全部移転登記を申請する（先例平
4.3.18-1404）。

A 25 ✕　本問は、以下の登記を申請すべきである。①Ａ→ＢＣへの相続に
よる所有権移転登記、②Ｃ→ＤＥへの相続によるＣ持分全部移転登
記、③ＤＥ→Ｂへの「相続分の売買（贈与）」によるＤＥ持分全部移
転登記。

A 26 ✕　正しくは、1000分の20である。

A 27 〇　そのとおり。廃除されると、その旨が戸籍に記録されるため、廃
除を証する書面として、戸籍全部事項証明書を提供すればよい。

A 28 ✕　欠格事由に該当することを証する情報として、確定判決の謄本ま
たは欠格者自身が作成した証明書（印鑑証明書付）を提供すること
ができる（先例昭33.1.10-4）。

A 29 ✕　家庭裁判所作成の相続放棄申述受理証明書の提供を要する（先例
大6.6.18-1055）。

> **One Point ◆ 相続放棄があったことを証する情報**
>
> 「相続放棄申述受理証明書」のほか、「相続放棄等の申述の有無についての
> 照会に対する家庭裁判所からの回答書」や「相続放棄申述受理通知書」を提
> 供することもできます（登記研究808P147）。

Chapter 1
～重要先例、申請情報例～

急所 1 遺産分割に関する重要先例

　本節で登場した遺産分割に関する先例のうち、特に重要なものをいくつかピックアップしておこう。

① 　共同相続の登記をする前に、相続人の1人が不動産を単独で取得する旨の遺産分割協議が成立したときは、その者に対して、「相続」を登記原因として所有権の移転の登記を申請することができる（先例昭19.10.19-692）。

② 　遺産分割の協議は相続人の全員で行うことを要するため、一部の相続人を除外して行われた遺産分割協議書を提供して、相続登記を申請することはできない（登記研究507P198）。

③ 　相続登記の申請情報と併せて提供する遺産分割協議書には、申請人以外の相続人全員の印鑑証明書の添付を要する（先例昭30.4.23-742）。

④ 　公正証書によって遺産分割協議書を作成した場合は、印鑑証明書の添付を要しない（登記研究146P42）。

⑤ 　遺産分割協議書に押印したが、印鑑証明書を交付しない者がいるときは、この者に対する遺産分割協議書の真否確認の訴えの勝訴判決をもって、その者の印鑑証明書に代えることができる（先例昭55.11.20-6726）。

⑥ 　遺産分割協議が成立したが、協議者の1人が遺産分割協議書に押印しないときは、その者に対する所有権確認訴訟の勝訴判決および他の協議者との遺産分割協議書（印鑑証明書付）を提供して、相続登記を申請することができる（先例平4.11.4-6284）。

急所2 申請情報例

　先例①に基づく登記の申請情報例を紹介しよう。被相続人甲の相続人ＡＢＣの間で、Ａが不動産を単独で相続する旨の遺産分割協議が成立した場合の申請情報の例である。

【申請情報例】

```
登記の目的    所有権移転
原　　因    年月日相続
相続人（被相続人　甲）

           何市何町何番地
                Ａ
添 付 情 報   登記原因証明情報（戸籍全部事項証明書等、遺産分割協議書）
           住所証明情報（Ａの住民票の写し）
           代理権限証明情報（Ａの委任状）
登録免許税    （不動産価額の1000分の４）
```

＊　上記の遺産分割協議書には、申請人であるＡ以外のＢおよびＣの印鑑証明書を添付する（先例③参照）。

＊　遺産分割の調停調書を提供して相続登記を申請する場合、相続およびその他の登記原因を証する情報として、相続関係を証する戸籍全部事項証明書等の提供を要しない（先例昭37.5.31-1489）。

Section **3** 申請人の死亡

1 相続人による登記

Q 1　売買による所有権の移転の登記を申請する前に登記権利者が死亡した場合において、その相続人が数人いるときは、そのうちの1人が登記義務者と共同して、被相続人名義の登記を申請することができる。

Q 2　所有権の移転の登記を申請する前に登記義務者が死亡した場合において、その相続人が数人いるときは、そのうちの1人が登記権利者と共同して登記を申請することができる。

Q 3　生前売買をした被相続人（売主）が死亡したため、その相続人が売買による所有権の移転の登記を申請するときは、被相続人の印鑑証明書を添付しなければならない。

Q 4　売買による所有権の移転の登記を申請する前に買主が死亡した場合、申請情報と併せて、買主の相続人の住所を証する情報の提供を要する。

Q 5　登記権利者または登記義務者の相続人が、被相続人が生前に行った売買を原因とする所有権の移転の登記を申請するときは、登記原因証明情報として、相続があったことを証する情報の提供を要する。

Q 6　売買による所有権の移転の登記を申請する前に買主が死亡した場合において、その相続人が登記を申請したときは、登記が完了しても、登記識別情報は通知されない。

A 1 ○ 登記を申請する前に、登記権利者が死亡したときは、共有物の保存行為として、相続人の1人から登記を申請することができる（登記研究308P77）。

A 2 ✕ 登記義務者側の相続の事案では、相続人の全員が登記を申請することを要する（先例昭27.8.23-74）。登記申請義務は、不可分債務として相続人の全員が承継する。

> 🐕 **One Point ◆ 特別受益者**
>
> 登記義務者の相続人の中に特別受益者がいるときは注意しましょう。特別受益者も相続人の1人ですから、被相続人の義務を承継します。このため、特別受益者を含めた相続人の全員が、被相続人に代わって登記を申請することを要します（登記研究265P70）。

A 3 ✕ 委任状に押印するのは相続人であるから、添付すべきは、相続人の印鑑証明書である。

A 4 ✕ 登記記録には、買主である被相続人の死亡時の住所氏名が記録されるため、被相続人の死亡時の住所を証する情報の提供を要する（登記研究114P46）。具体的には、被相続人の住民票の除票の写しを提供する。

A 5 ✕ 相続人による登記のケースでは、登記原因証明情報ではなく、それとは別に、申請人適格を証明するものとして、相続証明情報の提供を要する（不動産登記令7条1項5号イ）。登記原因証明情報としては、売買の事実を証明するものを提供すればよい。

A 6 ✕ 登記を申請した相続人に対して、被相続人名義の登記識別情報が通知される（先例平18.2.28-523）。

Section 4 　相続登記の義務化

1 登記申請義務

Q 1 　所有権の登記名義人が死亡して相続が開始した場合、相続により所有権を取得した者は、相続開始の日から3年以内に、所有権の移転の登記を申請しなければならない。

Q 2 　甲土地の所有権登記名義人であるAが死亡し、その相続人はB及びCのみである。Xが遺贈により甲土地の所有権を取得したときは、Xは、自己のために遺贈があったことを知り、かつ、その所有権を取得したことを知った日から3年以内に、所有権の移転の登記を申請しなければならない。

Q 3 　抵当権の登記名義人が死亡して相続が開始したときは、その相続人は、一定の期間内に相続による抵当権の移転の登記を申請しなければならない。

Q 4 　甲土地の所有権登記名義人のAが死亡し、その相続人であるB及びCの名義で法定相続分による所有権移転登記がされた。その後、BC間の遺産分割協議によって、Bが甲土地の所有権を単独で取得する旨の合意が成立したときは、Bは、遺産分割の日から3年以内に所有権の移転の登記を申請しなければならない。

Q 5 　甲土地の所有権登記名義人であるAが死亡し、その相続人はBのみである。債権者の代位によってAからBへの相続による所有権移転登記がされたときは、Bは、所有権移転登記の申請義務を負わない。

A 1　✗　　相続開始の日から、という点が誤り。正しくは、自己のために相続の開始があったことを知り、かつ、所有権を取得したことを知った日から３年以内である（不動産登記法76条の２第１項）。

A 2　✗　　遺贈による所有権の取得の場合に、その登記申請義務が生じるのは、相続人に対する遺贈に限ってのハナシである（不動産登記法76条の２第１項後段カッコ書）。このため、Ａの相続人ではないＸは、その登記申請義務を負わない。

> 🐕 **One Point ◆ 相続等の登記の申請義務**
>
> 　一般論として、権利に関する登記には登記申請義務がありません。相続（相続人への遺贈）による所有権移転登記の申請義務化は、その重大な例外に当たります。これは法令上の義務ですから、相続人（または受遺者）が正当な理由もないのに、その登記の申請を怠ったときは、過料の制裁が待ち受けることとなります（不動産登記法164条）。

A 3　✗　　所有権以外の権利の登記名義人に相続が開始した場合に、その登記の申請が義務づけられることはナイ。相続登記、または相続人への遺贈の登記の申請義務化の仕組みは、所有者不明土地問題の解消をその目的とするものであり、所有権に限定のハナシである。

A 4　◯　　そのとおり（不動産登記法76条の２第２項）。法定相続分による相続登記の後に、遺産分割によって法定相続分を超えて所有権を取得した者（Ｂ）も、本問の期間内に、その登記の申請を要する。なお、本問は、法定相続分による相続登記後の遺産分割のケースであるため、所有権更正登記によることもできる（先例令5.3.28-538）。

A 5　◯　　そのとおり（不動産登記法76条の２第３項）。同一内容の登記を二度することはできないので、これは当然のハナシである。

② 相続人申告登記

Q 6　　相続による所有権の移転の登記の申請義務を負う者が、登記官に対し、所有権の登記名義人について相続が開始した旨及び自らが所有権登記名義人の相続人である旨を申し出たときは、その者は、相続登記を申請する義務を履行したものとみなされる。

Q 7　　相続人申告登記の申出をした者は、その申出の後の遺産分割によって所有権を取得したときであっても、遺産分割に基づく所有権の移転の登記を申請することを要しない。

A 6 ○　そのとおり（不動産登記法76条の3第1項・2項）。これにより、
相続人は、過料の制裁を免れることができる。なお、本問の申出が
あったときは、登記官が、職権で、その旨の登記（相続人申告登記）
を所有権の登記に付記する（同条3項）。

A 7 ✕　遺産分割の日から3年以内に、所有権移転登記の申請を要する（不
動産登記法76条の3第4項）。相続人申告登記により、その後の登
記申請義務の一切が免除となるものではない。なお、代位者その他
の者が、遺産分割による所有権移転登記を申請または嘱託したとき
は別論であり、その場合は登記の申請を要しない（同条5項）。

Chapter 1
〜相続人による登記〜

急|所|1| 権利者側に相続が開始した場合の申請情報例

　ＡＢ間で売買契約が成立したが、登記を申請する前に、買主のＢが死亡した場合の申請情報例である。なお、Ｂの相続人は、ＣおよびＤである。

【申請情報例】

登記の目的	所有権移転
原　　　因	年月日売買
権　利　者	何市何町何番地
	（亡）Ｂ
	何市何町何番地
	上記相続人　Ｃ
義　務　者	何市何町何番地
	Ａ
添 付 情 報	登記原因証明情報　　登記識別情報　　住所証明情報
	相続証明情報　　印鑑証明書　　代理権限証明情報

＊　登記権利者の相続人が、登記権利者に代わって登記を申請する場合、共同相続人のうちの１人が、登記義務者と共同して登記を申請することができる（登記研究308P77、民法252条５項）。

＊　Ｃの申請人としての適格性を証明するために、相続があったことを証する情報の提供を要する。

＊　登記完了後、Ｃに対して亡Ｂ名義の登記識別情報が通知される（先例平18.2.28-522）。

急|所|2| 義務者側に相続が開始した場合の申請情報例

　ＡＢ間で売買契約が成立したが、登記を申請する前に、売主のＡが死亡した場合の申請情報例である。なお、Ａの相続人は、ＸおよびＹである。

【申請情報例】

登記の目的	所有権移転
原　　　因	年月日売買
権　利　者	何市何町何番地
	Ｂ
義　務　者	何市何町何番地
	亡Ａ相続人　Ｘ
	何市何町何番地
	亡Ａ相続人　Ｙ
添 付 情 報	登記原因証明情報　　登記識別情報　　住所証明情報
	相続証明情報　　印鑑証明書　　代理権限証明情報

＊　登記義務者の相続人が、登記義務者に代わって登記を申請する場合は、共同相続人の全員が申請することを要する（先例昭27.8.23-74）。

＊　登記義務者の相続人が数人いる場合、相続人間の遺産分割協議によって、相続人の１人を登記義務者に代わって登記を申請する者と定めることはできない（先例昭34.9.15-2067）。

Chapter 2 | 不動産登記法の基本問題

Section 1　主登記・付記登記

1 不動産登記簿のでき方

Q 1
所有権に関して最初にする登記は、所有権の保存の登記である。

Q 2
登記記録は、1筆の土地または1個の建物ごとに作成される。

2 主登記と付記登記

Q 3
抵当権の設定の登記は、主登記によってする。

Q 4
地上権を目的とする抵当権の設定の登記は、主登記によってする。

Q 5
抵当権の移転の登記は、付記登記によってする。

Q 6
所有権の移転の登記は、付記登記によってする。

Q 7
抵当権の登記の抹消は、付記登記によってする。

A 1 ○　そのとおり。これにより、登記記録に権利部が設けられる。そして、以後、所有権に関する登記は権利部の甲区、所有権以外の権利に関する登記は権利部の乙区に記録される。

A 2 ○　そのとおり（不動産登記法2条5号）。これを、1不動産1登記記録の原則という。

A 3 ○　そのとおり。登記は、主登記によって実行するのが原則である。

A 4 ✕　所有権以外の権利（地上権）を目的とする権利に関する登記（抵当権設定）は、付記登記によってする（不動産登記規則3条4号）。

A 5 ○　そのとおり。所有権以外の権利の移転の登記は、付記登記によってする（不動産登記規則3条5号）。

A 6 ✕　所有権の移転の登記は、原則どおり、主登記によってする。

A 7 ✕　抹消登記は、所有権であれ所有権以外の権利であれ、常に主登記によってする。定理として覚えておこう。

Q 8 　　差押えの登記は、主登記によってする場合と、付記登記によってする場合
□□□　がある。

A 8 ○ 　そのとおり。所有権を目的とする差押えの登記は主登記、抵当権
や地上権などの所有権以外の権利を目的とする差押えの登記は、付
記登記によってする（不動産登記規則3条4号）。

> **One Point◆ 完了後の登記記録例**
>
> 　主登記か付記登記かという問題は、試験でも頻出のテーマです。原則が主
> 登記で、例外が付記登記という位置付けになります。付記登記によってする
> 場合が、不動産登記規則3条に規定されていますから、よく確認しておきま
> しょう。また、普段から、完了後の登記記録を意識しながら学習を進めてい
> くとよいでしょう。

Section 2 許可書・同意書等

❶ 許可書・同意書等全般

Q 1 農地の売買契約が成立した後に、農地法の許可書が到達した場合、所有権の移転の登記の原因日付は、農地法の許可書が到達した日である。

Q 2 未成年者がその所有する不動産を売却した後に、その売買契約について親権者の同意を得た場合、所有権の移転の登記の原因日付は、親権者の同意を得た日である。

Q 3 未成年者所有の不動産につき、未成年者を登記義務者として「時効取得」を登記原因とする所有権の移転の登記を申請するときは、未成年者の親権者の同意を証する情報の提供を要する。

Q 4 意思能力を有する未成年者自身が不動産の売買による所有権の移転の登記を申請するときは、登記を申請することについての親権者の同意を証する情報を提供しなければならない。

❷ 農地法の許可の要否

Q 5 農地を目的とする抵当権の設定の登記を申請するときは、農地法所定の許可を証する情報の提供を要する。

Q 6 農地の贈与による所有権の移転の登記を申請するときは、農地法所定の許可を証する情報の提供を要する。

A 1 ○　そのとおり（先例昭35.10.6-2498）。たとえば、ある年の４月１日に農地の売買契約が成立し、その後の５月１日に農地法の許可書が到達した場合、登記原因およびその日付は「令和何年５月１日売買」となる。

A 2 ✕　売買契約の日が登記原因の日付となる。親権者の同意がなければ、後日、取消しの問題を生じる可能性があるというだけの話であるから、日付はズレない。

> 🐕 **One Point◆ 印鑑証明書の作成期限のハナシ**
>
> 私人が同意書、承諾書を提供する場合、書面の真正を担保するために、その一部として印鑑証明書の添付を要します（不動産登記令19条１項・２項）。そして、この印鑑証明書には、作成期限の定めがないことから、作成後３か月以内のものでなくてもかまいません。

A 3 ✕　親権者の同意を証する情報の提供を要しない（登記研究529P162）。時効取得の法的性質は「事件」であり、「法律行為」ではないから、親権者の同意を要しない。

A 4 ✕　登記申請行為への同意は不要である（登記研究449P87）。同意を要するのは、売買についてなのである。意思能力を有する未成年者は、単独で有効に登記を申請することができる。

A 5 ✕　農地に抵当権を設定する場合は、許可を要しない。農地の所有権の移転、使用および収益を目的とする権利の設定、移転の場合にのみ許可を要する。

A 6 ○　売買や贈与など、私人の意思に基づく物権変動については、農地法所定の許可を要する。

Q 7 　農地につき時効取得を原因とする所有権の移転の登記を申請するときは、農地法所定の許可を証する情報を提供しなければならない。

Q 8 　農地につき、債務不履行による解除を原因とする所有権の移転の登記の抹消を申請するときは農地法所定の許可を要しないが、合意解除による所有権の移転の登記の抹消を申請するときは、農地法所定の許可を要する。

Q 9 　買戻しを原因として、農地の所有権の移転の登記を申請するときは、農地法所定の許可を要しない。

Q 10 　相続を原因とする農地の所有権の移転の登記を申請するときは、農地法所定の許可を得ることを要しない。

Q 11 　農地について、遺産分割を原因とする持分の移転の登記を申請する場合も、遺産分割による贈与を原因とする所有権の移転の登記を申請する場合も、農地法所定の許可を要しない。

Q 12 　農地につき、合併を原因とする所有権の移転の登記を申請するときは農地法所定の許可を要しないが、会社分割を原因とするときは、農地法所定の許可を要する。

Q 13 　相続分の売買または贈与を原因とする農地の所有権の移転の登記を申請するときは、相続人以外の第三者に対するものであっても、農地法所定の許可を要しない。

Q 14 　相続人への特定遺贈による農地の所有権の移転の登記を申請するときは、農地法所定の許可を要する。

Q 15 　農地につき、相続人以外の者に包括遺贈を原因として所有権の移転の登記を申請するときは、農地法所定の許可を要する。

Q 16 　調停による財産分与に基づいて農地の所有権の移転の登記を申請するときは、農地法所定の許可を要しない。

A 7 ✗ 　時効取得は、民法162条の法定移転のケースであるから、農地法所定の許可は不要である。

A 8 ○ 　前半、後半いずれも正しい（先例昭31.6.19-1247）。債務不履行による解除（法定解除）は民法545条の法定移転のケースであり、許可を要しない。一方、合意解除はその本質が契約であり、許可を要する。

A 9 ✗ 　買戻しは、約定解除権の一種であるから、農地法所定の許可を要する。

A 10 ○ 　そのとおり。相続登記の申請には、農地法所定の許可は不要である。

A 11 ✗ 　後半の記述が誤り。遺産分割による贈与を原因とする所有権の移転の登記を申請するときは、農地法所定の許可を要する（登記研究528P184）。一方、遺産分割による持分の移転の登記は、相続がらみとして許可を要しない。

A 12 ✗ 　後半の記述が誤り。会社分割による所有権の移転の登記を申請するときも、農地法所定の許可を要しない（登記研究648P197）。

A 13 ✗ 　相続人以外の第三者への相続分の譲渡については、農地法所定の許可を要する。一方、共同相続人間の相続分の譲渡については、農地法所定の許可を要しない（最判平13.7.10）。

A 14 ✗ 　許可を要しない（先例平24.12.14-3486）。これに対し、相続人以外の者への特定遺贈の場合には、農地法所定の許可を要する。

A 15 ✗ 　相続人以外の者を受遺者とする場合であっても、包括遺贈に許可は不要である。　　・

A 16 ○ 　そのとおり。裁判所がらみのケースだから、許可を要しない。

One Point◆ 協議による財産分与

協議による財産分与については、農地法所定の許可を要します。

Q 17 　特別縁故者への財産分与の審判が確定し、「民法第958条の2の審判」を登記原因として、農地の所有権の移転の登記を申請するときは、農地法所定の許可を証する情報の提供を要しない。

Q 18 　委任の終了を原因とする農地の所有権の移転の登記を申請するときは、農地法所定の許可を要する。

Q 19 　農地につき「売買」による所有権の移転の登記をした後、「真正な登記名義の回復」を原因として、従前の登記名義人以外の者に対して所有権の移転の登記を申請するときは、農地法所定の許可を要する。

Q 20 　農地につき「相続」による所有権の移転の登記をした後、「真正な登記名義の回復」を原因として、従前の登記名義人ではない他の相続人に対して所有権の移転の登記を申請するときは、農地法所定の許可を要する。

Q 21 　「真正な登記名義の回復」を原因として、従前の登記名義人に対して農地の所有権の移転の登記を申請するときは、農地法所定の許可を要しない。

Q 22 　農地に地上権または地役権を設定するときは、農地法所定の許可を要する。

Q 23 　農地が共有である場合に、持分放棄または共有物分割を原因として持分の移転の登記を申請するときは、農地法所定の許可を要する。

A 17 ◯   そのとおり。これも裁判所がらみのケースである。

A 18 ✕   権利能力なき社団の所有という実体に変化がないから、許可は不要である。

A 19 ◯   そのとおり。真正な登記名義の回復を原因とする場合も、農地法所定の許可を要することが原則である。

A 20 ✕   許可を要しない（先例平24.7.9-1906）。たとえば、A所有の農地につき、Bへの相続登記をしたが、実は、相続したのはCでしたというような事案である。この場合、Cが従前の登記名義人でないときでも、農地法所定の許可を要しない。最初から正しくAからCへ相続登記をしていれば許可は不要なのだから、それとの均衡をはかる趣旨である。前問と比較しておこう。

A 21 ◯   そのとおり。過去において農地の登記簿に登場した人物は、いずれも許可を取得済みの者か、許可を要しない物権変動により権利を取得した者だからである。

A 22 ◯   そのとおり（先例昭44.6.17-1214）。

A 23 ✕   持分放棄について誤り。持分放棄を原因とするときは、許可を要しない（先例昭23.10.4-3018）。一方、共有物分割を原因とするときは、許可を要する（先例昭41.11.1-2927）。

Chapter 2
～農地法所定の許可～

急|所|　農地法所定の許可の要否

農地法所定の許可の要否をまとめておこう。

1　許可を要する場合
　①　売買、贈与、死因贈与

　②　遺産分割による贈与

　③　協議による共有物分割

　④　合意解除

　⑤　買戻し

　⑥　相続人以外の第三者に対する特定遺贈

　⑦　相続人以外の第三者に対する相続分の譲渡

　⑧　協議による財産分与

　⑨　民法646条２項による移転

　⑩　真正な登記名義の回復を登記原因として、従前の登記名義人以外の者に
　　　対して移転の登記をする場合（相続の場合に例外アリ　＊）

＊　農地について「相続」による所有権の移転の登記をした後、「真正な登記
名義の回復」を原因として、他の相続人に対して所有権の移転の登記を申請す
るときは、その者が従前の登記名義人でない場合でも、農地法所定の許可を証
する情報の提供を要しない（先例平24.7.9-1906）。

2　許可を要しない場合

① 相続

② 合併、会社分割

③ 包括遺贈

④ 相続人に対する特定遺贈

⑤ 遺産分割

⑥ 共同相続人間の相続分の譲渡

⑦ 共有物の持分放棄

⑧ 時効取得

⑨ 法定解除

⑩ 裁判、調停による財産分与

⑪ 民法958条の2の審判による特別縁故者への財産分与

⑫ 収用

⑬ 委任の終了

⑭ 真正な登記名義の回復を登記原因として、従前の登記名義人に対して移転の登記をする場合

③ 農地法所定の許可と相続登記

Q 24 農地につき、その売主が死亡した後に農地法所定の許可書が到達した場合、売買による所有権の移転の登記を申請する前提として、相続登記を申請することを要する。

Q 25 農地につき、農地法所定の許可書が到達した後に、その売主が死亡したときは、売買による所有権の移転の登記を申請する前提として、相続登記を申請することを要する。

Q 26 農地につき、その買主が死亡した後に農地法所定の許可書が到達した場合、相続人が買主に代わって、売主と共同して買主名義の所有権の移転の登記を申請することができる。

Q 27 農地の売買につき、農地法所定の許可書が到達した後に買主が死亡した場合、直接、買主の相続人の名義とする所有権の移転の登記を申請することができる。

④ 会社と取締役の利益相反取引

以下の問では、株式会社はすべて取締役会設置会社であることを前提とする。

Q 28 株式会社甲と、同社の取締役Aとの間で、A所有の不動産につき、Aから甲社への売買による所有権の移転の登記を申請するときは、甲社の取締役会議事録の提供を要する。

50

A 24 ◯　そのとおり（先例昭40.3.30-309）。売主の所有（当初）→売主の相続人の所有（許可書到達まで）→買主の所有（許可書到達後）、以上の物権変動の過程を忠実に公示することを要するのである（忠実再現の原則）。

A 25 ✕　相続登記の申請を要しない。農地の所有権は売主の相続人に帰属していないため、申請すべき登記は、売主→買主への所有権の移転の登記のみである。なお、この場合、売主の相続人の全員が、買主と共同して登記を申請することとなる（相続人による登記）。

A 26 ✕　死者に対する許可は無効であり、買主名義の所有権の移転の登記を申請することはできない（先例昭51.8.3-4443）。

> **One Point◆ 農地法の許可と相続**
>
> 　本事例では、買主の相続人名義で所有権の移転の登記を申請することもできません。この場合、再度、売主を譲渡人、相続人を譲受人とする農地の売買の許可を申請する必要があります。

A 27 ✕　直接、相続人の名義とする所有権の移転の登記をすることはできない（登記研究486P134）。忠実再現の原則により、①売買を原因とする買主名義の所有権の移転の登記、②相続を原因とする相続人の名義の所有権の移転の登記、以上の2件の登記を申請する。物権変動の過程をしっかり意識しよう。

A 28 ◯　そのとおり（不動産登記令7条1項5号ハ）。利益相反取引の典型例である。会社と取締役のどちらが売主であっても、行為の外形からみて利益相反取引に当たる。

> **One Point◆ 利益相反取引の承認機関**
>
> 　株式会社と取締役との間で利益が相反する取引を行う場合の承認機関は、取締役会設置会社においては取締役会、取締役会を設置しない会社においては株主総会です（会社法356条1項、365条1項）。その詳細は、会社法で学習しましょう。

Q 29 株式会社甲が所有する不動産に、同社の取締役Aを債務者とする抵当権の設定の登記を申請するときは、申請情報と併せて取締役会議事録の提供を要する。

Q 30 株式会社甲所有の不動産に、甲社を債務者とする抵当権の設定の登記をした後、債務者を同社の取締役Aとする抵当権の変更の登記を申請するときは、取締役会議事録の提供を要しない。

Q 31 株式会社甲所有の不動産に、甲社を債務者とする根抵当権の設定の登記をした後、元本の確定前に債務者を同社の取締役Aに変更する登記を申請するときは、取締役会議事録の提供を要しない。

Q 32 株式会社甲（代表取締役A）所有の不動産を、株式会社乙（代表取締役A）に売却したことによる所有権の移転の登記を申請するときは、甲社および乙社の取締役会議事録の提供を要する。

Q 33 株式会社甲（代表取締役AB）と株式会社乙（代表取締役AC）との間で、甲社をAが、乙社をCが代表して甲社所有の不動産を乙社に売却した場合、その所有権の移転の登記の申請情報と併せて、甲社および乙社の取締役会議事録の提供を要する。

Q 34 株式会社甲（代表取締役AB）と株式会社乙（代表取締役AC）との間で、甲社をBが、乙社をCが代表して甲社所有の不動産を乙社に売却したことによる所有権の移転の登記を申請するときは、取締役会議事録の提供を要しない。

Q 35 株式会社と同社の取締役との間で、会社所有の不動産を取締役に売却する契約が成立した後に、取締役会の承認を得たときの所有権の移転の登記の原因日付は、取締役会の承認を得た日である。

5 破産管財人等、職務代行者

Q 36 相続財産清算人が、家庭裁判所の許可を得て、相続財産である不動産を売却したため、所有権の移転の登記を申請するときは、登記識別情報の提供を要しない。

A 29 ◯　　そのとおり。会社が取締役の物上保証人となるケースであり、前問同様、典型的な利益相反取引の事例である。

A 30 ◯　　そのとおり。会社の債務を取締役が肩代わりすることは、会社にとってありがたい話であり、利益相反取引に当たらない（先例昭41.6.8-397）。

A 31 ✕　　取締役会議事録の提供を要する。根抵当権の債務者を取締役Aに変更することは、Aがする取引により生じる債務について会社を物上保証人とすることを意味する。そのため、利益相反取引に当たる（登記研究382P82）。前問とよく比較しよう。

A 32 ◯　　そのとおり（先例昭37.6.27-1657）。株式会社の取締役が、第三者（別の会社）のために会社と取引をすることも利益相反取引に当たる（会社法356条1項2号）。本問では、甲社および乙社の双方において、取締役会の承認を要する。

A 33 ✕　　乙社の取締役会議事録の提供を要する（登記研究517P195）。甲社においては不要である。本事例では、「株式会社の取締役が第三者のために会社と取引をする」という関係は、乙社にだけ存在する。

A 34 ◯　　甲社および乙社の双方にとって利益相反取引とはならないため、取締役会議事録の提供を要しない（先例昭52.11.14-5691）。

A 35 ✕　　日付は、売買契約の成立の日である。会社の承認は、売買の効力発生の要件ではないから、日付はズレない。

A 36 ◯　　そのとおり（登記研究606P199）。裁判所の許可を証する情報を提供することにより、登記の真正が担保されるからである。共同申請であるにもかかわらず、登記識別情報の提供を要しない事案の一つである。

Q 37 被相続人が生前に売却していた不動産につき、相続財産清算人が、買主とともに所有権の移転の登記を申請するときは、家庭裁判所の許可を証する情報の提供を要しない。

Q 38 不在者が所有する不動産について、不在者の財産管理人が登記義務者となって、「時効取得」を原因とする所有権の移転の登記を申請するときは、裁判所の許可を証する情報の提供を要しない。

Q 39 成年後見人が、家庭裁判所の許可を得て、成年被後見人の居住の用に供する建物を売却したことによる所有権の移転の登記の申請情報には、家庭裁判所の許可を証する情報及び登記義務者である成年被後見人の登記識別情報の提供を要する。

Q 40 破産管財人が、裁判所の許可を得て、破産財団に属する不動産を売却したことによる所有権の移転の登記を申請するときは、破産者の登記識別情報の提供を要しない。

Q 41 破産管財人が、破産財団に属する不動産を任意売却したことにより、所有権の移転の登記を申請するときは、裁判所書記官作成の印鑑証明書を添付することができる。

Q 42 甲土地の所有者不明土地管理人が、裁判所の許可を得て甲土地を売却したときは、売買を登記原因とする所有権移転登記の申請情報と併せて、裁判所の許可を証する情報の提供を要するが、登記義務者の登記識別情報の提供を要しない。

Q 43 株式会社の代表取締役の職務代行者が、会社所有の不動産について、贈与による所有権の移転の登記を申請するときは、裁判所の許可を証する情報の提供を要する。

A 37 ◯　そのとおり（先例平3.10.29-5569）。本事例の申請行為は、単なる「債務の履行」であるから、家庭裁判所の許可を要しない。

A 38 ✕　裁判所の許可を証する情報の提供を要する（登記研究548P165）。時効取得の存否に係る管理人の判断の適正を担保する必要から、処分行為に準じるものとして、許可を要するものとされている。

🐕 One Point ◆ 不在者の財産管理人と登記識別情報

不在者の財産管理人が、家庭裁判所の許可を得て、不在者が所有する不動産を売却したことによる所有権の移転の登記を申請するときは、登記識別情報の提供を要しません（登記研究779P123）。

A 39 ✕　家庭裁判所の許可を証する情報の提供を要するが、登記義務者の登記識別情報の提供を要しない（登記研究779P119）。本問は、Q36と同様に、共同申請であるにもかかわらず、登記識別情報の提供を要しない事案である。

A 40 ◯　そのとおり（先例昭34.5.12-929）。本問も、共同申請であるにもかかわらず、登記識別情報の提供を要しない例外的な事案である。なお、裁判所の許可を証する情報の提供を要する（不動産登記令7条1項5号ハ）。

A 41 ◯　そのとおり（不動産登記規則48条3号）。破産管財人がその職務上行う申請において添付する印鑑証明書は、市区町村長作成のものでも、裁判所書記官作成のものでもよい。

A 42 ◯　そのとおり（先例令5.3.28-533）。裁判所の許可により、登記の真正が担保されるためである。本事案も、共同申請でありながら登記識別情報の提供を要しない例外ケースのひとつである。

A 43 ◯　そのとおり（先例昭56.8.3-4905）。取締役または代表取締役の職務代行者が、株式会社の常務に属しない行為をするためには、仮処分命令に別段の定めがある場合を除いて、裁判所の許可を要する（会社法352条1項）。

6 印鑑証明書の例外

Q 44 委任による代理人によって所有権の移転の登記を申請する場合において、登記義務者が記名押印した委任状に公証人の認証を受けたときは、その申請書には、登記義務者の印鑑証明書の添付を要しない。

Q 45 委任による代理人によって登記を申請する場合において、申請人が署名した委任状に公証人の認証を受けたときは、申請人は、委任状に記名押印することを要しない。

Q 46 共同相続人A、B、Cのうち、相続財産である甲土地をAが単独で取得する旨の公正証書による遺産分割協議書を提供して、相続を原因とする所有権の移転の登記を申請するときは、登記原因証明情報の一部として、その遺産分割協議書に係るBとCの印鑑証明書の提供を要しない。

7 登記上の利害関係人（抹消登記）

Q 47 所有権の移転の登記の抹消を申請する場合に、その所有権を目的とする抵当権の設定の登記があるときは、抵当権者の承諾を証する情報の提供を要する。

Q 48 「解除」を原因とする所有権の移転の登記の抹消を申請する場合、その登記原因の日付が、抹消登記の利害関係人の承諾を得た日となることがある。

A 44 ◯ そのとおり（不動産登記規則49条2項2号、不動産登記令18条2項）。公証人による認証の際に本人確認を行うので、登記所において二重の本人確認は不要という趣旨である。

> 🐕 **One Point ◆ 会社法人等番号と印鑑証明書**
>
> 会社法人等番号の提供による印鑑証明書の添付省略の仕組みは、すでに学習済みです。どのような内容だったか思い出しながら、リンク先に戻って復習しておきましょう。

リンク ➡ Chapter 1 Section 1 Ⓠ 35

A 45 ◯ そのとおり（不動産登記規則49条1項1号、不動産登記令18条1項）。本人の署名と公証人の認証があれば、委任状への記名押印を要しない。

A 46 ◯ そのとおり（登記研究146P42）。公証役場においてBおよびCの意思確認が完了しているためである。

リンク ➡ Chapter 1 Section 2 Ⓠ 11

A 47 ◯ そのとおり（不動産登記法68条）。抹消する所有権を目的とする抵当権者は、抹消登記の利害関係人である。

> 🐕 **One Point ◆ 職権抹消**
>
> 登記官は、所有権の登記を抹消したときは、それを目的とする抵当権の登記を職権により抹消します（不動産登記規則152条1項）。このため、抵当権者の承諾を証する情報には、登記官が職権でその抵当権を抹消することへの承諾という実質があります。

A 48 ✕ 日付がズレることはない。登記上の利害関係人の承諾は、登記手続の問題として要求される承諾であり、実体法とは関係がないからである。

Q 49 AからBへの所有権の移転の登記の後に、Xの差押えの登記があるときは、Xの承諾を証する情報を提供しなければ、Bの所有権の登記の抹消を申請することができない。

Q 50 甲土地と乙土地を目的とする共同抵当権の設定の登記がある場合において、甲土地の抵当権の登記の抹消を申請するときは、乙土地の後順位抵当権者の承諾を証する情報の提供を要する。

8 登記上の利害関係人（抹消回復登記）

Q 51 抹消回復登記を申請する場合において、登記上の利害関係を有する第三者があるときは、その者の承諾を証する情報の提供を要する。

Q 52 抵当権の抹消登記の後に、所有権の移転の登記をした現在の所有権の登記名義人は、抵当権の抹消回復登記における登記上の利害関係を有する第三者に該当する。

Q 53 抹消回復登記は、主登記によってすることも、付記登記によってすることもある。

9 登記上の利害関係人（仮登記に基づく本登記）

Q 54 抵当権設定の仮登記に基づく本登記を申請する場合、後順位の抵当権の登記名義人の承諾を証する情報の提供を要する。

Q 55 AからBへの所有権の移転の仮登記の後、売買を原因としてAからCへの所有権の移転の登記がある場合に、Bの仮登記に基づく本登記を申請するときは、Cの承諾を証する情報の提供を要する。

Q 56 AからBへの所有権の移転の仮登記の後に、相続を原因とするAからCへの所有権の移転の登記がある場合に、Bの仮登記に基づく本登記を申請するときは、Cの承諾を証する情報の提供を要する。

A 49 ◯　そのとおり（不動産登記法68条）。Ｂの所有権が消えると、Ｘの差押えは元を絶たれる関係にあるため、Ｘは抹消登記の利害関係人である（先例昭30.12.20-2693）。

A 50 ✕　甲土地について登記の申請をする場合に、他の不動産の登記名義人が利害関係人となることはない（ただし、地役権において一部例外アリ）。

A 51 ◯　そのとおり（不動産登記法72条）。１番抵当権の抹消回復登記を申請する場合の後順位抵当権者が、利害関係人の代表格である。

A 52 ✕　現在の所有権の登記名義人は、抹消回復登記の登記義務者となる（先例昭57.5.7-3291）。ここに、登記上の利害関係を有する第三者とは、申請人以外の第三者を意味する。

A 53 ◯　そのとおり。登記事項の全部が抹消された場合には、主登記によって全部を回復する。一方、登記事項の一部の抹消の場合には、付記登記によって回復する（不動産登記規則３条３号）。

A 54 ✕　利害関係人の承諾を証する情報の提供を要するのは、所有権に関する仮登記に基づく本登記を申請する場合である（不動産登記法109条１項）。

A 55 ◯　そのとおり（不動産登記法109条１項）。Ｃは、登記上の利害関係を有する第三者に当たる。

A 56 ✕　Ａの相続人Ｃは、仮登記に基づく本登記の登記義務者であり、利害関係を有する第三者ではない。所有権に関する仮登記の後に、所有権の移転の登記がされているときは、その登記原因をよく確認しよう。

Q 57 所有権に関する仮登記に基づく本登記をしたときは、登記官が、登記上の利害関係を有する第三者の登記を職権で抹消する。

Q 58 所有権の移転の仮登記の後、数次にわたって売買による所有権の移転の登記がある場合において、仮登記に基づく本登記を申請するときは、仮登記に後れるすべての所有権登記名義人の承諾を証する情報の提供を要する。

Q 59 所有権移転の仮登記を目的とする抵当権設定仮登記の登記名義人は、所有権の移転の仮登記に基づく本登記における登記上の利害関係を有する第三者に該当する。

Q 60 所有権の仮登記に基づく本登記を申請すべきところ、誤って独立の順位番号をもって所有権の移転の登記がされたときは、これを仮登記に基づく本登記に更正することはできない。

10 登記上の利害関係人（権利の変更、更正の登記）

Q 61 権利の変更の登記を申請する場合において、登記上の利害関係を有する第三者があるときは、その者の承諾を証する情報を提供しなければ、変更の登記を申請することができない。

Q 62 買戻権を行使したことによる所有権の移転の登記を申請するときは、買戻特約の登記に後れる抵当権の登記名義人の承諾を証する情報を提供しなければならない。

A 57 ◯ そのとおり（不動産登記法109条2項）。利害関係を有する第三者の承諾は、自己の権利が職権で抹消されることへの承諾という意味を有する。

A 58 ✕ 現在の所有権の登記名義人の承諾を証する情報のみを提供すれば足りる（先例昭37.7.30-2117）。現に効力を有しない登記名義人（過去の人）は、利害関係人とはならない。

A 59 ✕ 本事例の仮登記抵当権者は、所有権の仮登記が本登記になれば、自己の抵当権の本登記を申請できるという地位にあり、仮登記に抵触するものではない。

A 60 ◯ そのとおり（先例昭36.3.31-773）。所有権の移転の登記について、特に誤りがあるわけではないからである。登記の目的に、仮登記に基づく本登記であることを明記することをお忘れなく。

A 61 ✕ 承諾を証する情報を提供したときは付記登記で、提供しないときは主登記で実行される（不動産登記法66条）。

A 62 ✕ 不動産登記法には、移転登記をするときに第三者の承諾を要するとはどこにも書いていない。本問の抵当権は実体上消滅するが、その抹消登記は当事者の申請により行うべきこととなる。

 One Point✦ 登記上の利害関係人まとめ

登記上の利害関係を有する第三者の承諾を要する場面は、以下の4つのケース限定です。この点を、再度、確認しておきましょう。
1　登記の抹消
2　抹消された登記の回復
3　所有権に関する仮登記に基づく本登記
4　権利の変更登記または更正登記

Chapter 2
～登記上の利害関係人～

急|所|1| 登記上の利害関係を有する第三者の承諾

　登記上の利害関係を有する第三者の承諾は、以下の４つの事例において必要となる。

　　1　登記の抹消（不動産登記法68条）
　　2　抹消された登記の回復（不動産登記法72条）
　　3　所有権に関する仮登記に基づく本登記（不動産登記法109条１項）
　　4　権利の変更の登記または更正の登記（不動産登記法66条）

　上記のうち、１〜３は、承諾を証する情報の提供がない限り、登記は受理されない。４は、利害関係人がいる場合、その承諾を証する情報の提供があれば付記登記、なければ主登記で登記を実行する。また、利害関係人がないときも、付記登記によって変更の登記または更正の登記を実行する。

　さらに、承諾を証する情報を提供した第三者の登記を、登記官が職権で抹消するのは、１および３の場合だけである。

　そして、以下の定理を明確にしておこう。

> **定理** 不動産登記法を根拠とする登記上の利害関係を有する第三者の承諾の時期により、登記原因の日付がズレることはあり得ない。

急所 2 申請情報例

（事例）　以下の申請情報例は、次の事実に基づくものである。

1　令和何年４月１日、ＡがＢに対して不動産の売買契約を解除する旨の意思表示をした。

2　同年５月１日、Ｂの所有権を目的とする抵当権者のＸが、所有権の登記を抹消することについて承諾をした。

【申請情報例】

登 記 の 目 的	何番所有権抹消
原　　　　因	令和何年４月１日解除
権 　利 　者	何市何町何番地
	Ａ
義 　務 　者	何市何町何番地
	Ｂ
添 付 情 報	登記原因証明情報　　登記識別情報　　印鑑証明書
	承諾を証する情報　　代理権限証明情報
登録免許税	金1000円

＊　登記原因の日付が、承諾を得た日にズレることはない。

＊　承諾を証する情報として、Ｘの承諾書を提供する。

＊　抹消登記は、常に主登記によってする（定理）。

Section 3 代位による登記

1 代位による登記全般

Q 1 債権者代位による登記を申請するときは、申請情報の内容として、申請人である代位者の氏名や住所のほか、被代位者の氏名や住所、代位原因の提供を要する。

Q 2 「年月日金銭消費貸借の強制執行」を代位原因として、債権者が債務者に代位して所有権の移転の登記を申請するときは、申請情報と併せて、債務者の無資力を証する情報の提供を要する。

Q 3 抵当権者は、抵当権設定者に代位して、抵当権の設定の登記を申請することができる。

Q 4 不動産の売主が、買主に対して売買代金債権以外の債権を有しているときは、売主は、買主に代位して売買による所有権の移転の登記を申請することができる。

A 1 ◯ そのとおり（不動産登記令３条１号・４号）。また、代位による登記を申請するときは、代位原因を証する情報の提供を要する（不動産登記令７条１項３号）。

> **One Point ◆ 代位原因**
>
> 主な代位原因として、次のものを覚えておこう。
> 1 年月日売買の所有権移転登記請求権
> 2 年月日金銭消費貸借の強制執行
> 3 年月日設定の抵当権設定登記請求権
> 4 年月日設定の抵当権の実行による競売

A 2 ✗ 要しない。債権者がわざわざ登録免許税を立て替えてまで登記を申請する理由は、ほかに債権の回収手段がないからに相違がなく、また、登記をすることにより債務者を害するおそれもないからである。

> **One Point ◆ 供託金の払渡しのケース**
>
> 債権者が債務者に代位して、供託金の払渡しを請求するときは、債権保全の必要性を証する書面として、債務者が無資力であることを証する書面の添付を要します（先例昭38.5.25-1570）。供託金の払渡しの場合、債権者が代わりに「カネをもらう」のですから、手続が厳格化します。供託法の学習後、セットで学習しておきましょう。

A 3 ✗ 登記権利者が登記義務者に代位して、登記を申請することはできない。これを認めると、共同申請主義を定めた不動産登記法の制度趣旨に反する。

A 4 ◯ そのとおり（先例昭24.2.25-389）。本問のような特殊なケース（不動産の売主が、買主への売買代金債権以外の債権をたまたま有している場合）を除いては、権利者が義務者に代位して登記を申請することはできない。

Q 5 　相続人の債権者は、相続人に代位して、単独で相続による所有権の移転の登記を申請することができる。

Q 6 　Bの債権者Cは、Bに代位して、単独で、AからBへの売買による所有権移転登記を申請することができる。

Q 7 　A→B→C→Dと所有権が移転したときは、Dは、CのBに対する代位権を代位行使して、Aと共同して、B名義とする所有権の移転の登記を申請することができる。

Q 8 　抵当権者が、抵当権の実行に基づく競売をするために、所有者に代位して相続登記を申請するときは、代位原因を証する情報の提供を省略することはできない。

Q 9 　代位原因を証する情報の提供を省略することができる場合はない。

A 5 ○　相続登記は、相続人が単独で申請することができるため、その債権者も単独で申請可能である。

A 6 ✗　単独で申請することはできない。代位者のCは、売主のAと共同して登記を申請することを要する。

> **One Point ✦ 代位による登記の原理**
>
> 　債権者代位による登記は、本来の登記権利者が単独で登記を申請することができる事案では、代位者も単独で申請することができます。本来の登記権利者が共同申請すべき事案では、代位者も登記義務者と共同して登記を申請すべきこととなります。

A 7 ○　代位の代位も認められる（登記研究305P75）。

A 8 ○　そのとおり。代位原因を証する情報として、裁判所が交付する「競売申立受理証明書」を提供する（先例昭62.3.10-1024）。

A 9 ✗　抵当権の登記名義人が、設定者に代位して、その住所の変更の登記を申請するケースでは、代位原因を証する情報の提供を省略することができる。この場合、「代位原因を証する情報は、年月日受付第何号をもって本物件に抵当権設定済につき提供省略」と記載すればよい（先例昭35.9.30-2480）。

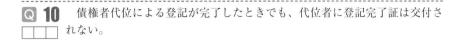

② 代位による登記と登記完了証

Q 10 　債権者代位による登記が完了したときでも、代位者に登記完了証は交付されない。

□□□

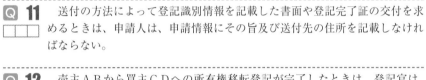

Q 11 　送付の方法によって登記識別情報を記載した書面や登記完了証の交付を求めるときは、申請人は、申請情報にその旨及び送付先の住所を記載しなければならない。

□□□

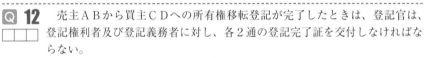

Q 12 　売主ＡＢから買主ＣＤへの所有権移転登記が完了したときは、登記官は、登記権利者及び登記義務者に対し、各２通の登記完了証を交付しなければならない。

□□□

10 ✗ 　登記を申請した代位者には、登記完了証の交付により登記が完了した旨が通知される（不動産登記規則181条１項）。なお、登記名義人となった被代位者には、登記完了証とは別のカタチで登記が完了した旨が通知される（不動産登記規則183条１項２号）。

> **One Point ◆ 登記識別情報**
>
> 　債権者代位による登記が完了しても、登記識別情報は通知されません（不動産登記法21条本文参照）。Chapter 1で学習したことを振り返っておきましょう。

リンク Chapter 1 Section 1 9

 11 〇 　そのとおり（不動産登記規則63条３項、182条２項）。この申出をしておけば、登記完了後、登記識別情報や登記完了証を法務局が送付先の住所宛に郵送してくれるので楽チンである。

 12 ✗ 　登記権利者と登記義務者が複数いるときは、各１通ずつ交付すれば足りる（不動産登記規則181条１項後段）。単独申請の場合も、申請人が複数のときは、１通交付すれば足りる。

1 判決による登記全般

Q 1 判決書の記載から登記原因が明らかとならないときは、判決が確定した日
□□□ をもって「年月日判決」を原因とする登記の申請をすることができる。

Q 2 判決書において売買の日付が明らかとされていないときは、「年月日不詳売
□□□ 買」を登記原因として、売買による所有権の移転の登記を申請することがで
きる。

Q 3 登記手続を命ずる確定判決を登記原因証明情報として提供するときは、原
□□□ 告および被告が共同して登記を申請することはできない。

Q 4 「原告の所有権を確認する」旨の確定判決を提供して、原告は、単独で所有
□□□ 権の移転の登記を申請することができる。

Q 5 売買契約の売主は、買主に対して所有権の移転の登記手続を命ずる判決を
□□□ 得て、単独で所有権の移転の登記を申請することができる。

Q 6 所有権移転登記手続をすることを内容とする裁判上の和解調書に基づいて、
□□□ 登記権利者は、単独で所有権の移転の登記を申請することができる。

Q 7 「被告は、原告または原告の指定した者に対して、売買を原因とする所有権
□□□ の移転登記手続をする」との内容の和解調書により、原告は、単独で所有権
の移転の登記を申請することができる。

Q 8 登記権利者は、所有権移転登記手続をすることを内容とする執行承諾文言
□□□ 付きの公正証書を提供して、単独で所有権の移転の登記を申請することがで
きる。

Q 9 登記手続を命じた仮執行宣言付きの判決に基づいて、登記権利者は、単独
□□□ で登記を申請することができる。

A 1 ◯　そのとおり（先例昭29.5.8-938、登記研究129P48）。判決という物権変動があるわけではないが、登記実務上、その取扱いが許容されている。

A 2 ◯　「年月日不詳売買」との登記原因も、登記実務で許容されている（先例昭34.12.18-2842）。

A 3 ✕　原則どおり、当事者が共同して申請してもかまわない。不動産登記法63条1項は、当事者の一方が、単独で登記を「申請することができる」といっている。

A 4 ✕　判決による登記にいう「判決」は、「登記手続自体を命じる確定の給付判決」に限定されている（不動産登記法63条1項参照）。

A 5 ◯　そのとおり。登記引取請求の事案である。判決により登記権利者の登記申請意思を擬制して、登記義務者が単独で申請することもできるのである。

A 6 ◯　和解調書は、確定判決と同一の効力を有するため、登記権利者が単独で申請することができる。調停調書、認諾調書も同様である。

A 7 ✕　権利者を特定していないため、被告の登記申請意思が擬制されたとはいえず、この和解調書により単独で登記を申請することはできない（先例昭33.2.13-206）。

A 8 ✕　公正証書は、民事執行法177条1項の「和解、認諾、調停もしくは労働審判に係る債務名義」に該当しない（先例明35.7.1-637）。

A 9 ✕　確定の給付判決でなければ、単独で登記を申請することはできない（先例昭25.7.6-1832）。そもそも、登記手続を命じる判決に仮執行宣言をすることはできないが、仮に、誤って付いたとしても、それに基づいて単独で登記を申請することは不可である。

71

Q 10 登記手続を命ずる確定判決に基づいて、登記権利者が単独で登記を申請するときは、登記原因証明情報として、判決書正本のほか、確定証明書および送達証明書の提供を要する。

Q 11 判決の更正決定があったときは、更正決定書とその確定証明書の提供を要する。

② 秘匿決定と判決による登記

Q 12 登記義務者に対して所有権移転登記手続を命ずる確定判決の正本に、秘匿決定に係る原告の代替住所及び代替氏名が記載されているときは、登記権利者は、申請情報の内容として代替住所及び代替氏名を提供して、その判決に基づいて、単独で、所有権移転登記を申請することができる。

Q 13 登記記録に記録されている者が自然人であって、その住所が明らかとなることにより、その者の生命または身体に危害を及ぼすおそれがある場合において、その者からの申出があったときは、登記官は、登記事項証明書にその住所に代わる事項を記載しなければならない。

③ 判決による登記と添付情報

Q 14 登記手続を命ずる判決により、登記権利者が単独で所有権の移転の登記を申請するときは、登記義務者の登記識別情報および印鑑証明書の提供を要しない。

A 10 ✗ 　判決書正本および確定証明書の提供を要するが、送達証明書の提供を要しない。

A 11 ○ 　そのとおり（昭53.6.21決議）。添付情報として、「判決書正本（確定証明書付）」のほか「更正決定書（確定証明書付）」を提供する。

A 12 ✗ 　代替住所、代替氏名を提供して登記（つまり匿名による登記）を申請することはできない。この場合、申請情報には、登記権利者である原告の住所氏名（現住所と本名）を記載する。そのうえで、判決書正本に記載された原告と、申請情報に記載された登記権利者が同一人物であることを証する裁判所書記官作成の情報の提供を要することとなる（先例令5.2.13-275）。

A 13 ○ 　そのとおり（不動産登記法119条6項）。本問は、登記事項証明書（または登記事項要約書）における住所の秘匿のハナシであり、登記記録に記録されている者が自然人である場合に限定の仕組みである。なお、秘匿の対象は住所であり、氏名の秘匿はできないことに注意を要する。

> **One Point ◆ 自然人の住所の秘匿**
>
> 　登記事項証明書等における住所の秘匿の仕組みは、登記名義人はモチロンのこと、登記事項となる自然人（たとえば抵当権の債務者）全般が対象となります。また、その申出の要件は、登記記録に記録されている者の住所が明らかとなることにより、①人の生命もしくは身体に危害を及ぼすおそれがある場合、または、②これに準じる程度に心身に有害な影響を及ぼすおそれがある場合です。

A 14 ○ 　そのとおり。登記義務者が提供すべき添付情報は、その一切が不要となる。

Q 15 登記手続を命ずる確定判決により、登記権利者が単独で所有権の移転の登記を申請するときは、住所を証する情報の提供を要しない。

Q 16 判決により、登記権利者が単独で所有権の登記の抹消を申請するときは、登記上の利害関係を有する第三者の承諾を証する情報またはこれに対抗できる裁判があったことを証する情報の提供を要する。

Q 17 農地の所有権の移転の登記手続を命ずる判決の理由中に、農地法所定の許可が得られていることが明記されている場合でも、農地法所定の許可を証する情報の提供を要する。

Q 18 買主が、売主の相続人に対する判決に基づいて、単独で所有権の移転の登記を申請する場合、被告が売主の相続人全員であることが判決の理由中に記載されているときは、相続を証する情報の提供を要しない。

4 執行文

Q 19 判決に基づいて、登記権利者が単独で登記を申請するときは、原則として、執行文の付与を受けることを要する。

Q 20 農地法所定の許可を得ることを条件として所有権の移転の登記手続を命ずる判決により、登記権利者が単独で登記を申請するときは、執行文の付与を受けることを要する。

Q 21 原告の反対給付と引換えに、被告に対して所有権の移転登記手続を命ずる判決が確定したときは、原告は、反対給付をしたことを証する情報を提供して、単独で所有権の移転の登記を申請することができる。

A 15 ✕　判決書は、権利者の実在および現住所の証明文書ではないので、住所を証する情報の提供を省略することはできない（先例昭37.7.28-2116）。

A 16 ◯　そのとおり。判決は、登記義務者の意思を擬制するのみであり、第三者の意思とは無関係である。

A 17 ✕　許可を得ていることが明記されていれば、提供を要しない（先例平6.1.17-373）。これに対し、許可を得ていることが明らかでないときは、提供を要する（登記研究586P189）。

A 18 ◯　そのとおり（登記研究382P80）。もし、売主の相続人「全員」であることの記載がなければ、相続を証する情報の提供を要する（先例昭52.12.15-6043）。

A 19 ✕　判決の確定または判決に代わる債務名義の成立により債務者の意思表示が擬制されるから、執行文は不要であることを原則とする（民事執行法177条1項本文参照）。

A 20 ◯　そのとおり（先例昭36.10.12-2546）。例外的に執行文の付与を要するケースの一つである。

🐕 **One Point ◆ 許可書の提出先に注意**

　条件付の判決に基づく登記においては、農地法所定の許可書は、登記の添付情報とはなりません。許可書を裁判所書記官に提出し、債務名義に執行文の付与を受けて登記を申請する、という段取りとなります。

A 21 ✕　本問も執行文の付与を要する例外事案の一つであり、反対給付の証明文書は、裁判所書記官に提出する。そして、執行文の付与を受けた判決書正本と確定証明書を提供して、登記を申請する（先例昭36.3.25-737）。

Q 22 「被告が原告に金何万円を支払わなかったときは、被告は、原告に対し、所有権の移転登記手続をする」との和解調書に基づいて、原告が単独で登記を申請するためには、執行文の付与を受けることを要する。

5 承継執行文

Q 23 AからBへの所有権の移転登記手続を命ずる判決が確定したが、口頭弁論終結前にAからCへの所有権の移転の登記がされている場合、Bは、Cに対する承継執行文の付与を受けて、単独で所有権の移転の登記を申請することができる。

Q 24 AからBへの所有権の移転の登記手続を命ずる判決が確定した後、Bがその不動産をCに売却したときは、Cは、承継執行文の付与を受けて、AからCへの所有権の移転の登記を単独で申請することができる。

Q 25 AからBへの所有権の移転の登記手続を命ずる判決が確定した後にAが死亡し、AからCへの相続登記がされたときは、Bは、Cに対する承継執行文の付与を受けて、単独で、CからBへの所有権の移転の登記を申請することができる。

Q 26 AからBへの所有権の移転の登記手続を命ずる判決の確定後、AがCに対して売買による所有権の移転の登記をした場合、Bは、Cに対する承継執行文の付与を受けて、単独でCからBへの所有権の移転の登記を申請することができる。

Q 27 Bに対して所有権の抹消登記手続を命ずる確定判決を得たAは、その後、BからCへの売買による所有権の移転の登記がされたときは、その抹消の原因を問わず、承継執行文の付与を受けて、Cの登記を単独で抹消することができない。

Q 28 詐害行為取消訴訟において、AからBへの贈与による所有権移転登記の抹消登記手続を命ずる確定判決を得たXは、Aに代位して、単独でBの登記を抹消することができる。

A 22 ◯　そのとおり（先例昭47.1.26-76）。本事例は、「債務者の意思表示が債務者の証明すべき事実のないことに係るとき」に当たる（民事執行法177条１項ただし書）。そのため、執行文の付与を受けたときに、債務者の意思表示が擬制される。

A 23 ✕　口頭弁論終結前の承継の事案は、訴訟引受の問題であり、承継執行文の付与を受けて、所有権の移転の登記を申請することはできない（先例昭31.12.14-2831）。

A 24 ✕　権利者側の承継の事案においては、特定承継、包括承継のいずれの場合でも、承継執行はできない（先例昭44.5.1-895）。A→Cへの登記を認めると中間省略登記となり、忠実再現の原則に反する。

A 25 ◯　口頭弁論終結後の義務者の包括承継の事案は、承継執行が可能である。本事例のCへの登記は無効であり、元来は抹消すべきであるが、便宜的に、C→Bへの所有権の移転の登記が認められている。

A 26 ✕　承継執行の余地はない（先例昭31.12.14-2831）。移転登記を求める事案において、義務者側に特定承継があったときは、いわゆる二重譲渡の問題となり、先に登記を備えたCが優先する（民法177条）。

A 27 ✕　抹消の原因を第三者に対抗できる場合であれば、Aは、Cに対して、承継執行することができる（先例昭32.5.6-738）。なお、抹消の原因を第三者に対抗できないときは、承継執行することはできない（先例昭31.12.14-2831）。

A 28 ◯　そのとおり（先例昭38.3.14-726）。本事例では、判決書正本が、登記原因証明情報と代位原因証明情報を兼ねることとなる。

Part
1

基本編

Chapter 2
～判決による登記～

急|所|　判決による登記の申請情報例と添付情報

　以下、原告または被告の住所や氏名について秘匿決定がされていないものとして、判決による登記の申請情報と添付情報を整理しよう。

【申請情報例】

登記の目的　　所有権移転
原　　　因　　年月日売買
権　利　者　　何市何町何番地
　　（申請人）　　B
義　務　者　　何市何町何番地
　　　　　　　　A
添 付 情 報　　登記原因証明情報（判決書正本及び確定証明書）
　　　　　　　　住所を証する情報（Bの住民票の写し）
　　　　　　　　代理権限証明情報（Bの委任状）

＜登記原因証明情報＞
　1　判決による登記の登記原因証明情報となるもの
　　・判決書正本および確定証明書
　　・和解調書、調停調書、認諾調書
　　・仲裁判断（執行決定を受けたもの）
　　・外国判決（執行判決を受けたもの）

　2　判決による登記の登記原因証明情報とはならないもの
　　・執行承諾文言付きの公正証書（執行証書）
　　・仮執行宣言付きの判決
　　・仮処分命令
　　・転付命令

＜その他の添付情報＞

1　登記識別情報、印鑑証明書　　提供　不要

登記義務者が添付すべき添付情報は、一切不要である。

2　住所を証する情報　　提供　必要

判決による登記の添付情報として、住所を証する情報の提供を要する（先例昭37.7.28-2116）。

3　登記上の利害関係を有する第三者の承諾書　　提供　必要

登記上の利害関係を有する第三者の承諾を証する情報またはこれに対抗できる裁判があったことを証する情報の提供を要する。

4　登記原因についての第三者の許可、同意、承諾書　　提供　原則必要

原則として提供を要する。しかし、判決の理由中に、第三者の許可等が得られていることが明記してあれば、許可等を証する情報の提供を要しない（先例平6.1.17-373）。

5　相続を証する情報

相続人による登記のケースで、その要否が問題となる。

①　登記権利者の相続人が訴訟を提起する場合　　提供　不要

判決書から当事者適格（登記権利者の相続人であること）が確認できるため、判決書正本をもって、相続を証する情報とすることができる。別途、戸籍全部事項証明書等の提供を要しない。

②　登記義務者の相続人を被告として訴訟を提起する場合

提供　原則必要

判決理由中に、被告が登記義務者の相続人全員であることが記載してあるときは、判決書正本をもって、相続を証する情報とすることができる（登記研究382P80）。これに対し、判決の理由中から、相続人全員であることが確認できないときは、相続を証する情報として戸籍全部事項証明書等の提供を要する（先例昭52.12.15-6043等）。

1 時効取得による移転の登記

Q 1 A所有の不動産をBが時効取得したときは、Aの登記記録を閉鎖して、新たにBのために所有権の保存の登記を申請する。

Q 2 時効取得による所有権の移転の登記の登記原因の日付は、時効が完成した日である。

Q 3 登記権利者の出生前の日付を登記原因の日付として、時効取得による所有権の移転の登記を申請することはできない。

Q 4 時効の起算日よりも前に所有権の登記名義人が死亡したときは、時効取得による所有権の移転の登記を申請する前提として、所有権の登記名義人からその相続人への相続登記を申請しなければならない。

Q 5 時効取得者が不動産の占有を開始した後に所有権の登記名義人が死亡したときは、時効取得による所有権の移転の登記を申請する前提として、所有権の登記名義人からその相続人への相続登記を申請しなければならない。

Q 6 時効の完成後に占有者が死亡し、その共同相続人の１人が時効を援用したときは、その相続分に応じて、時効取得による所有権の一部移転の登記を申請することができる。

Q 7 ＡＢ共有の不動産をＣが時効取得したときは、Ｃは、時効取得を原因として、一方の持分のみの移転登記を申請することができる。

Q 8 抵当権の目的である不動産について、時効取得による所有権の移転の登記をしたときは、その抵当権の登記は、登記官が職権により抹消する。

A 1 ✗ 所有権の保存の登記ではなく、時効取得を原因とするAからBへの所有権の移転の登記を申請する（先例明44.6.22-414）。

A 2 ✗ 登記原因の日付は、時効取得者が不動産の占有を開始した日（時効の起算日）である（民法144条）。

A 3 ✗ 出生前の日付を登記原因の日付とすることもできる（登記研究603P135）。たとえば、被相続人の占有を承継した幼少の未成年者の法定代理人が、未成年者のために時効を援用したケースがこれに当たる。

A 4 ◯ そのとおり（登記研究455P89）。原所有者の死亡の日から、時効取得者の占有開始の日までの間の所有権は、原所有者の相続人に帰属する。このため、忠実再現の原則により、前提として相続登記の申請を要する。

A 5 ✗ 相続登記の申請を要しない（登記研究401P161）。この場合、相続人による登記の形式で、原所有者から時効取得者への所有権の移転の登記を申請すればよい。

A 6 ◯ そのとおり。被相続人の占有により時効が完成した場合、その相続人の一人は、自己の相続分の限度においてのみ取得時効を援用することができる（最判平13.7.10）。

A 7 ◯ そのとおり（登記研究547P145）。AまたはBが登記に協力しないのであれば、一方の持分全部の移転登記のみを先行させてもよい。

A 8 ✗ 職権抹消の規定はない。この場合、「年月日所有権の時効取得」を登記原因（その日付は、占有開始の日）として、抵当権の登記の抹消を共同で申請することができる。

② 登記の効力

Q 9　仮登記にも対抗力が認められる。

Q 10　所有権の登記名義人の登記を信頼して、抵当権の設定を受けた者は、特別の事情がない限り、過失がないものと推定される。

Q 11　登記記録から地上権の存続期間が満了していることがあきらかであるときは、その登記を抹消することなく、さらに地上権の設定の登記を申請することができる。

Q 12　同一の不動産について、二重に登記記録が作られた場合、原則として、後に作られた登記記録を登記官が職権で抹消する。

Q 13　同一の不動産について二重に登記記録が作られた場合は、後の登記記録にのみ抵当権の設定の登記があるときでも、登記官は、後に作られた登記記録を職権で閉鎖する。

Q 14　登記官は、登記事項以外の事項を登記したことを発見したときは、一定の者に対して、1か月以内の期間を定めて、異議を述べないときは登記を抹消する旨を通知しなければならない。

A 9 ✘　仮登記には対抗力がない。

A 10 ◯　そのとおり。これを、登記の権利推定力という。

A 11 ✘　地上権は、二重設定をすることができないので、先順位の地上権の登記を抹消しない限り、新たに地上権の設定の登記を申請することはできない。

> **One Point ◆ 形式的確定力**
>
> 　本事例のように、実体上の効力のない登記でも、登記記録に残っている限り、その登記を無視して手続を進めることはできません。これを登記の形式的確定力といいます。

A 12 ◯　そのとおり（先例昭39.2.24-150）。原則として、後の登記記録を職権で抹消し、閉鎖する。

A 13 ✘　本事例では、例外的に、先に作られた登記記録を閉鎖する（先例昭39.2.21-384）。

> **One Point ◆ 相続のケース**
>
> 　先の登記記録はAの所有権の保存の登記のみ、後の登記記録はBの所有権の保存登記のみというケースで、BがAの相続人である場合も、例外的に、先の登記記録を閉鎖します（先例昭37.1.22-39）。

A 14 ◯　そのとおり（不動産登記法71条1項）。その後の段取りは、不動産登記法71条を一読しておこう。

> **One Point ◆ 却下事由と職権抹消**
>
> 　登記官が職権抹消できるのは、不動産登記法25条の却下事由のうち、1〜3号、13号の却下事由にあたる登記を誤って実行したときのみです。その他の却下事由の場合は、たとえ登記官が見落として登記をしたときでも、職権抹消の対象にはなりません。

Ｑ **1** 　土地が敷地権の目的となったときは、その登記記録に、登記官が職権で敷
地権である旨の登記をする。

Ｑ **2** 　敷地権である旨の登記は、敷地権の種類を問わず、常に主登記によってす
る。

Ｑ **3** 　区分建物につき一棟の建物の名称があるときであっても、区分建物の所有
権の移転の登記の申請情報の内容として、その名称を記載することはできな
い。

Ｑ **4** 　区分建物の所有権移転登記の申請情報の内容として、一棟の建物の名称を
記載したときであっても、これと併せて一棟の建物の構造及び床面積を記載
しなければならない。

Ｑ **5** 　敷地権付き区分建物の所有権移転登記を申請するときは、申請情報の不動
産の表示として、一棟の建物の表示と専有部分の建物の表示を記載すれば足
りる。

A 1 ◯　そのとおり（不動産登記法46条）。なお、敷地権の種類は、所有権、地上権、賃借権のいずれかである。

A 2 ◯　そのとおり。所有権はもとより、地上権や賃借権が敷地権となったときも、敷地権である旨の登記は、主登記によって実行する。

> 🐕 **One Point◆ 主登記・付記登記**
>
> 主登記・付記登記については、Chapter 2　Section 1で基本的なものを学習済みです。今後も、完了後の登記記録例を意識しながら学習を進めていこう。

A 3 ✕　申請情報の内容として、一棟の建物の名称を記載することができる（不動産登記令3条8号ト）。

A 4 ✕　建物の名称を記載したときは、一棟の建物の構造および床面積の記載を省略することができる（不動産登記令3条8号へ）。

A 5 ✕　本問の表示のほか、敷地権の表示の記載も要する（不動産登記令3条11号へ）。敷地権付き区分建物の登記を申請するときは、原則として、建物のほか、土地への申請を同時に行っていることを常に念頭に置いておこう。

Chapter 3 残る個別命題

Section 1 所有権保存登記

1 不動産登記法 74 条 1 項 1 号による保存

Q 1 表題部所有者は、所有権の保存の登記を単独で申請することができる。

Q 2 所有権の保存の登記をしたときは、登記官は、職権で、表題部所有者に関する登記事項を抹消する。

Q 3 所有権の保存の登記の登録免許税の税率は、不動産価額の1000分の20である。

Q 4 不動産登記法74条1項により所有権の保存の登記を申請するときは、登記原因証明情報の提供を要しない。

Q 5 不動産登記法74条1項により所有権の保存の登記を申請するときは、印鑑証明書の提供を要する。

Q 6 表題部所有者が数人いるときは、そのうちの一人は、自己の持分についてのみ、所有権の保存の登記を申請することができる。

Q 7 表題部所有者ABのうち、Aが申請人となって、AB名義の所有権の保存の登記をしたときは、AおよびBに対して登記識別情報が通知される。

A 1 ○ そのとおり（不動産登記法74条１項１号前段）。所有権の保存の登記を申請することができる者は、不動産登記法74条に限定列挙されている。また、登記義務者が存在しないから、表題部所有者が単独で申請できる。

A 2 ○ そのとおり（不動産登記規則158条）。

A 3 ✕ 税率は、1000分の４である。

A 4 ○ そのとおり（不動産登記令７条３項１号）。

> 🐕 **One Point◆ 登記原因証明情報**
>
> 　法令上、登記原因証明情報の提供を要しないケースは、Chapter 1 Section 1 Ｑ８で学習済みです。こういうものは、その都度、振り返って知識を定着させていきましょう。

A 5 ✕ 提供不要である。

リンク ➡ Chapter 1 Section 1 ココまでのまとめ

A 6 ✕ 所有権の保存の登記に一部保存はない（先例明32.8.8-1311）。これも定理といってよい。この場合、共有者の一人は、共有物の保存行為として、共有者全員のために所有権の保存の登記を申請することができる（先例明33.12.18-1661）。

A 7 ✕ 申請人となったＡのみに通知される（不動産登記法21条本文）。申請人ではないＢには、通知されない。

リンク ➡ Chapter 1 Section 2 Ｑ 5

Q 8 所有権の登記のない不動産について差押えの登記の嘱託があったときは、登記官が、職権で所有権の保存の登記をする。

Q 9 登記官が職権で所有権の保存の登記をした場合、登記名義人に対して登記識別情報は通知されない。

Q 10 表題登記のない不動産を目的として、裁判所書記官の嘱託による差押えの登記をしたときは、登記官は、不動産の所有者に対し、登記完了証を交付することにより、登記が完了した旨を通知しなければならない。

Q 11 表題部所有者が死亡した場合、相続人は、被相続人の名義で所有権の保存の登記を申請することができる。

Q 12 表題部所有者の相続人の名義とする所有権の保存の登記を申請するときは、申請情報と併せて、相続を証する情報の提供を要する。

Q 13 表題部所有者がAである場合に、Aが死亡してBCが相続し、さらに、Bが死亡してDが、Cが死亡してEが相続したときは、Dは、DE名義の所有権の保存の登記を申請することができる。

Q 14 表題部所有者から包括遺贈を受けた第三者は、自己の名義で所有権の保存の登記を申請することができる。

Q 15 表題部所有者である会社が会社分割をした場合、その承継会社の名義で所有権の保存の登記を申請することができる。

Part
1

基
本
編

A 8 ○ そのとおり（不動産登記法76条２項）。なお、表題部すらない不動産の場合であれば、登記官は、職権で表題登記および所有権の保存の登記をする（不動産登記法76条３項、75条）。

A 9 ○ そのとおり。「申請人自らが登記名義人となる場合」に当たらない（不動産登記法21条本文）。

A 10 ✕ 登記完了証の交付により、の部分が誤り。本問は、登記官が、職権で表題登記および所有権保存登記をしたケースである。この場合、登記完了証とは別の様式による通知（単なるお知らせ）がされる（不動産登記規則184条１項）。

A 11 ○ 不動産登記法74条１項１号前段により、被相続人の名義で所有権の保存の登記を申請することができる。また、同条１項１号後段により、直接、相続人を所有者とする所有権の保存の登記を申請することもできる。

A 12 ○ 申請人適格を証するために提供を要する（不動産登記令別表28添付情報欄イ）。

A 13 ○ そのとおり（登記研究443P93）。中間が単独相続でなくても、直接、現在の相続人の名義で所有権の保存の登記をすることができる。所有権の保存の登記には登記原因がないので、権利変動の過程を公示する要請がないからである。また、このほかに、「ＢＣ」「ＢＥ」「ＣＤ」名義の登記もできる（先例昭36.9.18-2323参照）。

A 14 ✕ 包括受遺者は、不動産登記法74条１項１号後段の「相続人その他の一般承継人」に当たらない（登記研究223P67）。

A 15 ✕ 会社分割による承継会社は、「相続人その他の一般承継人」に当たらない（登記研究659P175）。

One Point ◆ 合併

合併による権利義務承継会社は、「相続人その他の一般承継人」に当たるので、表題部所有者である会社が吸収合併された場合、その存続会社は、直接、自己の名義で所有権の保存の登記を申請することができます（先例明40.1.14-1414）。なお、合併や会社分割の詳細は、会社法で学習しましょう。

② 不動産登記法 74条1項2号、3号による保存

Q 16 　表題部所有者に対して所有権の移転登記手続を命ずる確定判決を得た者は、自己の名義とする所有権の保存の登記を申請することができる。

Q 17 　判決の理由中で所有権が確認されている場合、不動産登記法74条1項2号により所有権の保存の登記を申請することはできない。

Q 18 　表題登記のない不動産につき、判決または収用による所有権の保存の登記の申請があったときは、登記官が、職権で表題登記をする。

Q 19 　表題登記のない不動産につき、判決または収用に基づいて所有権の保存の登記の申請があったことにより、登記官が職権で表題登記をするときは、表題部所有者の登記をしない。

③ 不動産登記法 74条2項による保存

Q 20 　区分建物については、敷地権の有無を問わず、表題部所有者から所有権を取得した者も、直接、自己の名義で所有権の保存の登記を申請することができる。

Q 21 　区分建物の表題部所有者から所有権を取得したAから、さらに所有権を譲り受けたBは、直接、自己名義とする所有権の保存の登記を申請することができる。

A 16 ◯　そのとおり（大判大15.6.23、登記研究140P44）。所有権移転登
記手続をせよとの一文から、原告の所有権を確認することができる
からである。

> **One Point**♦ **不動産登記法74条１項２号の判決**
>
> 不動産登記法74条１項２号は、「所有権を有することが確定判決によって
> 確認された者」が所有権の保存の登記を申請できると規定しています。ここ
> にいう判決は、給付判決、確認判決、形成判決のいずれでもかまいません。

A 17 ✕　判決主文のみならず、判決の理由中から原告の所有権が確認でき
ればよい（登記研究170P101）。

A 18 ◯　そのとおり（不動産登記法75条）。

> **One Point**♦ **添付情報**
>
> 本問の場合、申請人は、以下の情報の提供を要します（不動産登記令別表
> 28添付情報欄ホ、ヘ）。
> 　1　土地の場合　土地所在図および地積測量図
> 　2　建物の場合　建物図面および各階平面図

A 19 ◯　そのとおり（不動産登記法75条、不動産登記規則157条１項）。表
題部所有者の登記は、所有権の保存の登記の実行により抹消される
運命だから、本問の場合に表題部所有者の登記をしても意味がない
からである（不動産登記規則158条参照）。

A 20 ◯　そのとおり（不動産登記法74条２項前段）。74条２項前段の規定
は、目的となる区分建物を敷地権付き区分建物に限定していない。

A 21 ✕　Ｂは、表題部所有者から所有権を取得した者ではないので、直接
Ｂ名義の保存登記をすることはできない。この場合、Ａ名義で所有
権の保存の登記をした後、Ｂへの所有権の移転の登記を申請すべき
である。

Q 22 区分建物の表題部所有者Aの相続人Bから所有権を取得したCは、直接、自己名義の所有権の保存の登記を申請することができる。

Q 23 敷地権の登記のない区分建物について、法74条2項により所有権の保存の登記を申請するときは、表題部所有者から所有権を取得したことを証する情報の提供を要する。

Q 24 敷地権付き区分建物の表題部所有者から、直接所有権を取得した者の名義で所有権の保存の登記を申請するときは、登記原因証明情報の提供を要する。

Q 25 敷地権付き区分建物について、法74条2項により所有権の保存の登記を申請するときは、敷地権の登記名義人の承諾を証する情報の提供を要する。

Q 26 敷地権付き区分建物の表題部所有者は、不動産登記法74条1項1号により、自己名義の所有権の保存の登記を申請することができる。

Q 27 敷地権付き区分建物の表題部所有者が、自己名義で所有権の保存の登記を申請するときは、登記原因証明情報の提供を要する。

Q 28 敷地権付き区分建物の表題部所有者Aが、所有権の一部（2分の1）をBに譲渡した場合、ＡＢの名義とする所有権の保存の登記を申請することができる。

Q 29 敷地権付き区分建物につき法74条2項により所有権の保存の登記をした者が、後日、区分建物を売却したときに提供すべき登記識別情報は、保存登記の際に通知を受けたもの1通のみで足りる。

Q 30 所有権を敷地権とする敷地権付き区分建物の表題部所有者が自己名義で所有権の保存の登記をした区分建物を第三者に売却した場合、その登記の申請情報には、所有権の保存の登記の際に通知を受けた登記識別情報のみを提供すれば足りる。

A 22 ✕　本事例のＣも、表題部所有者から直接所有権を取得した者ではないため、保存登記をすることはできない。

A 23 ◯　そのとおり（不動産登記令別表29添付情報欄イ）。申請人適格を証するための情報である。

A 24 ◯　そのとおり（不動産登記令７条３項２号カッコ書、別表29添付情報欄ロ）。本問の申請には登記原因があるから、登記原因証明情報の提供を要する。

A 25 ◯　そのとおり（不動産登記令別表29添付情報欄ロ）。敷地権の移転に関する承諾書である。

A 26 ◯　法74条２項申請はオプションでしかないから、区分建物につき法74条１項１号申請を行うことは、もとより可能である。

A 27 ✕　法74条１項１号前段により申請するときは、その所有権保存登記の効力が敷地権に及ばないため、提供を要しない。

> 🐶 **One Point ◆ 不動産の表示**
>
> 　法74条１項１号申請は敷地権に効力が及ばないため、申請情報の内容としての不動産の表示にも、敷地権の表示の提供を要しません。この場合、一棟の建物の表示と専有部分の建物の表示のみで足ります。

A 28 ✕　１件の申請でＡＢ名義の所有権の保存の登記をすることはできない（登記研究571P72）。本事例では、①Ａ名義の所有権保存、②Ａ→Ｂへの所有権一部移転、の２件の登記を申請すべきである。

A 29 ◯　そのとおり。法74条２項申請による所有権の保存の登記は、敷地権にもその効力が及ぶ。このため、保存登記の際に通知を受けた登記識別情報は、建物と土地のセットで効力がある。

A 30 ✕　設問の登記識別情報のほか、表題部所有者が土地（敷地）の所有権を取得したときの登記識別情報の提供も要する。法74条１項１号申請による表題部所有者名義の所有権の保存の登記は建物にしか効力がなく、このときに通知された登記識別情報も建物にしか効力がないからである。

Part
1

基本編

Q 31 　敷地権が賃借権である場合、「譲渡・転貸ができる」旨の特約がないときは、
□□□　法74条2項による所有権の保存の登記の申請情報と併せて、賃貸人の承諾を
証する情報の提供を要する。

A 31 ○　　そのとおり（不動産登記令別表40添付情報欄ロ、民法612条１項）。この場合、添付情報として、①敷地権の移転に関する敷地権の登記名義人の承諾を証する情報、②賃借権の譲渡に関する賃貸人の承諾を証する情報、以上２件の提供を要することとなる。

> **One Point◆ 敷地権が賃借権であるとき**
>
> 　敷地権の種類が賃借権であるときは、土地の登記記録を見て、賃借権の登記に「譲渡・転貸ができる」旨の特約があるかどうかを、必ず確認するようにしましょう。

Chapter 3
〜所有権の保存の登記〜

急所 1 重要先例等

所有権の保存の登記に関する主な先例等をまとめよう。

① 表題部所有者がＡＢである場合に、Ａは、自己の持分についてのみ、所有権の保存の登記を申請することはできない（先例明32.8.8-1311）。

② 表題部所有者がＡＢである場合、ＡまたはＢは、共有物の保存行為として、ＡＢの名義で所有権の保存の登記を申請することができる（先例明33.12.18-1661、右ページの申請情報例参照）。

③ 登記官は、所有権の登記がない不動産について、嘱託により所有権の処分の制限（差押え、仮差押え、仮処分等）の登記をするときは、職権で所有権の保存の登記をする（不動産登記法76条2項）。

④ 区分建物の表題部所有者が死亡し、その相続人から区分建物の所有権を買い受けた者は、直接、自己名義とする所有権の保存の登記を申請することはできない。

⑤ 区分建物の表題部所有者Ａから所有権を取得したＢが、さらにＣに区分建物を譲渡した場合、Ｃは、直接自己を登記名義人とする所有権の保存の登記を申請することはできない。

⑥ 区分建物の表題部所有者Ａが、その所有権の一部をＢに譲渡した場合、ＡＢの名義とする所有権の保存の登記を申請することはできない（登記研究571P172）。

⑦ 敷地権付き区分建物の表題部所有者から所有権を取得した者の名義でする所有権の保存の登記を申請するときは、申請情報と併せて登記原因証明情報の提供を要する（不動産登記令7条3項2号カッコ書）。

急所 2 申請情報例

【申請情報例】

登記の目的	所有権保存
所　有　者	何市何町何番地
（申請人）	持分２分の１　　　A
	何市何町何番地
	２分の１　　　B
法74条１項１号申請	
添 付 情 報	住所証明情報
	代理権限証明情報
登録免許税	（不動産価額の1000分の4）

＊　所有権の保存の登記を申請することができる者は、次の者である。
　1　不動産登記法74条１項
　　①　表題部所有者またはその相続人その他の一般承継人
　　②　所有権を有することが確定判決によって確認された者
　　③　収用によって所有権を取得した者
　2　不動産登記法74条２項（区分建物の特則）
　　　表題部所有者から区分建物の所有権を取得した者
＊　敷地権付き区分建物について法74条２項により所有権の保存の登記を
申請する場合を除いて、登記原因証明情報の提供を要しない（不動産登記
令７条３項２号）。

Section **2**　敷地権の登記（その２）

1 区分建物のみに関する登記

Q 1 　敷地権が生じた日よりも後の日を原因日付とする場合であっても、敷地権付き区分建物のみを目的として、賃借権の設定の登記を申請することができる。

Q 2 　敷地権付き区分建物のみを目的として賃借権の設定の登記をしたときは、登記官が、職権で、建物のみに関する旨の記録を付記する。

Q 3 　敷地権が賃借権である敷地権付き区分建物に抵当権の設定の登記をしたときは、建物のみに関する旨の記録を付記する。

Q 4 　その原因日付と敷地権が生じた日の前後を問わず、敷地権付き区分建物のみを目的として、不動産保存の先取特権の保存の登記を申請することができる。

Q 5 　敷地権付き区分建物のみを目的として、一般の先取特権の保存の登記を申請することができる。

Q 6 　敷地権付き区分建物のみを目的として、処分禁止の仮処分の登記をすることができる。

Q 7 　敷地権が生じる前に区分建物のみを目的として設定した抵当権につき、敷地権の登記をした後は、区分建物のみを目的として、抵当権の実行による差押えの登記をすることはできない。

Q 8 　抵当権の設定の登記のある土地に新築した区分建物について、敷地権の登記をした後、土地の抵当権の追加担保として、区分建物のみを目的とする抵当権の追加設定の登記を申請することができる。

A 1 ○ 　そのとおり（先例昭58.11.10-6400）。賃貸借の目的は建物だけであり、コトの性質上、原因日付を問わず、区分建物のみを目的として賃借権の登記をすることができる。

A 2 ✕ 　賃借権の設定は、区分建物のみを目的としていることがあきらかといえるので（敷地の持分に用益権を設定することができない）、建物のみに関する旨の記録を付記しない。以下、この付記を「のみ付記」と呼ぶこととする。

A 3 ✕ 　コトの性質上、区分建物のみを目的とすることがあきらかであるから、のみ付記をしない。

A 4 ○ 　そのとおり（先例昭58.11.10-6400）。建物を修繕した場合の不動産保存の先取特権は、建物についてのみ存在する。また、この場合、のみ付記はされない。

> 🐕 **One Point ◆ 不動産工事の先取特権**
>
> 不動産工事の先取特権についても、区分建物のみを目的として登記をすることができること、のみ付記はされないことは、本問と同じです。

A 5 ✕ 　一般の先取特権は、債務者の総財産を目的とするから、敷地権付き区分建物のみを目的として登記をすることはできない。

A 6 ○ 　そのとおり（先例昭58.11.10-6400）。処分禁止の対象（係争物）が建物のみであるときは、原因日付を問わず、建物のみを目的として登記をすることができる。

A 7 ✕ 　抵当権の目的不動産は区分建物のみだから、区分建物のみの差えの登記をすることができる（先例昭58.11.10-6400）。

A 8 ○ 　そのとおり（先例昭59.9.1-4675）。この登記をしたときは、登記官は、のみ付記をする。

Q 9 敷地権が生じる日よりも前の日付を登記原因として、区分建物のみを目的とする抵当権の設定の登記を申請することができる。

Q 10 敷地権が生じる日よりも前の日付を登記原因として、区分建物のみを目的とする所有権の移転の登記を申請することができる。

Q 11 敷地権付き区分建物の表題部所有者が、不動産登記法74条1項1号により所有権の保存の登記をしたときは、建物のみに関する旨の記録を付記する。

Q 12 区分建物のみを目的として設定した根抵当権について、敷地権が生じた後の日を登記原因の日付として、根抵当権の極度額の増額による変更の登記を申請することができる。

② 土地のみを目的とする登記

Q 13 敷地権である旨の登記のある土地のみを目的として、不動産工事の先取特権保存の登記を申請することができる。

Q 14 敷地権が地上権であるときは、敷地権の目的である土地のみについて、売買による所有権の移転の登記を申請することができる。

Q 15 敷地権である旨の登記をした土地のみを目的として、処分禁止の仮処分の登記をすることができる。

A 9 ◯ そのとおり（不動産登記法73条３項ただし書）。この場合、登記官は、のみ付記をする。

A 10 ✕ 分離処分禁止の原則に反するため、登記をすることができない。なお、所有権の移転の仮登記であればすることができ（不動産登記法73条３項ただし書）、その場合、登記官は、のみ付記をする。

A 11 ✕ のみ付記はしない。登記原因が記録されないことから、74条２項保存との相違が登記記録上あきらかといえるからである。

A 12 ✕ 極度額の増額には追加設定の実質があり、分離処分禁止の原則に反するため、申請できない（登記研究444P106）。なお、極度額の減額による変更の登記や、債務者または債権の範囲の変更の登記などは申請することができる。

A 13 ◯ 土地について工事をした場合、不動産工事の先取特権は、土地のみについて存在する。不動産保存の先取特権も同様である。

 One Point◆ のみ付記

土地のみに関する登記に、「のみ付記」をすることはありません。もともと、土地の登記は、土地にしか効力がないからです。

A 14 ◯ そのとおり。建物の専有部分の所有権と分離処分が禁止されるのは敷地権である地上権だから、所有権の移転には何の制限もない。このことは、敷地権が賃借権である場合も同様である。

A 15 ◯ そのとおり。係争物が土地のみであるときは、登記をすることができる。

Q 16 敷地権が生じる日よりも前の日付を登記原因として、土地のみを目的とする抵当権の設定の登記を申請することはできない。

Q 17 敷地権が生じた後の日付であっても、土地のみを目的として区分地上権の設定の登記を申請することができる。

A 16 ✗   申請することができる（不動産登記法73条２項ただし書）。Q9で学習した建物のみに関する登記のケースと同趣旨である。

> **One Point◆ 所有権**
>
> 　敷地権が生じる日よりも前の日付を登記原因として、土地のみを目的とする所有権の移転の仮登記を申請することができます（不動産登記法73条２項ただし書）。これも、建物のみのケースと同じ趣旨です（Q10参照）。

A 17 ○   そのとおり（先例昭58.11.10-6400）。

Chapter 3
～敷地権付き区分建物～

区分建物の登記記録の表題部に敷地権の表示の登記をした後は、原則として、建物のみまたは土地のみの登記をすることができない。しかし、例外的に、建物のみまたは土地のみの登記をすることができる場合がある。ここでは、その例外を整理しておこう。

急|所|1| 建物のみに関する登記が認められる場合

① 賃借権の設定の登記

② 敷地権が賃借権であるときの抵当権の設定、変更または更正、抹消の登記

③ 不動産保存、不動産工事の先取特権の保存の登記

④ 不動産登記法74条1項1号に基づく表題部所有者名義でする所有権の保存の登記

⑤ 処分禁止の仮処分の登記　（＊）

⑥ 敷地権が生ずる前に建物のみに設定していた抵当権の実行による差押えの登記

⑦ 敷地権の登記をする前に、土地のみに設定していた抵当権と同一の債権を担保するために、区分建物のみを目的とする抵当権の追加設定の登記　（＊）

⑧ 建物のみの所有権についての仮登記であって、敷地権が生ずる前に、その登記原因が生じたもの　（＊）

⑨ 建物のみを目的とする質権または抵当権に関する登記であって、敷地権が生ずる前に、その登記原因が生じたもの　（＊）

（＊）　登記官が「建物のみに関する旨の記録」を付記するもの（「のみ付記」と呼ぶ）

急|所|2| 土地のみに関する登記が認められる場合

① 不動産保存、不動産工事の先取特権の保存の登記

② 処分禁止の仮処分の登記

③ 敷地権である旨の登記をする前に、土地のみに設定していた抵当権の実行による差押えの登記

④ 敷地権が地上権または賃借権である場合の所有権に関する登記

⑤ 敷地権が地上権または賃借権である場合の地上権または賃借権の抹消の登記

⑥ 区分建物に設定された抵当権と同一の債権を担保するために、規約により新たに敷地とされた土地を目的とする抵当権の追加設定の登記

⑦ 敷地権についての仮登記であって、土地が敷地権の目的となる前にその登記原因が生じたもの

⑧ 敷地権についての質権または抵当権に関する登記であって、土地が敷地権の目的となる前にその登記原因が生じたもの

⑨ 区分地上権の設定の登記

⑩ 賃借権の設定の登記

＊ 土地のみに関する登記に「のみ付記」をすることはない。

Section 3 仮登記1

1 仮登記全般（1号仮登記）

Q 1 登記義務者の印鑑証明書を提供することができないときは、1号仮登記を することができる。

Q 2 相続を原因とする所有権移転仮登記を申請することはできない。

Q 3 株式会社所有の不動産を同社の取締役に売却した場合に、利益相反取引の 承認についての取締役会議事録を提供できないときは、所有権の移転の仮登 記を申請することができる。

Q 4 所有権の移転の仮登記を申請するときは、住所を証する情報の提供を要し ない。

Q 5 所有権の移転の仮登記を申請するときは、登記義務者の印鑑証明書の提供 を要しない。

A 1 ✗ 　仮登記をすることはできない（先例昭29.10.5-2022）。1号仮登記は、①登記識別情報、②登記原因についての第三者の許可、同意、承諾を証する情報を提供できないときに限ってすることができる（不動産登記法105条1号、不動産登記規則178条）。

> 🐕**One Point ◆ 1号仮登記**
>
> 　1号仮登記は、物権変動は生じたが、本登記をするための手続上、必要とされる情報を提供できないときに順位を保全するものです。物権変動はすでに生じている、ということが1号仮登記のポイントです。

A 2 〇 　そのとおり（先例昭57.2.12-1295）。相続登記を申請するときは、もともと登記識別情報の提供を要しないし、第三者が相続について許可等をすることもあり得ない。したがって、仮登記をすることはできない。

A 3 〇 　取締役会議事録は、登記原因についての第三者の許可、同意、承諾を証する情報に当たるため、1号仮登記を申請することができる（不動産登記法105条1号、不動産登記規則178条）。

A 4 〇 　そのとおり（先例昭32.5.6-879）。仮登記に基づく本登記を申請するときに提供すればよい。

A 5 ✗ 　所有権の登記名義人が登記義務者となるケースだから、印鑑証明書の提供を要する（不動産登記令18条2項）。

Q 6 仮登記の権利者と所有権の登記名義人が共同で所有権の移転の仮登記を申請するときでも、登記義務者の登記識別情報の提供を要しない。

□□□

② 仮登記全般（2号仮登記）

Q 7 農地法所定の許可を条件とする条件付の所有権移転仮登記を申請することができる。

□□□

Q 8 譲渡担保を原因とする所有権移転請求権仮登記を申請することができる。

□□□

A 6 ◯ そのとおり（不動産登記法107条2項、先例昭39.3.3-291）。コト
の性質上、登記識別情報の提供を要しないのは、当然のことといえ
る。なお、**本事例は、共同申請であるにもかかわらず登記識別情報
の提供を要しない例外の一つである。**

🐕 **One Point◆ 登記識別情報**

共同申請であるにもかかわらず登記識別情報の提供を要しないケースは、
ここまでの学習の中で、仮登記を含めて次のものがありました。その都度、
確認するようにしましょう。
1　相続財産清算人が、家庭裁判所の許可を得て相続財産を処分した場合
2　不在者の財産管理人が、家庭裁判所の許可を得て不在者の不動産を売
却した場合
3　成年後見人が、家庭裁判所の許可を得て、成年被後見人の居住用不動
産の売買等をした場合
4　破産管財人が裁判所の許可を得て破産者の不動産を任意売却した場合
5　所有者不明土地管理人等が、裁判所の許可を得て、対象の不動産を売
却した場合
6　仮登記を申請する場合

リンク Chapter 2 Section 2 Ｑ **36, 38, 39, 40, 42**

A 7 ◯ そのとおり（不動産登記法105条2号）。この条件付の仮登記は、
2号仮登記である。許可前の時点ではまだ買主に所有権が移転して
いないが、条件付の所有権を保全するのである。

A 8 ✕ 譲渡担保により、所有権は譲渡担保権者に移転するため、2号仮
登記をすることはできない（先例昭32.1.14-76）。なお、1号仮登
記を申請することはできる。

🐕 **One Point◆ 2号仮登記**

2号仮登記の本質は、債権を登記するところにあります。つまり、所有権
の移転に限定していうと、まだ所有権が移転していない段階で登記をするの
が2号仮登記です。

Q 9　真正な登記名義の回復を原因とする所有権の移転請求権仮登記を申請することができる。

Q 10　会社分割の予約を原因として、所有権の移転請求権仮登記を申請することができる。

Q 11　離婚成立前に、財産分与の予約を原因として、所有権の移転請求権仮登記を申請することができる。

Q 12　遺贈予約を原因とする所有権の移転請求権仮登記を申請することはできない。

Q 13　相続を原因とする所有権の移転請求権仮登記を申請することができる。

Q 14　死因贈与の契約をしたときは、その仮登記を申請することができる。

③ 仮登記の手続（単独申請）

Q 15　仮登記の登記義務者の承諾があるときは、仮登記の登記権利者が、単独で仮登記の申請をすることができる。

Q 16　仮登記の登記権利者が、仮登記の登記義務者の承諾を得て、単独で仮登記を申請する場合に提供する承諾書には、その一部として作成後3か月以内の印鑑証明書の添付を要する。

Q 17　裁判所による仮登記を命ずる処分があるときは、仮登記の登記権利者は、単独で仮登記を申請することができる。

A 9 ✗　真正な登記名義の回復予約などというものは観念できないので、2号仮登記を申請することはできない（登記研究574P109）。真正な登記名義の回復を原因とするときは、1号仮登記を申請すべきである。

A 10 ✗　会社分割予約なるものを観念することができないので、申請できない（登記研究647P137）。

A 11 ✗　申請できない（先例昭57.1.16-251）。民法上、離婚の予約というものを観念できないため、この予約を前提とする財産分与の予約も無効である。

A 12 ◯　そのとおり（登記研究352P104）。遺贈は単独行為であり、遺贈予約なる法律行為はあり得ない。なお、遺言者死亡後に1号仮登記を申請することは可能である。

A 13 ✗　申請できない（先例昭32.3.27-596）。一般論として、相続を原因とする1号仮登記、2号仮登記を申請することはできない。

A 14 ◯　そのとおり（登記研究352P104）。この場合、贈与者の死亡を始期とする始期付の所有権移転仮登記（2号仮登記）を申請することができる。

A 15 ◯　そのとおり（不動産登記法107条1項）。仮登記の申請も共同申請を原則とするが、予備的な登記であることから単独申請も認められている。

A 16 ✗　承諾書の一部として添付する印鑑証明書には、作成期限の定めはない。

A 17 ◯　前々問のほか、仮登記を命ずる処分があるときも仮登記権利者による単独申請が可能である（不動産登記法107条1項）。

Q 18 仮登記の登記権利者が、仮登記を命ずる処分を申し立てるときは、不動産
□□□ の所在地を管轄する地方裁判所に対してすることを要する。

④ 仮登記された権利の処分等（１号仮登記）

Q 19 仮登記した所有権が移転したときは、その登記は主登記の本登記によって
□□□ 実行する。

Q 20 仮登記所有権移転の仮登記を申請するときは、申請情報と併せて、登記義
□□□ 務者の登記識別情報の提供を要しない。

Q 21 仮登記した所有権に抵当権を設定したときは、その登記は、仮登記によっ
□□□ て実行する。

Q 22 仮登記所有権の移転請求権仮登記は、付記登記によってする。
□□□

⑤ 仮登記された権利の処分等（２号仮登記）

Q 23 仮登記した所有権移転請求権が移転したときは、その登記は、主登記の仮
□□□ 登記によって実行する。

Q 24 所有権移転請求権の移転の登記を申請するときは、申請情報と併せて登記
□□□ 識別情報の提供を要しない。

A 18 ○ 　そのとおり（不動産登記法108条3項）。手続法において、どの裁判所（登記所、供託所）に提出をするのかという管轄の規定は重要であり、出題の際の急所でもある。正確に確認しておこう。

A 19 ✕ 　仮登記した所有権（1号仮登記）の移転は、主登記の仮登記によって実行する（先例昭36.12.27-1600）。この場合の登記の目的は、「何番仮登記所有権移転の仮登記」である。

A 20 ○ 　そのとおり（先例昭39.8.7-2736）。仮登記の申請には、登記識別情報の提供を要しない。また、仮登記であるから、仮登記の登記権利者が単独で申請することもできる。

A 21 ○ 　そのとおり。この場合の登記の目的は、「甲区何番仮登記所有権の抵当権設定仮登記」となる。

A 22 ✕ 　主登記によってする。

A 23 ✕ 　正しくは、付記の本登記である。所有権移転請求権仮登記（2号仮登記）によって保全された権利は、債権である。その移転は所有権以外の権利の移転であるから、その旨の登記は付記登記によってする（不動産登記規則3条5号）。さらに本登記で実行する（先例昭36.12.27-1600）。1号仮登記が移転した場合のQ19とよく比較しておこう。

One Point ◆ 登記の目的

本事例の登記の目的は、「何番所有権移転請求権の移転」となります。

A 24 ✕ 　2号仮登記の移転の登記は本登記によってするから、原則どおり、登記識別情報の提供を要する（先例昭39.8.7-2736）。

Q 25 所有権移転請求権の移転請求権仮登記は、付記登記によってする。

Q 26 所有権移転請求権仮登記について、一部移転の登記がされている場合、その仮登記に基づく本登記は、仮登記の登記権利者の全員が申請することを要する。

Q 27 Aの所有権移転請求権仮登記に対し、付記で、Bの所有権移転請求権の移転請求権仮登記がされている。この場合に、Aの仮登記に基づく本登記を申請するときは、Bは、登記上の利害関係を有する第三者に当たらない。

6 仮登記の可否・総合

Q 28 所有権の保存の仮登記を申請することはできない。

Q 29 所有権移転仮登記の登記名義人が死亡したときは、「相続」を原因として、仮登記所有権移転の仮登記を申請することができる。

Q 30 建物の新築による不動産工事の先取特権保存の仮登記を申請することができる。

Q 31 抵当権の順位変更の仮登記を申請することができる。

Q 32 共同根抵当権設定の仮登記を申請することはできない。

7 仮登記と承諾を証する情報

Q 33 仮登記を申請するときは、登記原因についての第三者の許可、同意、承諾を証する情報の提供を要する場合がある。

A 25 ◯ そのとおり。所有権以外の権利の移転の登記は、付記登記によってする（不動産登記規則3条5号）。

A 26 ◯ そのとおり（先例昭35.5.10-328）。本事例は、所有権移転請求権が共有となっている。この場合、本登記の目的は「所有権移転」しかあり得ないので、共有者全員がその有する移転請求権を行使することを要する。

A 27 ✕ 利害関係を有する第三者に当たる（先例昭44.10.2-1956）。Aの仮登記が本登記になると、Bの仮登記はモトを絶たれることとなり、登記官の職権により抹消される運命だからである。

A 28 ✕ 表題部所有者でない者が、仮登記を命ずる処分を得て、所有権の保存の仮登記をすることができる。

A 29 ◯ そのとおり。本事例と、「相続」を原因として1号仮登記を申請することができないこととよく区別しておこう。

A 30 ✕ 仮登記をすることはできない（登記研究540P170）。この先取特権の保存の登記は、建物が存在しない段階でするものであり、他の権利の登記がされることがないため、順位保全の実益がない。

A 31 ✕ 順位変更は、登記（本登記）をすることが効力要件とされている。登記が効力要件のものについては、1号仮登記をすることができない（登記研究314P64）。

A 32 ◯ そのとおり（先例昭47.11.25-4945）。共同根抵当権の設定も登記が効力要件であり、1号仮登記をすることができない。

A 33 ✕ 仮登記の際に提供を要することはない（先例昭39.3.3-291）。仮登記に基づく本登記の際に提供すればよい。

Q 34 　権利の抹消の仮登記を申請するときは、登記上の利害関係人の承諾を証する情報の提供を要する。

Q 35 　権利の変更の仮登記を申請する場合に、登記上の利害関係を有する第三者の承諾を証する情報を提供したときは、変更の仮登記は、付記登記によってする。

⑧ 仮登記の変更・更正

Q 36 　抵当権設定仮登記の変更の登記は、仮登記の登記権利者が単独で申請することはできない。

Q 37 　1号仮登記を2号仮登記に更正する登記を申請することはできない。

Q 38 　1号仮登記を2号仮登記に更正するときは、仮登記の登記権利者が、更正登記の登記義務者となる。

⑨ 仮登記の抹消

Q 39 　仮登記の登記名義人が、単独で仮登記の抹消を申請するときは、登記識別情報の提供を要する。

Q 40 　仮登記の登記義務者は、単独で仮登記の抹消を申請することはできない。

A 34 ✗ 　要しない。仮登記に基づく本登記の際に提供すれば足りる。なお、抹消回復の仮登記も同様である。

A 35 ○ 　そのとおり（不動産登記法66条）。なお、変更の仮登記を付記登記で実行したときは、仮登記に基づく本登記を申請する際に、利害関係を有する第三者の承諾が一切不要となる。

A 36 ✗ 　仮登記の変更または更正の登記にも不動産登記法107条1項の適用があり、仮登記権利者が単独で申請することができる（先例昭42.8.23-2437）。

A 37 ✗ 　1号仮登記を2号仮登記に更正することができる（登記研究130P42）。逆に2号仮登記を1号仮登記に更正することもできる。

A 38 ○ 　そのとおり。1号仮登記を2号仮登記に更正することは、仮登記の登記権利者にとって不利な登記と考えられるからである。なお、2号→1号の更正のケースは、仮登記権利者が登記権利者となる。

A 39 ○ 　そのとおり（不動産登記令8条1項9号）。仮登記が完了した際に通知を受けたものを提供して申請する。単独申請であるにもかかわらず登記識別情報の提供を要する珍しいケースの一つである。

リンク Chapter 1 Section 1 **Q** 16

A 40 ✗ 　申請することができる。仮登記の登記上の利害関係人は、仮登記名義人の承諾があれば、単独で仮登記の抹消を申請でき、仮登記の登記義務者も、この利害関係人に当たる（不動産登記法110条後段、登記研究461P117）。

 One Point ◆ 仮登記の登記上の利害関係人

不動産登記法110条後段の利害関係人とは、以下の者を意味します。
1　仮登記の登記義務者
2　仮登記に基づく本登記により自己の権利が否定される者
3　仮登記に基づく本登記により不利益を受ける者

Chapter 3

～仮登記の可否～

急|所|1| 仮登記をすることができないもの

　試験では、仮登記ができる、できないという点がよく問われる。ここでは、仮登記できないものをまとめることにしよう。

① 相続を原因として所有権移転仮登記、所有権移転請求権仮登記を申請することはできない（先例昭57.2.12-1295、昭32.3.27-596）。

② 遺贈予約を原因とする所有権移転請求権仮登記を申請することはできない（登記研究352P104）。

③ 離婚前の財産分与予約を原因とする所有権移転請求権仮登記を申請することはできない（先例昭57.1.16-251）。

④ 会社分割予約による所有権移転請求権仮登記を申請することはできない（登記研究647P137）。

⑤ 譲渡担保を原因とする所有権移転請求権仮登記を申請することはできない（先例昭32.1.14-76）。

⑥ 真正な登記名義の回復を原因とする所有権移転請求権仮登記を申請することはできない（登記研究574P109）。

⑦ 共同根抵当権設定の仮登記を申請することはできない（先例昭47.11.25-4945）。

⑧ 順位変更の仮登記を申請することはできない（登記研究314P64）。

⑨ 建物新築の不動産工事の先取特権保存の仮登記を申請することはできない（登記研究540P170）。

急|所|2| 申請情報例

【1号仮登記（共同申請）の申請情報例】

登記の目的	所有権移転仮登記
原　　因	年月日売買
権 利 者	何市何町何番地
	B
義 務 者	何市何町何番地
	A
添 付 情 報	登記原因証明情報
	印鑑証明書（Aの印鑑証明書）
	代理権限証明情報（B及びAの委任状）
登録免許税	（不動産価額の1000分の10）

＊　仮登記を共同で申請する場合でも、登記義務者の登記識別情報の提供を要しない（先例昭39.3.3-291）。

＊　住所を証する情報の提供を要しない（先例昭32.5.6-879）。

＊　所有権に関する仮登記については、登記義務者の印鑑証明書の提供を要する。

＊　登録免許税は、本登記の際の2分の1である。

1 **仮登記に基づく本登記**

Q 1 「代物弁済予約」を原因とする所有権移転請求権仮登記について、「売買」
□□□ を登記原因として仮登記に基づく本登記を申請することはできない。

Q 2 A所有の不動産にXの抵当権設定仮登記をした後、AからBへの所有権の
□□□ 移転の登記がされた場合、仮登記に基づく本登記は、Bを登記義務者として
申請しなければならない。

Q 3 Xの抵当権につき抹消の仮登記をした後、Yへの抵当権の移転の登記がさ
□□□ れている場合は、XまたはYを登記義務者として、仮登記に基づく本登記を
申請することができる。

Q 4 仮登記の登記名義人の住所に変更があった場合でも、住所の変更があった
□□□ ことを証する情報を提供して、仮登記に基づく本登記を申請することができ
る。

Q 5 売買を登記原因とする所有権の移転の仮登記に基づく本登記を申請すると
□□□ きの登録免許税の税率は、不動産価額の1000分の20である。

A 1 ◯　そのとおり（先例昭55.9.19-5618）。２号仮登記の本登記原因は、仮登記の登記原因との関連性を要する。本事例では、仮登記の原因を売買予約等に更正した後でなければ、本登記をすることができない。

A 2 ✕　ＡでもＢでもどちらでもよい（先例昭37.2.13-75）。

A 3 ◯　そのとおり（先例昭37.10.11-2810）。なお、この場合に、Ｘを登記義務者とするときは、Ｙの承諾を証する情報の提供を要する（不動産登記法68条）。

A 4 ✕　本登記の前提として、仮登記名義人の住所の変更の登記を要する（先例昭38.12.27-3315）。

A 5 ✕　1000分の10である（登録免許税法17条１項）。仮登記の際に、通常の本登記における税率の半分を支払済みであるため、本登記をするときにその分を差し引くのである。

🐕 **One Point◆ 登記上の利害関係を有する第三者**

　所有権に関する仮登記に基づく本登記を申請するときは、登記上の利害関係を有する第三者の承諾が問題となります。この点は、Chapter 2 Section 2　Q54〜60で学習済みなので、しっかり復習しておきましょう。

---

② 仮登記と農法所定の許可

Q 6 　農地法所定の許可があることを停止条件とする所有権の移転の仮登記をした後、許可前に売主が死亡したときは、仮登記に基づく本登記をする前提として売主の相続人への相続登記を申請しなければならない。

③ 担保仮登記

Q 7 　担保仮登記に基づく本登記の登記原因日付は、仮登記の原因日付から2か月を経過した後の日付でなければならない。

Q 8 　非金銭債務を担保していることを証する情報を提供したときは、仮登記の原因日付から2か月を経過していなくても、代物弁済予約による所有権移転請求権仮登記に基づく本登記を申請することができる。

Q 9 　担保仮登記に基づく本登記を申請するときは、仮登記担保権者が清算金を供託したことを証する情報の提供のみをもって、後順位抵当権者の承諾に代えることができる。

Q 10 　清算金を供託した日から1か月を経過した後でなければ、清算金を差し押さえたことを証する情報および清算金を供託したことを証する情報を提供して、担保仮登記に基づく本登記を申請することができない。

Q 11 　仮登記担保権者が担保仮登記に基づく本登記をした後であっても、債務者が受戻権を行使したときは、「受戻し」を登記原因として債務者への所有権の移転の登記を申請することができる。

A 6 ✗　相続登記の申請を要しない（先例昭35.5.10-328）。相続登記をしても、仮登記に基づく本登記によりスグに職権抹消されることとなり、そのような登記の申請を要求するのは酷だからである。

> 🐕 **One Point ◆ 農地の売買と相続**
>
> 農地法所定の許可と相続登記については、Chapter 2　Section 2　Q24〜27で学習済みです。こちらもぜひ復習しておきましょう。

A 7 ◯　そのとおり（先例昭54.4.21-2592）。担保仮登記の場合、契約上の権利の移転日から清算期間（2か月）を経過しなければ、法律上、権利が移転しないからである。

A 8 ◯　そのとおり（先例昭54.4.21-2592）。被担保債権が金銭債権でなければ、仮登記担保法の適用を受けない。

A 9 ✗　清算金を供託したことを証する情報のほか、後順位抵当権者が清算金を差し押さえたことを証する情報の提供を要する（仮登記担保法18条）。

A 10 ◯　そのとおり（仮登記担保法18条）。1か月の期間を置くことの意味は、後順位の担保権者が清算金の差押えから不動産の競売に鞍替えしていないかどうかを確認することにある。

A 11 ◯　そのとおり（先例昭54.4.21-2592）。

> 🐕 **One Point ◆ 受戻しをすることができない場合**
>
> 以下のどちらかの事態が生じると、債務者は受戻しをすることができなくなります（仮登記担保法11条ただし書）。
> 1　清算期間が経過してから5年が経過したとき
> 2　第三者が目的物の所有権を取得したとき

Q 12 「受戻し」による所有権の移転の登記を申請する場合において、債務者の現在の住所が登記記録上の住所と異なるときは、その前提として、所有権の登記名義人の住所の変更の登記を要する。

Q 13 担保仮登記に基づく本登記の後、債務者が死亡し、その相続人が受戻権を行使したときは、「受戻し」を原因として、直接、相続人の名義とする所有権の移転の登記を申請することができる。

Q 14 仮登記担保権者が、担保仮登記に基づく本登記をする前に債務者が受戻権を行使したときは、「年月日受戻しによる失効」と提供して、仮登記の抹消を申請することができる。

A 12 ✗　本事例の債務者は過去の登記名義人であり、住所の変更の登記をすることはできない。このため、住所の変更を証する情報を提供して、所有権の移転の登記を申請することができる（先例昭54.4.21-2592）。

A 13 ◯　そのとおり（先例昭54.4.21-2592）。この場合、相続を証する情報の提供を要する。

A 14 ◯　そのとおり（先例昭54.4.21-2592）。この場合の登記原因の日付は、受戻しの意思表示が債権者に到達した日である。

Chapter 3
～仮登記に基づく本登記の利害関係人～

急所 1 利害関係人

　所有権に関する仮登記に基づく本登記は、登記上の利害関係を有する第三者があるときは、その第三者の承諾があるときに限り、申請することができる（不動産登記法109条1項）。どのような者が利害関係人となるのか、その探し方について改めて整理しておこう。

　1　所有権に関する仮登記に基づく本登記をする場合、これに抵触する可能性のある登記は、仮登記に後れる登記に限られるため、仮登記より受付番号の後れる登記をピックアップする。

　2　仮登記に後れる登記名義人のうち、以下の者を引き算する。
　①　仮登記に対抗できる権利に付記で登記を受けた者
　　　抵当権設定登記→所有権移転仮登記の順で登記がされている場合に、仮登記に先順位の抵当権者から抵当権の移転の登記を受けた者は、利害関係人に当たらない。

　②　現に効力を有しない登記名義人
　　　所有権移転仮登記の後、数次にわたり所有権移転登記がされているときは、現在の所有権登記名義人のみが利害関係人となる（先例昭37.7.30-2117）。過去の登記名義人の承諾は不要である。

　③　仮登記を目的とする権利の登記名義人
　　　所有権移転仮登記を目的として、「甲区何番仮登記所有権の抵当権設定仮登記」を受けている者のように、仮登記を目的とする権利の登記名義人は利害関係人とはならない。

　3　以上の引き算の結果に基づいて、登記上の利害関係を有する第三者の承諾を提供して仮登記に基づく本登記をしたときは、登記官が職権で第三者の権利に関する登記を抹消する（不動産登記法109条2項）。

急|所|2| 申請情報例

仮登記に基づく本登記の申請情報例である。

【申請情報例】

登 記 の 目 的	所有権移転（何番仮登記の本登記）
原　　　　因	年月日売買
権　利　者	何市何町何番地
	B
義　務　者	何市何町何番地
	A
添 付 情 報	登記原因証明情報
	登記識別情報
	住所証明情報
	印鑑証明書
	承諾を証する情報
	代理権限証明情報
課 税 価 額	金何万円
登録免許税	金何万円（登録免許税法第17条第1項）

＊　登記の目的として、所有権移転の後に「（何番仮登記の本登記）」と記載するのを忘れないようにしよう。この記載がないと、仮登記の余白ではなく、独立の順位番号をもって登記を実行することになる。

＊　所有権の移転の仮登記に基づく本登記をすべきところ、誤って、独立の順位番号をもって所有権の移転の登記がされた場合、これを仮登記に基づく本登記に更正することはできない（先例昭36.3.31-773）。

Section **5** 所有権更正登記

1 更正登記の可否

Q 1 　AからBへの所有権の移転の登記をした後、これをC名義とする所有権の更正の登記を申請することができる。

Q 2 　抵当権の債務者をBからCとする抵当権の更正の登記を申請することができる。

Q 3 　所有権の登記名義人をAからAB名義とする所有権の更正の登記を申請することができる。

Q 4 　A名義の所有権の移転の登記をABの名義に更正した後、さらに、これをB名義とする更正の登記を申請することができる。

2 所有権保存登記の更正

Q 5 　Aを所有者とする所有権の保存の登記を、ABの共有名義に更正するときは、Bが登記権利者、Aが登記義務者となる。

Q 6 　更正の前後を通じて持分に変動のない者は、更正登記の申請人とはならない。

Q 7 　ABを共有者とする所有権の保存の登記をAの単独所有の名義に更正するときは、登記権利者であるAの住所を証する情報の提供を要する。

A 1 ✗　権利の主体である登記名義人（本問ではＢ）のすべてが誤りのときは、その登記は無効な登記であるから、更正登記を申請することはできない（先例昭53.3.15-1524）。更正登記は、登記の一部に誤りがあるときに、これを正すものである。

A 2 ○　そのとおり（先例昭37.7.26-2074）。抵当権の債務者は、債権額や利息、損害金など、抵当権のいくつかある登記事項の一部であり、権利の主体ではないから、債務者を入れ替えるものであっても更正が可能である。

A 3 ○　更正の前後を通じて同一性があり、更正登記をすることができる。

A 4 ✗　Ａ→ＡＢ→Ｂの更正の結果として、Ａ→Ｂへ登記名義人が入れ替わってしまうので、このような更正の登記をすることはできない。なお、Ａ→ＡＢ→Ａとする更正の登記は可能である。

A 5 ○　そのとおり。なお、この場合、Ｂの住所を証する情報の提供を要する（登記研究391P110）。

A 6 ○　そのとおり（質疑応答集P1287）。更正の前後で何も変化のない者は、登記権利者にも登記義務者にも当たらないからである（不動産登記法２条12号、13号参照）。

A 7 ✗　本事例は、登記権利者をＡ、登記義務者をＢとして申請するが、Ａの住所を証する情報の提供を要しない。Ａは、更正登記によって初めて登記記録に登場する者ではない。

Q 8 　登記官が職権によりした所有権の保存の登記の更正は、当事者からの申請
□□□　によってする。

③ 所有権移転登記の更正（特定承継のケース）

Q 9 　AからBへの売買による所有権の移転の登記を、B持分2分の1とするA
□□□　からBへの所有権の一部移転登記に更正することができる。

Q 10 　AからBへの売買による所有権の一部移転の登記を、AからBへの所有権
□□□　の移転の登記に更正するときの登録免許税は、不動産1個につき金1000円で
　　　ある。

Q 11 　所有権の移転の登記の原因を「売買」から「贈与」と更正するときの登記
□□□　権利者は、現在の所有権の登記名義人である。

Q 12 　AからBへの売買による所有権の移転の登記を、BCの共有名義に更正す
□□□　るときは、Cが登記権利者、Bが登記義務者となる。

Q 13 　敷地権付き区分建物につき、不動産登記法74条2項によりA名義で所有権
□□□　の保存の登記をした後、これをABの共有名義に更正するときは、敷地権の
　　　登記名義人の承諾を証する情報の提供を要する。

Q 14 　売買を原因とするAからBCへの所有権の移転の登記（持分各2分の1）
□□□　を、B持分3分の2、C持分3分の1に更正するときの登記権利者はB、登
　　　記義務者はCおよびAである。

A 8 ◯　そのとおり（先例昭41.4.12-1076）。この場合に裁判所書記官からの嘱託、または登記官の職権により更正するという規定がないため、原則どおり、当事者からの申請によってする。

> 🐕 **One Point ◆ 職権による所有権の保存の登記（復習）**
>
> 所有権の登記のない不動産について、嘱託により処分の制限の登記をするときは、登記官が、職権で、所有権の保存の登記をします（不動産登記法76条2項）。

 リンク **Chapter 3 Section 1 Q 8**

A 9 ◯　そのとおり（先例昭33.9.3-1822）。更正後の事項として、登記の目的も併せて記載する事案である。また、この場合の登記権利者はA、登記義務者はBである。

A 10 ✕　更正によって増加した持分の1000分の20（定率課税）である。所有権の一部移転を全部移転に更正するときは、まだ支払っていない持分の登録免許税を納税せよというのが、国家の発想である。

A 11 ◯　そのとおり（登記研究425P129）。現在の所有権の登記名義人にとって、登記原因が正しく公示されるという利益がある。

A 12 ✕　Bのほか前所有権登記名義人のAも登記義務者となる（先例昭40.8.26-2429）。Aは、まだCに対する登記義務を果たしていないからである。

A 13 ◯　そのとおり（登記研究439P127）。敷地権の登記名義人は、まだBへの承諾の義務を果たしていない。前問と同じ理屈である。

A 14 ✕　登記義務者はCのみである。持分のみの更正のときは、前所有権登記名義人の関与を要しない。

Q 15 農地についての売買によるAからBへの所有権の移転の登記を、ＢＣの共有名義に更正するときは、農地法所定の許可を証する情報の提供を要する。

Q 16 Ｂ及びＣを登記名義人とする所有権移転登記がされた後、Ｂのみを所有者とする所有権の更正登記が完了したときは、Ｂには登記識別情報は通知されない。

Q 17 Ａ及びＢの各持分２分の１を、それぞれＡ持分３分の２、Ｂ持分３分の１とする所有権更正登記を申請し、その登記が完了したときは、持分が増加するＡに対し、登記識別情報が通知される。

❹ 相続登記の更正

Q 18 「令和何年４月１日相続」を登記原因とする法定相続分による所有権移転登記がされた後、同年９月１日に共同相続人間で遺産分割協議が成立したときは、登記権利者は、単独で、「令和何年９月１日遺産分割」による所有権更正登記を申請することができる。

Q 19 法定相続分による相続登記の後に、共同相続人のうちの１人が相続放棄をしたときは、登記権利者は、「錯誤」を登記原因として、単独で、所有権更正登記を申請することができる。

15 ◯　そのとおり（登記研444P107）。Ｃも買主でしたという点の許可を要する。なお、この場合の登記権利者はＣ、登記義務者はＡＢである。

> **One Point ◆ 更正前の登記原因が相続であるとき**
>
> 　本事案で更正前の登記原因が相続であるときは、農地法所定の許可を証する情報の提供を要しません（登記研417P104）。もともと相続の場合には、相続人のうち誰がその農地を取得することとなっても、農地法所定の許可が不要であるからです。

 16 ✕　更正登記によりＢは実質的に権利（残りの持分）を取得しているため、登記識別情報が通知される。

 17 ✕　持分のみの更正のときは、登記識別情報は通知されない。持分のみを更正しても、ＡＢの共有関係そのものに変わりがないので、登記識別情報は通知されない仕組みとなっている。

 18 ◯　そのとおり。登記原因およびその日付も正しい（先例令5.3.28-538）。なお、本問の場合、登記原因証明情報として、遺産分割協議書（申請人以外の相続人が実印で押印し印鑑証明書を添付したもの）を添付する。

 19 ✕　単独で所有権更正登記の申請ができるという点は正しいが、登記原因が誤り。正しくは、「年月日相続放棄」である（日付は、相続放棄の申述が受理された日。先例令5.3.28-538）。

> **One Point ◆ 登記原因証明情報**
>
> 　本問の所有権更正登記の登記原因証明情報は、相続放棄申述受理証明書および相続を証する市町村長その他の公務員が職務上作成した情報（戸籍等の廃棄などにより、公務員が職務上作成した情報がないときは、これに代わるべき情報）となります。

Part 1

基本編

Q 20 甲土地の所有権登記名義人のＡが死亡し、その相続人ＢＣＤの名義で法定相続分による相続登記がされた。Ｂが相続放棄をした後、ＣＤ間でＤが甲土地を単独で取得する旨の遺産分割協議が成立した。この場合、Ｄは、一の申請情報によって、「年月日相続放棄、年月日遺産分割」を登記原因とするＤ名義の所有権更正登記を単独で申請することができる。

Q 21 甲土地の所有権登記名義人のＡが死亡し、その相続人ＢＣＤの名義で法定相続分による相続登記がされた。その後、日付を異にして、ＣとＤが相次いで相続放棄をした場合、Ｂは、一の申請情報によって、Ｂ名義とする所有権更正登記を単独で申請することはできない。

Q 22 相続放棄をした者以外の名義で相続登記をした後、相続放棄が取り消されたときは、相続放棄の申述受理の審判が取り消された日を登記原因の日付として「年月日相続放棄取消」による所有権更正登記を申請することができる。

Q 23 令和何年４月１日に甲土地の所有権登記名義人のＡが死亡し、その相続人ＢＣＤの名義で法定相続分による所有権移転登記がされた。その後、同年８月１日に甲土地をＢに相続させる旨のＡの遺言書が発見されたときは、Ｂは、単独で、「令和何年４月１日相続」による所有権更正登記を申請することができる。

Q 24 甲土地の所有権登記名義人のＡが死亡し、その相続人ＢＣＤの名義で法定相続分による相続登記がされた後、甲土地をＢに遺贈する旨のＡの遺言書が発見され、Ｂがこれを承認した。この場合、Ｂは、遺贈の効力が生じた日をもって、「年月日遺贈」による所有権更正登記を単独で申請することができる。

Q 25 法定相続分による相続登記がされた後に、共同相続人間で遺産分割協議が成立したため、登記権利者から単独で所有権更正登記の申請があったときは、登記官は、登記義務者に対し、その申請があった旨を通知しなければならない。

A 20 ○ そのとおり。本問は、いわば前２問の合わせ技のようなものであり、登記原因証明情報も前２問のものをそれぞれ添付すべきこととなる（登記研究908P31）。

A 21 ✕ 一括申請することができる。この場合の登記原因は「年月日相続放棄、年月日相続放棄」であり、登記原因証明情報として、ＣとＤのそれぞれの相続放棄申述受理証明書および相続を証する戸籍全部事項証明書等を添付する（登記研究908P31）。

A 22 ○ そのとおり。一般論として、所有権更正登記の登記原因は「錯誤」であるが、本問もその例外事案のひとつである。

A 23 ✕ 単独申請ができるという点は正しいが、登記原因が誤り。正しくは、「令和何年４月１日特定財産承継遺言」である（先例令5.3.28-538）。なお、登記原因証明情報は、遺言書（検認を要するときは、その手続を経たもの）を添付する。

A 24 ○ そのとおり。本問は、受遺者が相続人である点が急所である。この場合、登記原因証明情報として、遺言書（検認を要するときは、その手続を経たもの）を添付する（先例令5.3.28-538）。

A 25 ✕ 通知を要しない。通知を要するのは、法定相続分による相続登記の後に、①特定財産承継遺言、②相続人への遺贈によって所有権を取得した者から、単独で所有権更正登記の申請があった場合である（不動産登記規則183条４項）。以上の遺言がらみのケースでは、その効力をめぐって相続人間で争い（その遺言書は偽造じゃないかとか）があることも考えられるため、通知を要するのである。

🐕 One Point ◆ 通知の内容

　所有権更正登記の単独申請があった場合、登記官は、登記義務者に対し、「登記の申請があった旨」を通知します。債権者代位の登記が完了したときのような「登記が完了した旨」の通知とは相違することとなります（不動産登記規則183条１項）。少々こまかいところではありますが、この点も併せて確認しておくとよいでしょう。

5 **所有権更正登記の利害関係人**

Q 26 　債権者が代位によって所有権の移転の登記をした後、その更正の登記を申請するときは代位した債権者の承諾を証する情報の提供を要する。

Q 27 　所有権更正登記は、付記登記によって実行される場合もあれば、主登記によって実行される場合もある。

Q 28 　Aが所有する不動産を目的として、Xの抵当権設定登記、Yの地上権設定登記をした後、これをＡＢの共有とする所有権の更正の登記を申請するときは、Yの承諾を要するが、Xの承諾を要しない。

Q 29 　更正登記をする所有権よりも先順位で登記を受けた者が、登記上の利害関係を有する第三者に当たる場合がある。

Q 30 　ＡＢ共有の不動産を目的として、Xのために抵当権の設定登記をした後、その不動産をAの単独所有とする所有権の更正の登記を申請するときは、Xの承諾を証する情報を提供しなければならない。

Q 31 　ＡＢ共有（持分各2分の1）の不動産を目的として、Xのために抵当権の設定登記をした後、A持分3分の2、B持分3分の1とする所有権の更正の登記を申請するときは、Xの承諾を要する。

A 26 ○ そのとおり（先例昭39.4.14-1498）。所有権の更正の登記には一部抹消の実質があり、代位者である債権者には、一部が消えることへの利害関係アリといえる。

A 27 ✗ 常に付記登記である。所有権更正登記には一部抹消の実質があり、登記上の利害関係を有する第三者がいるときは、その者の承諾を証する情報の提供を要するからである（不動産登記法66条、68条）。このため、その者の承諾がないときは、登記は受理されない。

A 28 ✗ XおよびYの双方の承諾を要する。更正によりAの所有権の一部はもともと存在しなかったことになり、両者の権利は、その影響を受けることになる。

> 🐕 **One Point♦ 更正登記その後**
>
> 本問の更正登記をしたときは、登記官が、職権により以下の処理をします。
> 1 Xの抵当権 → A持分の抵当権に職権更正
> 2 Yの地上権 → 職権抹消
> 地上権等の用益権は持分上に存続できないため、抹消されてしまうことになります。

A 29 ✗ 先順位の者は、利害関係人にはならない。

A 30 ○ そのとおり。この承諾により、Xの登記は、更正前のA持分のみを目的とする抵当権に職権更正される。このほか、所有権全体を目的とする後順位の差押債権者、消滅するB持分を目的とする抵当権者や差押債権者などが利害関係人となる。

A 31 ✗ 持分のみの更正の場合、所有権全体を目的とする抵当権者は利害関係人に当たらない（先例昭47.5.1-1765）。なお、この場合、減少するB持分を目的とする抵当権者、差押債権者などが利害関係人となる。

Chapter 3
～所有権の更正の登記～

<u>急|所|1|</u> 所有権の更正の登記の申請人

　所有権の更正の登記の申請人に関する重要なポイントを整理しておこう。

1　更正の前後を通じて自己の持分に影響がない者は、更正登記の申請人とはならない。

2　「売買」を登記原因とするＡからＢへの所有権の移転の登記を、ＢＣの共有名義とする更正の登記を申請するときは、Ｃが登記権利者、ＡおよびＢが登記義務者となる（先例昭40.8.26-2429）。

3　「売買」を登記原因とするＡからＢＣへの所有権の移転の登記を、Ｂの単独所有とする更正の登記を申請するときは、Ｂが登記権利者、ＡおよびＣが登記義務者となる（先例昭36.10.14-2604）。

4　「相続」を登記原因とする所有権の移転の登記を共同申請によって更正するときは、前所有権の登記名義人は登記義務者とならない。

5　「売買」を登記原因とする場合でも、共有者の持分のみを更正する登記を申請するときは、前所有権の登記名義人は申請人とはならない。

6　所有権の移転の登記の登記原因を更正する登記は、現在の所有権登記名義人を登記権利者、前所有権の登記名義人を登記義務者として申請する（登記研究425P129）。

7　法定相続分による相続登記の後に、①遺産分割協議（審判または調停）、②他の相続人の相続放棄、③特定財産承継遺言、④遺贈によって所有権を取得した相続人は、単独で、所有権更正登記を申請することができる（先例令5.3.28-538）。

急|所|2| 申請情報例

　売買を登記原因とするAからBへの所有権の移転の登記を、BCの共有名義に更正する場合の申請情報例である。

【申請情報例】

登記の目的	何番所有権更正
原　　　因	錯誤
更正後の事項	共有者　何市何町何番地　持分2分の1　　B
	何市何町何番地　　　　2分の1　　C
権　利　者	何市何町何番地
	C
義　務　者	何市何町何番地
	B
	何市何町何番地
	A
添付情報	登記原因証明情報　　登記識別情報　　住所証明情報
	印鑑証明書　（承諾を証する情報）　代理権限証明情報
登録免許税	金1000円

＊　本事例では、前所有権の登記名義人のAも登記義務者となる（先例昭40.8.26-2429）。

＊　B→BCに更正する場合、更正によって登記記録に初めて登場するCの住所証明情報の提供を要する。

＊　更正登記の完了後、Cに登記識別情報が通知される。

＊　Bの所有権を目的とする抵当権者、地上権者、差押債権者などが登記上の利害関係を有する第三者に当たる。

（注）数個の不動産について申請するときは、これらは同一の登記所の管轄区域内にあるものとします。

1 登記名義人の住所等の変更と一括申請

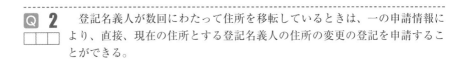

Q **1** ＡがＢに甲土地を、ＣがＢに乙土地を同日に売却したときは、一の申請情報により、売買を登記原因とする所有権移転登記を申請することができる。

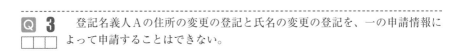

Q **2** 登記名義人が数回にわたって住所を移転しているときは、一の申請情報により、直接、現在の住所とする登記名義人の住所の変更の登記を申請することができる。

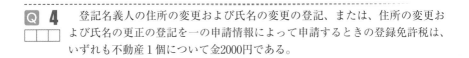

Q **3** 登記名義人Ａの住所の変更の登記と氏名の変更の登記を、一の申請情報によって申請することはできない。

Q **4** 登記名義人の住所の変更および氏名の変更の登記、または、住所の変更および氏名の更正の登記を一の申請情報によって申請するときの登録免許税は、いずれも不動産１個について金2000円である。

A 1 ✗ 　ＡＢ間の売買と、ＢＣ間の売買は登記原因が異なるから、一の申請情報により申請することはできない（先例明33.8.21-1176）。

> **One Point◆ 一の申請情報による申請の要件**
>
> 　一般論として、次の要件を満たした場合に、一の申請情報による申請をすることができます（不動産登記令４条ただし書）。
> 1　数個の不動産の管轄登記所が同一
> 2　登記の目的が同一
> 3　登記原因とその日付が同一

A 2 ◯ 　そのとおり（先例昭32.3.22-423）。なお、本問のように変更の原因が同種であれば、その最終のもののみを登記原因として申請することができる。

> **One Point◆ 登記原因証明情報**
>
> 　申請情報に提供する登記原因日付は、その最終のもののみを提供すれば足りますが、登記原因証明情報の内容は、すべての変更の過程をあきらかにすることを要します。

A 3 ✗ 　一の申請情報によって申請することができる（不動産登記規則35条8号）。この場合の登記原因は、「年月日住所移転　年月日氏名変更」である。

A 4 ✗ 　住所の変更および氏名の変更の登記につき誤り。こちらの登録免許税は、不動産1個について金1000円である。一方、住所の変更および氏名の更正の登記の登録免許税は、金2000円である。

Q 5 　Aが甲土地を単独で所有し、乙土地をBと共有している場合において、Aの住所が移転したときは、Aの住所の変更の登記を一の申請情報によって申請することはできない。

Q 6 　甲土地の共有者ABが同一の住所で登記している場合に、AおよびBが同時に住所を移転したときは、その住所の変更の登記を一の申請情報によって申請することができる。

2 一括申請その他

Q 7 　甲土地を目的として1番抵当権と2番根抵当権を有するXが、同日に抵当権及び根抵当権を解除する旨の意思表示をした場合であっても、その抹消登記を一の申請情報によって申請することはできない。

Q 8 　契約の解除による所有権の移転の仮登記の抹消と、その仮登記に基づく本登記の抹消を一の申請情報によって申請することはできない。

Q 9 　A所有の甲土地とB所有の乙土地に抵当権を設定した場合、設定の日付が異なるときでも、一の申請情報によって、抵当権の設定の登記を申請することができる。

Q 10 　AB共有の不動産を、同日にCが買い受けた場合、AおよびB持分の移転の登記を一の申請情報によってすることはできない。

Q 11 　AB共有の不動産を同日にCが買い受けたときでも、A持分を目的とする第三者の権利があるときは、AおよびBの持分の移転の登記を一の申請情報により申請することはできない。

Q 12 　甲土地の所有者Aが甲区2番と3番で順次持分の移転の登記を受けている場合に、甲区2番の持分のみを目的とする抵当権の設定の登記を申請することはできない。

Q 13 　甲土地の所有者Aが甲区2番と3番で持分の移転の登記を受けている場合、登記の目的を「所有権一部（順位2番で登記した持分）移転」と提供して、甲区2番の持分のみの移転の登記を申請することができる。

A 5 ✕ 　申請することができる。この場合、申請情報の内容として、変更後の事項を「所有者及び共有者Aの住所　何市何町何番地」と提供する。

A 6 ◯ 　そのとおり（登記研究455P91）。この場合、申請情報の内容として、変更後の事項を「共有者A及びBの住所　何市何町何番地」と提供する。

A 7 ✕ 　抹消の原因と日付が同一なので（年月日解除）、登記の目的を「1番抵当権、2番根抵当権抹消」として、一括申請することができる（登記研究564P69）。なお、Xの有する権利がいずれも抵当権であるときの登記の目的は、「1番2番抵当権抹消」となる。

A 8 ✕ 　登記の目的を「何番所有権本登記及び仮登記抹消」として、一の申請情報によって申請することができる（先例昭36.5.8-1053）。

A 9 ◯ 　そのとおり（不動産登記規則35条10号）。抵当権など共同担保に関する登記は、登記の目的が同一であれば、一括申請が可能である（一括申請のハードルが低い）。

A 10 ✕ 　登記の目的を「共有者全員持分全部移転」として、一の申請情報によって申請することができる（先例昭37.1.23-112）。

A 11 ◯ 　そのとおり（先例昭37.1.23-112）。持分を目的として、差押えや抵当権などの第三者の権利があるときは、一括申請できない。

A 12 ✕ 　「所有権一部（順位2番で登記した持分）の抵当権設定」を目的として、登記の申請をすることができる（先例昭58.4.4-2252）。

A 13 ◯ 　そのとおり（先例昭58.4.4-2252）。

Section 7　相続と遺贈

1　遺贈と登記

Q 1 　相続人以外の第三者に対する遺贈を原因とする所有権移転登記は、受遺者
□□□　が単独で申請することができる。

Q 2 　相続人に対する遺贈による所有権移転登記は、登記権利者である受遺者が
□□□　単独で申請することができる。

Q 3 　相続人以外の第三者に対する遺贈を登記原因とする所有権移転登記を申請
□□□　するときは、登記原因証明情報として、遺言書及び遺言者の死亡を証する戸
籍全部事項証明書等を提供しなければならない。

Q 4 　亡甲が、相続人のA及びBに対し、各2分の1の割合で不動産を遺贈した
□□□　場合、Aは、単独で、自己が取得した持分のみを目的とする遺贈による所有
権一部移転登記を申請することはできるが、AB共有名義とする遺贈による
所有権移転登記を申請することはできない。

Q 5 　相続人である受遺者が単独で遺贈による所有権移転登記を申請する場合に
□□□　おいて、遺贈者の登記記録上の住所と死亡時の住所が相違するときであって
も、住所の変更を証する情報を提供すれば、その前提としての登記名義人の
住所変更登記の申請を要しない。

Q 6 　遺贈による所有権移転登記を共同で申請する場合において、遺贈者の住所
□□□　に変更が生じているときは、その変更を証する情報を提供すれば、その前提
としての登記名義人の住所変更登記の申請を要しない。

A 1 ✗　相続人以外の者への遺贈による所有権移転登記は、包括遺贈、特定遺贈にかかわりなく、共同申請によってする。

A 2 ◯　相続人への遺贈は、実質的に、特定財産承継遺言（相続させる旨の遺言）と相違がないため、受遺者による単独申請が認められている（不動産登記法63条3項）。

> 🐕 **One Point ◆ 登記原因証明情報**
>
> 本問の場合、登記原因証明情報として、①遺言書、②遺言者の死亡を証する戸籍全部事項証明書等、③受遺者が遺言者の相続人であることを証する戸籍全部事項証明書等を提供します（不動産登記令別表30添付情報欄ロ）。

A 3 ◯　そのとおり（登記研究733P157）。遺言は要式行為であり、また、遺言者の死亡によってその効力を生じるので、これらの点につき、登記官の審査権限が及ぶためである。

A 4 ✗　最後の一文が誤り。A（またはB）は、単独で、自己が取得した持分に係る所有権一部移転登記の申請ができるのはモチロン、AB共有名義とする所有権移転登記を申請することもできる。登記原因証明情報として提供する遺言書の内容から共有関係が明らかとなり、これにより登記の真正が担保されるためである（登記研究908P5）。

A 5 ◯　そのとおり。相続登記に準じるものとして、変更を証する情報を提供することにより、住所変更登記を省略することができる（登記研究908P6）。

A 6 ✗　遺贈による所有権移転登記を共同で申請するときは、原則どおり、前提としての登記名義人の住所変更登記を要する（先例昭43.5.7-1260）。前問と相違して、共同申請によるときは、相続登記に準じるものと考えることができないため、一般原則どおりの結論となる。

Q 7 　家庭裁判所が選任した遺言執行者が、受遺者と共同して遺贈を原因とする所有権の移転の登記を申請するときは、代理権限証明情報として遺言者の死亡を証する情報の提供を要しない。

Q 8 　相続人を受遺者とする遺贈による所有権の移転の登記の登録免許税の税率は、不動産価額の1000分の4となる。

Q 9 　死因贈与の受贈者が相続人である場合に、相続人であることを証する情報を提供したときは、贈与による所有権の移転の登記の登録免許税の税率は、不動産価額の1000分の4となる。

Q 10 　未成年者を遺言執行者とする遺言書を提供して、遺贈を登記原因とする所有権移転登記を申請することができる。

Q 11 　遺言者が生前に不動産を売却したが、その登記を申請する前に死亡したときは、その遺言の遺言執行者は、買主と共同して、売買による所有権の移転の登記を申請することができる。

Q 12 　「甲土地をAに相続させる。遺言執行者をBとする。」旨の遺言があったときは、遺言執行者のBは、Aを代理して、Aの名義とする相続による所有権の移転の登記を申請することができる。

Q 13 　「甲土地を相続人のAに遺贈する。遺言執行者をBとする。」旨の遺言があったときは、Bは、遺言執行者の資格において、Aの名義とする遺贈による所有権移転登記を単独で申請することができる。

Q 14 　「甲土地をAに相続させる。遺言執行者をBとする。」旨の遺言があったときは、Aは、単独で、自己名義とする相続による所有権の移転の登記を申請することはできない。

Q 15 　遺言執行者がいない場合、受遺者と遺言者の共同相続人のうちの1人が共同して、遺贈による所有権の移転の登記を申請することができる。

A 7 ⭕　そのとおり（先例昭44.10.16-2204、登記研究447P84）。家庭裁判所において、遺言執行者選任の前提として遺言者の死亡を確認済みだからである。そのため、代理権限証明情報として、遺言執行者の選任審判書および遺言書を提供すればよい。

A 8 ⭕　そのとおり（先例平15.4.1-1022）。この場合は、相続がらみとして税率を1000分の4に軽減する取扱いである。このケース以外（受遺者が相続人でないとき）は、売買などと同様に、その税率は1000分の20となる。

A 9 ❌　税率は、1000分の20である。こちらは登記原因が単に「贈与」となるため、相続がらみとして、税率が1000分の4に軽減されることはない。

A 10 ❌　未成年者および破産者は、遺言執行者となることができない（民法1009条）。

A 11 ❌　生前売買は遺言とは無関係であり、遺言執行者はその登記を申請する権限を有しない（先例昭56.9.8-5484）。

A 12 ⭕　そのとおり。特定財産承継遺言（相続させる旨の遺言）の遺言執行者は、その相続人が法定相続分を超える部分についての対抗要件を備えるために必要な行為をすることができるため、相続人を代理して相続登記を申請することができる（民法1014条2項、先例令1.6.27-68）。

A 13 ❌　遺言執行者は、不動産登記法2条12号に規定する登記権利者に当たらないので、単独で申請することはできない（登記研究908P5）。また、遺贈による所有権移転登記は共同申請によることもあることから、前問の特定財産承継遺言のケースと同列に扱うことができないのである。

A 14 ❌　申請することができる。相続人自ら相続登記を申請することは、遺言の執行の妨害行為には当たらない（先例令1.6.27-68）。

A 15 ❌　遺言者の相続人の全員が申請することを要する（登記研究100P122）。

Q 16 清算型遺贈を内容とする遺言に基づいて、遺言執行者が相続財産中の不動産を売却したときは、買主への所有権の移転の登記の前提として、相続登記をすることを要する。

Q 17 受遺者が、遺言者の死亡以前に死亡した場合において、遺言に別段の意思表示がないときは、受遺者の相続人に対して遺贈による所有権の移転の登記を申請することはできない。

Q 18 Aには、子のBCDがいる。Aが「甲土地をBに相続させる」という内容の遺言をしたが、Aの死亡以前にBが死亡したときは、Bの相続人Eの単独名義とする相続登記を申請することができる。

❷ 遺言と登記

Q 19 自筆証書による遺言書（遺言書保管所に保管されているものを除く。）を提供して相続による所有権の移転の登記を申請するときは、その遺言書は、家庭裁判所の検認を受けたものであることを要する。

Q 20 「甲土地をAに相続させる」旨の遺言書を提供して相続による所有権の移転の登記を申請するときは、相続を証する情報として遺言者の死亡の事実および遺言者の相続人全員の戸籍全部事項証明書を提供しなければならない。

Q 21 相続人の一人に対して全財産を包括遺贈するとの遺言に基づいて所有権の移転の登記を申請するときの登記原因は、「相続」である。

Q 22 相続人の全員に対して全財産を包括遺贈するとの遺言に基づいて所有権の移転の登記を申請する場合、その登記原因は「相続」である。

A 16 ○　そのとおり（先例昭45.10.5-4160）。遺言者の死亡から売買が成立するまでの間、不動産の所有権が相続人に帰属するため、忠実再現の原則から相続登記を要する。

> 🐕 **One Point ◆ 清算型遺贈**
>
> 　清算型遺贈とは、「遺言執行者は不動産を売却し、その代金から負債を返済して、その残額を遺贈する」という内容のものをいいます。なお、この場合の相続登記は、売買による所有権の移転の登記のための必須の前提登記ですから、遺言執行者が申請することができるとされています。

A 17 ○　そのとおり。本問の遺贈は、その効力を生じない（民法994条）。この場合、遺贈の目的不動産の所有権は、遺言者の相続人に帰属する（民法995条）。このため、遺言者の相続人への相続登記を申請することとなる。

A 18 ✕　本問の場合も遺言の効力が生じないため、甲土地の所有権は、Aの法定相続人に帰属する（先例昭62.6.30-3411、最判平23.2.22）。

A 19 ○　そのとおり（先例平7.12.4-4344）。公正証書遺言および法務局（遺言書保管所）が保管する自筆証書遺言を除き、相続登記の登記原因証明情報としての遺言書には検認を要する（先例平7.12.4-4344、民法1004条1項）。

A 20 ✕　遺言者の死亡した事実およびAが相続人であることを証する戸籍全部事項証明書等で足りる（登記研究458P94）。相続人全員のものの提供を要しない。

A 21 ✕　登記原因は「遺贈」である（先例昭38.11.20-3119）。なお、包括遺贈、特定遺贈のいずれの場合でも、登記原因は「遺贈」である。

A 22 ○　そのとおり（先例昭38.11.20-3119）。本問の場合、その実質が、相続分の指定と相違がないためである。なお、相続人の全員に対して特定遺贈をした場合、その登記原因は「遺贈」である（先例昭58.10.17-5987）。

Q 23 遺言者が、相続人以外の者に対して「相続させる」との遺言をした場合、その所有権の移転の登記の登記原因は、「遺贈」である。

Q 24 売買による所有権の移転の登記をする前に売主が死亡し、その不動産について相続登記をした場合、相続人から買主に対して、直接、売買を原因として所有権の移転の登記を申請することができる。

A 23 ◯ そのとおり（登記研究480P131）。相続登記は、相続人しか入らない（定理）。

A 24 ◯ そのとおり（先例昭37.3.8-638）。スジからいえば、相続登記は無効であり抹消すべきであるところ、便宜上、相続人から買主への直接の移転の登記を認める取扱いである。

Chapter 3

～相続と遺贈～

急所1 主な重要先例

相続と遺贈に関する主な重要先例などを整理しておこう。

① 遺贈（相続人に対する遺贈に限る。）による所有権の移転の登記は、登記権利者が単独で申請することができる（不動産登記法63条3項）。

② 遺言者が生前に不動産を売却したが、その所有権の移転の登記を申請する前に死亡した場合、遺言執行者は、その売買による所有権の移転の登記を申請する権限を当然に有するものではない（先例昭56.9.8-5484）。

③ Aが甲土地をBに遺贈し、Bがその登記を経由することなく甲土地をCに遺贈するとともに遺言執行者を指定した場合、Cへの所有権の移転の登記の前提として、遺言執行者は、Aの相続人との共同申請により、AからBへの所有権の移転の登記を申請することができる（先例昭43.8.3-1837）。

④ 受遺者が遺言者の死亡以前に死亡しているときは、遺言に別段の意思表示がない限り、受遺者の相続人が遺贈を受けることはできない（民法994条）。

⑤ 「Aに甲土地を相続させる」旨の遺言をしたが、遺言者の死亡以前にAが死亡したときは、遺言に別段の意思表示がない限り、Aの相続人が代襲して甲土地を単独で取得することはできない（先例昭62.6.30-3411、最判平23.2.22）。

⑥ 相続人の全員に対して全財産を包括遺贈するとの遺言により所有権の移転の登記を申請するときの登記原因は、「相続」である（先例昭38.11.20-3119）。

⑦ 相続人以外の第三者に対して不動産を相続させるとの遺言をした場合、その所有権の移転の登記の登記原因は、「遺贈」である（登記研究480P131）。

急|所|2| 申請情報例

遺言執行者がいる場合の相続人以外の第三者に対する遺贈による所有権の移転の登記の申請情報例である。

【申請情報例】

登記の目的	所有権移転
原　　因	年月日遺贈
権　利　者	何市何町何番地
	B
義　務　者	何市何町何番地
	亡A
添　付　情　報	登記原因証明情報　　登記識別情報　　住所証明情報
	印鑑証明書　　代理権限証明情報

＊　登記原因の日付は、停止条件付の遺贈において、遺言者死亡後にその条件が成就した場合を除き、遺言者の死亡の日である。

＊　遺言執行者の権限を証する情報は、以下のとおりである。

① 原則として、「遺言書及び遺言者の死亡を証する戸籍全部事項証明書等」を提供する（先例昭59.1.10-150）。

② 遺言執行者を第三者が指定した場合は、「遺言書、指定を証する情報及び遺言者の死亡を証する戸籍全部事項証明書等」を提供する。

③ 家庭裁判所が遺言執行者を選任した場合は、「遺言書、家庭裁判所の選任審判書」を提供する（先例昭44.10.16-2204）。

＊　登録免許税の税率は、不動産価額の1000分の20である。受遺者が遺言者の相続人であるときは、その税率は1000分の4となる（先例平15.4.1-1022）。

Part**2**

各種の登記

Section 1 登記名義人の住所・氏名等の変更、更正の登記

1 登記名義人の住所等の変更の登記全般

Q 1 申請情報の内容として提供した登記義務者の住所または氏名と、登記記録上の登記名義人の住所または氏名が合致しないときは、その申請は却下される。

Q 2 登記名義人の住所の変更の登記は、主登記によって実行する。

Q 3 登記名義人の住所または氏名の変更の登記は、登記名義人が単独で申請することができる。

Q 4 登記名義人の氏名または住所の変更の登記を申請するときは、申請情報と併せて、氏名または住所に変更があったことを証する情報の提供を要する。

A 1 ◯　そのとおり（不動産登記法25条7号）。このため、不動産の売主
の現在の住所または氏名（以下、住所等）が、登記記録上の住所等
と一致しないときは、所有権の移転の登記の前提として、登記名義
人の住所等の変更の登記を要する。

A 2 ✗　付記登記によってする（不動産登記規則3条1号）。

A 3 ◯　そのとおり（不動産登記法64条1項）。

A 4 ◯　登記原因を証する情報として、氏名または住所の変更を証する情
報の提供を要する（不動産登記令別表23添付情報欄）。

> **🐕 One Point ◆ 添付情報**
>
> 　具体的には、自然人が氏名を変更したときは、戸籍全部事項証明書および
> 本籍地の記載のある住民票の写し、住所を変更したときは住民票の写し等を
> 提供します。法人の場合は、原則として、商号の変更や本店の移転を証する
> 登記事項証明書が添付情報となります。

Q 5 所有権登記名義人である株式会社が、その住所の変更の登記を申請する場合に、申請情報と併せてその変更の事実を確認することができる会社法人等番号を提供したときは、住所の変更を証する情報の提供を要しない。

Q 6 登記名義人が婚姻により氏名を変更したときは、「婚姻」を登記原因として、登記名義人の氏名の変更の登記を申請する。

Q 7 登記名義人である特例有限会社が株式会社に移行したときは、「商号変更」を原因として、登記名義人の名称の変更の登記を申請する。

2 登記名義人の住所等の変更の登記を要しない場合

Q 8 所有権以外の権利の登記の抹消を申請する場合は、登記義務者の住所に変更が生じているときでも、その変更を証する情報を提供すれば、抹消登記の前提としての登記名義人の住所の変更の登記を要しない。

Q 9 錯誤を登記原因として、AからBへの所有権移転登記の抹消を申請する場合において、Bの現在の住所と登記記録上の住所が相違するときは、抹消登記の前提として、Bの住所の変更登記を申請しなければならない。

Q 10 錯誤を登記原因として、AからBへの所有権移転登記の抹消を申請する場合において、Aの現在の住所と登記記録上の住所が相違するときは、その前提として、Aの住所の変更登記を申請しなければならない。

A 5 ○　そのとおり（不動産登記令９条、不動産登記規則36条４項、先例平27.10.23-512）。この場合、会社法人等番号の提供により、住所の変更があったことを確認することができることとなるものに限る（不動産登記規則36条４項ただし書）。

> 🐕‍🦺 **One Point◆ 登記名義人が自然人である場合**
>
> 登記名義人の住所の変更の登記を申請する場合に、住民基本台帳法に規定する住民票コードを提供したときは、住所の変更を証する情報の提供を要しません（不動産登記令９条、不動産登記規則36条４項）。このように、住所の変更を証する情報については、住民票コード、会社法人等番号を提供すれば、その提供を省略することができます。

A 6 ✕　登記原因は、「氏名変更」である。婚姻や離婚など、プライバシーは書かないことになっている。

A 7 ○　そのとおり（登記研究700P199）。なお、会社が組織変更をしたときも、「組織変更」を登記原因として、登記名義人の名称の変更の登記を申請する。

A 8 ○　所有権以外の権利の登記の抹消を申請する場合であれば、変更を証する情報の提供により、登記義務者の住所等の変更の登記を省略できる（先例昭28.12.17-2407等）。なお、所有権以外の権利には、抵当権や地上権などのほか、買戻権も含まれる。

A 9 ○　そのとおり。所有権の抹消登記を申請するときに、登記義務者の住所の変更登記の省略を可とする先例は存在しない。

A 10 ✕　本問は、登記権利者（前所有権登記名義人）のＡの住所が相違する事案であり、過去の登記名義人の住所や氏名の変更登記を申請することはできない。このため、抹消登記の申請情報とあわせて、変更証明情報（Ａの住民票の写しや戸籍の附票等）の提供を要する。前問とよく比較しよう。

Q 11 抵当権の登記の抹消を申請する場合において、登記権利者の住所に変更が生じているときは、その変更を証する情報を提供すれば、抹消登記の前提としての登記名義人の住所の変更の登記を要しない。

Q 12 所有権に関する仮登記の抹消を申請する場合において、登記義務者の住所等に変更があるときは、変更を証する情報の提供により、仮登記名義人の住所等の変更の登記を省略することはできない。

Q 13 判決により所有権の移転の登記を申請する場合に、判決書正本に、登記義務者の現在の住所と、変更前の登記記録上の住所が併記してあるときは、前提としての登記名義人の住所の変更の登記を要しない。

Q 14 共有物分割を原因として持分の移転の登記を申請する場合に、登記権利者である他の共有者の住所に変更があるときは、前提として、登記名義人の住所の変更の登記を要する。

Q 15 被相続人の死亡時の住所と登記記録上の住所が異なるときは、相続登記の前提として、登記名義人の住所の変更の登記を要する。

Q 16 登記名義人が数回にわたって住所移転をした結果、登記記録上の住所と同一の住所地となったときでも、登記名義人の住所の変更の登記を申請しなければならない。

Q 17 登記名義人の住所について地番変更を伴わない行政区画の変更があったときは、登記名義人の住所の変更の登記を申請しなければならない。

❸ 登記名義人の住所等の変更の登記その他

Q 18 甲土地の所有権登記名義人である甲野太郎が死亡し、その相続人が妻の花子と胎児であるときは、相続人のうち、胎児の表記を「亡甲野太郎妻甲野花子胎児」として、法定相続分に基づく相続による所有権移転登記を申請することができる。

A 11 ✕ 　所有権以外の権利の登記を抹消する場合でも、登記権利者の住所
等の変更の登記を省略することはできない（登記研究355P90）。

A 12 ✕ 　所有権に関する登記でも仮登記の抹消を申請するときは、変更を
証する情報を提供すれば、仮登記名義人の住所等の変更の登記を要
しない（先例昭32.6.28-1249）。本事例も、登記名義人の住所等の
変更の登記を不要とする例外的なケースである。

A 13 ✕ 　登記名義人の住所の変更の登記を要する（登記研究611P171）。
本事案では、登記名義人の住所等の変更の登記を省略する取扱いは
認められていない。

A 14 〇 　そのとおり（登記研究473P151）。共有物分割、持分放棄を原因
とする持分の移転の登記の権利者は、登記記録上の他の共有登記名
義人である。このため、その者の住所等に変更があるときは、登記
名義人の住所等の変更の登記を要する。

A 15 ✕ 　変更を証する情報を提供すれば足り、住所の変更の登記を要しな
い（先例明33.3.7-260）。相続登記は単独申請であり、被相続人は
登記義務者とはならない。そのため、不動産登記法25条7号のケー
スに当たらない。合併による権利の移転のケースも同様である。

A 16 ✕ 　登記記録上の住所と現在の住所が一致しているから、住所の変更
の登記の申請を要しない（登記研究379P91）。

A 17 ✕ 　申請を要しない。地番変更を伴わない行政区画の変更とは、たと
えば、「甲市A町100番地」から「乙市A町100番地」への変更のこ
とで、市町村合併などで頻繁にみられる事案である。この変更は公
知の事実であるから、いちいち住所の変更登記をしなくてもかまわ
ない。

A 18 ✕ 　胎児の表記が誤り。本問の場合、その表記を「甲野花子胎児」と
して、相続登記をすることができる（先例令5.3.28-538）。

Part
2

各種の登記

Q 19 胎児を登記名義人とする相続登記をした後、胎児が出生したときは、「年月日出生」を登記原因として、所有権登記名義人の住所氏名の変更の登記を申請する。

Q 20 住居表示の実施や行政区画の変更に伴う地番の変更により登記名義人の住所の変更の登記を申請する場合の登録免許税は、不動産1個について金1000円である。

Q 21 「年月日住所移転　年月日住居表示実施」と提供して、登記名義人の住所の変更の登記を申請するときは、登録免許税は課されない。

Q 22 「年月日住居表示実施　年月日住所移転」と提供して、登記名義人の住所の変更の登記を申請するときは、登録免許税は非課税となる。

A 19 ◯ 　　そのとおり。なお、死産であったときは、所有権の更正の登記を
申請する。

> 🐕 **One Point ◆ 登録免許税**
>
> 　住所氏名の変更の登記の登録免許税は、金1000円です。このほか、住所
> の変更と氏名の更正をする場合など、登記名義人の住所等の変更の登記と一
> 括申請の登録免許税については、Part 1　Chapter 3 Section 6 の「一の
> 申請情報による申請」で学習済です。復習しておきましょう。

A 20 ✕ 　　いずれも役所の都合によるものであり、非課税である。この場合、
住居表示の実施や行政区画の変更に伴う地番の変更があったことを
証する書面を添付する。

A 21 ◯ 　　最終の登記原因が住居表示実施のときは、非課税となる（先例昭
42.12.14-3447）。同様に、最終の登記原因が「行政区画の変更」で
あるときも非課税となる（先例平22.11.1-2759）。

A 22 ✕ 　　不動産1個について金1000円である。本事例は、最終の登記原因
が住所移転であるため、非課税とはならない。

Chapter 1
～登記名義人の住所等の変更の登記～

急|所|1| 主な先例等

登記名義人の住所等の変更の登記に関する主な先例などを整理しておこう。

① 登記名義人の現在の住所等と登記記録上の住所等が合致しないときは、新たな登記を申請する前提として、登記名義人の住所等の変更の登記を申請しなければならない（不動産登記法25条7号参照）。

② 登記記録の受付年月日よりも「前に」住所等に変更が生じているときは、登記名義人の住所等の「更正」の登記を申請する。

③ 登記記録の受付年月日よりも「後に」住所等に変更が生じているときは、登記名義人の住所等の「変更」の登記を申請する。

④ 不動産の登記名義人である特例有限会社が、その商号を変更して通常の株式会社に移行したときは、「商号変更」を登記原因として、登記名義人の名称変更登記を申請する（登記研究700P199）。

⑤ 破産管財人が破産者所有の不動産について任意売却による所有権の移転の登記を申請する場合に、破産者の住所等に変更があるときは、破産管財人が、登記名義人の住所等の変更の登記を申請することができる（登記研究454P133）。

⑥ 所有権以外の権利の登記（買戻権を含む）の抹消を申請する場合に、登記義務者の住所等に変更があるときは、変更を証する情報を提供すれば、登記名義人の住所等の変更の登記を要しない（先例昭28.12.17-2407、昭31.9.20-2202等）。

⑦ 所有権に関する仮登記の抹消を申請する場合に、登記義務者である仮登記名義人の住所に変更があるときは、その変更を証する情報を提供すれば、仮登記名義人の住所等の変更の登記を要しない（先例昭32.6.28-1249）。

急所 2 申請情報例

登記名義人の住所の変更の登記の申請情報例である。

【申請情報】

登記の目的	何番所有権登記名義人住所変更
原　　因	年月日住所移転
変更後の事項	住所　何市何町何番地
申　請　人	何市何町何番地
	A
添 付 情 報	登記原因証明情報　　代理権限証明情報
登録免許税	金1000円

＊　登記名義人の住所等の変更、更正の登記は、登記名義人が単独で申請することができる（不動産登記法64条1項）。

＊　登記名義人の住所等の変更の登記は、付記登記によってする（不動産登記規則3条1号）。

＊　この登記が完了しても、登記識別情報は通知されない。

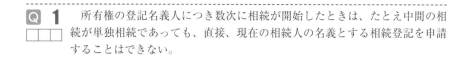

1 **数次相続その他**

Q 1 所有権の登記名義人につき数次に相続が開始したときは、たとえ中間の相続が単独相続であっても、直接、現在の相続人の名義とする相続登記を申請することはできない。

Q 2 数次相続の場合において、中間の相続が単独相続であるため、1件の申請で相続登記を申請するときは、登記原因として、最終の相続およびその日付のみを提供すれば足りる。

Q 3 甲土地の所有者が、その所有権の2分の1を第三者に遺贈していたときは、遺贈による所有権の一部移転の登記の後でなければ、相続登記をすることができない。

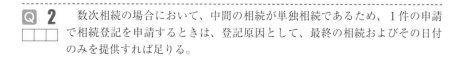

2 **相続人不存在**

Q 4 所有権の登記名義人が死亡し、その相続人が不存在であるときは、「亡何某相続財産」の名義とする所有権の移転の登記を申請する。

A 1 ✕ 中間の相続人が１人であるときは、直接、現在の相続人の名義とする相続登記をすることができる（先例昭30.12.16-2670）。

One Point◆ 中間の相続人が１人のケース

中間の相続人が１人とは、次のケースをいいます。
1 相続人が１人だけの場合
2 中間の相続が共同相続であっても、相続の放棄や遺産分割、特別受益等により、結果として中間の相続人が１人となった場合

A 2 ✕ 最終の相続のみでは足りない。登記原因は、中間の相続を含めて、「年月日何某相続 年月日相続」となる。

One Point◆ 数次相続と所有権保存

表題部所有者に数次相続が開始したときは、中間の相続人が１人でなくても、直接、現在の相続人の名義で所有権の保存の登記を申請することができます（登記研究443P93）。法74条１項保存には登記原因がなく、忠実再現の要請がないからです。

リンク ➡ Part 1 Chapter 3 Section 1 Q 13

A 3 ◯ そのとおり（登記研究523P139）。相続登記に一部移転はあり得ない（定理）。そのため、本事例では、①遺贈による所有権の一部移転の登記、②相続による持分の全部移転登記の順で申請することを要する。

A 4 ✕ 相続財産法人名義とする所有権登記名義人の氏名の変更の登記をする（登記研究707P193、先例昭10.1.14-39）。所有権の移転登記を申請するのではない。

Q 5 　相続財産清算人の選任審判書に、被相続人の死亡の年月日および相続人不存在により選任された旨の記載があるときは、その審判書を、相続財産法人名義とする氏名の変更の登記の登記原因証明情報とすることができる。

Q 6 　「民法第958条の2の審判」を原因とする特別縁故者への所有権の移転の登記は、特別縁故者と相続財産清算人が共同で申請しなければならない。

Q 7 　「民法第958条の2の審判」による所有権の移転の登記の登記原因日付は、特別縁故者に対する相続財産の分与の審判が確定した日である。

Q 8 　相続財産法人から他の共有者への「特別縁故者不存在確定」を原因とする持分の移転の登記は、他の共有者が単独で申請することができる。

A 5 ○ 　そのとおり（先例昭39.2.28-422）。選任審判書に、相続人不存在
により選任された旨の記載を要する点が急所である。相続財産清算
人は、限定承認の場合にも選任されることがあるからである（民法
936条１項参照）。

A 6 ✗ 　共同申請によるほか、特別縁故者が単独で申請することもできる
（先例昭37.6.15-1606）。

A 7 ○ 　そのとおり（先例昭37.6.15-1606）。なお、相続人の不存在が確
定するまでには、相続開始の日から最低でも６か月の期間を要する
（民法958条、952条２項参照）。

A 8 ✗ 　本事例は、家庭裁判所の審判によるものではないため、他の共有
者と相続財産清算人が共同して申請することを要する（先例平
3.4.12-2398）。なお、持分移転の登記の前提として、「亡何某相続
財産」とする登記名義人の氏名の変更の登記を要する。

🐕 One Point◆ 登記原因の日付

本問の登記の登記原因の日付は、次のとおりです。どちらの場合でも、被
相続人の死亡の日から最低でも９か月経過の日以降であることを要します。
1　特別縁故者から財産分与の申立てがなかったときは、申立期間満了日
　の翌日
2　財産分与の申立てが却下されたときは、却下の審判が確定した日の翌
　日

③ 遺産分割と相続登記

Q 9 法定相続分による相続登記をした後に遺産分割協議が成立したときは、これにより不動産を取得した相続人は、単独で、「遺産分割」を登記原因とする持分の移転の登記を申請することができる。

Q 10 「遺産分割」を原因とする持分の移転の登記の登録免許税の額は、移転した持分の価額に1000分の4を乗じた額である。

Q 11 ＡＢ間の遺産分割協議において、Ａが相続財産の甲土地を単独で取得する代わりに、Ａが所有する乙土地をＢが取得する旨の合意が成立したときは、乙土地について、遺産分割を原因とする所有権の移転の登記を申請することができる。

④ 持分放棄と相続登記

Q 12 甲土地をＡおよびＢが相続したが、相続登記をする前にＢがその持分を放棄したときは、Ａは、直接、自己名義の相続登記を申請することができる。

Q 13 持分放棄を原因とする持分移転の登記の登記原因の日付は、持分の放棄の意思表示が他の共有者に到達した日である。

A 9 〇 　そのとおり。相続登記に準じるものとして、単独申請によること ができる（登記研究908P27）。なお、相続登記をする前に遺産分割 協議が成立したときは、直接、「相続」を原因とする所有権の移転の 登記をすることができたことも振り返っておこう。

リンク ➡ Part 1 Chapter 1 Section 2 **Q** 16

> 🐕 **One Point◆ 遺産分割後の更正登記**
>
> 　本問の場合、「年月日遺産分割」（日付は遺産分割協議成立の日）を登記原 因として、登記権利者が、単独で所有権更正登記を申請することもできます （所有権更正登記の項目で学習済み）。更正登記による方が登録免許税の面で はおトクですが、登記上の利害関係を有する第三者が存在し、その承諾が得 られないようなケースでは、持分移転登記をする実益があります。

A 10 〇 　そのとおり。相続がらみとして、税率は、1000分の4となる。

A 11 ✕ 　登記原因は、「遺産分割による贈与」である（登記研究528P184）。 これは、遺産分割により相続財産をAが取得する代わりに、Aの固有 財産である乙土地をBに贈与したという意味である。

> 🐕 **One Point◆ 遺産分割と登記の目的**
>
> 　本問は、登記の目的にも誤りがあります。「遺産分割」を登記原因とする ときは必ず持分移転の登記となるのであり、遺産分割による所有権の移転の 登記はありえません（定理）。

A 12 ✕ 　①ＡＢへの相続登記、②持分放棄によるＢ持分全部移転登記の2 件の登記を申請することを要する（登記研究10P30）。

A 13 ✕ 　持分の放棄は、相手方のない単独行為であり、放棄の意思表示を した日が登記原因の日付となる（最判昭42.6.22参照）。放棄の意思 表示が、他の共有者に到達した日ではない。

Part
2

各種の登記

Chapter 2

～相続登記～

急所1 主な先例等

この章で学習した主な先例等を整理しておこう。

① 数次相続が開始した場合において、中間の相続人が1人であるときは、直接、現在の相続人の名義とする相続登記を申請することができる（先例昭30.12.16-2670）。

② 被相続人が、不動産の所有権の一部について遺贈をしていたときは、遺贈による所有権の一部移転の登記をした後、相続による持分の全部移転登記を申請する（登記研究523P139）。

③ 所有権の登記名義人が死亡し、その相続人が不存在であるときは、「相続人不存在」を原因として、「亡何某相続財産」の名義とする所有権の登記名義人の氏名の変更の登記を申請する（登記研究707P193、先例昭10.1.14-39）。

④ 「民法第958条の2の審判」を原因とする所有権の移転の登記は、特別縁故者が単独で申請することができる（先例昭37.6.15-1606）。

⑤ 共有者の1人が死亡し、その相続人がないときは、その持分は特別縁故者への財産分与の対象となり、特別縁故者もいないことが確定したときにはじめて民法255条により、他の共有者に帰属する（最判平1.11.24）。

⑥ 「特別縁故者不存在確定」を原因とする持分の移転の登記は、他の共有者と相続財産清算人の共同申請によってする（先例平3.4.12-2398）。

⑦ 法定相続分による相続登記をした後、遺産分割協議が成立したときは、「遺産分割」を原因とする持分の移転の登記を申請することができる（先例昭28.8.10-1392）。

⑧ 「遺産分割」を原因とする権利の移転の登記の登録免許税の税率は、移転した持分の価額の1000分の4である。

急|所|2| 申請情報例

　法定相続分による相続登記の申請情報例である。これが相続登記の基本形であるから、基本をしっかり学習しておこう。

【申請情報例】

登記の目的	所有権移転
原　　因	年月日相続
相続人（被相続人　A）	
	何市何町何番地
	持分4分の2　　B
	何市何町何番地
	4分の1　　C
	何市何町何番地
	4分の1　　D
添 付 情 報	登記原因証明情報　　住所証明情報
	代理権限証明情報
登録免許税	（不動産価額の1000分の4）

＊　共同相続人の1人は、自己の持分のみについての相続登記を申請することはできない（先例昭30.10.15-2216）。

＊　共同相続人の1人は、共有物の保存行為として、相続人全員のために相続登記を申請することができる（登記研究157P45）。

＊　相続による所有権の移転の登記の登録免許税の税率は、不動産価額の1000分の4である。

① 年月日売買

Q 1
☐☐☐
　売買契約の当事者間で、所有権の移転の時期を代金完済の時と定めた場合、売買による所有権の移転の登記の原因日付は、代金完済の日である。

Q 2
☐☐☐
　A所有の不動産をBおよびCが共同で買い受けたときは、Bは、Aと共同して、AからBC名義とする所有権の移転の登記を申請することができる。

Q 3
☐☐☐
　清算中の株式会社が不動産を売却し、その移転の登記をする前に清算結了の登記をしたときは、清算結了の登記を抹消しなければ、売買による所有権の移転の登記を申請することができない。

② 年月日持分放棄、共有物分割

Q 4
☐☐☐
　AB共有名義の不動産につき、持分放棄を原因として、Cに対してA持分全部移転の登記を申請することができる。

Q 5
☐☐☐
　ABC共有の不動産につき、Aがその持分を放棄したときは、Bは、自己に帰属する持分についてのみ、持分放棄を原因とするA持分の一部移転の登記を申請することができる。

Q 6
☐☐☐
　ABC共有の不動産につき、Aの持分放棄により、Bへの持分一部移転登記をした後、Aが残りの持分を第三者Dに譲渡したときは、Dへの売買を原因とするA持分の全部移転の登記を申請することができる。

Q 7
☐☐☐
　AおよびBが共有する甲土地をAの単独所有とし、その代わりにAが所有する乙土地をBが取得する旨の共有物分割協議が成立したときは、乙土地について共有物分割を登記原因としてAからBへの所有権の移転の登記を申請することができる。

A 1 ◯　そのとおり（登記研究446P121）。所有権の移転時期の特約があれば、その時に所有権が移転する。特約がないときは、原因日付は、契約成立の日となる。

A 2 ✕　Bは、自己の持分についての所有権一部移転の登記をすることができるにとどまる（登記研究543P150）。売買などの特定承継による登記については一部移転の登記をすることができるため、Bは他人であるCの権利を実現する登記の申請をすることができない。

A 3 ✕　清算結了の登記を抹消することなく、便宜、代表清算人であった者が、買主と共同して所有権の移転の登記を申請することができる（先例昭30.4.14-708）。

A 4 ✕　登記記録上の共有者でない者に対して、持分放棄による持分の移転の登記を申請することはできない（先例昭60.12.2-5441）。

A 5 ◯　そのとおり（先例昭37.9.29-2751）。持分放棄は、民法の規定に基づく法定移転であるが、これを第三者に対抗するには登記を要する。対抗力のほしい者は登記をすればよいが、不要な者は登記をしなくてもよい。

A 6 ◯　前問の後続論点である。持分放棄によってAの持分を取得したCと、売買によりAの持分を取得したDは対抗関係に立ち、先に登記を備えた者が優先するため、Dは登記をすることができる（先例昭44.5.29-1134）。

A 7 ✕　正しくは、共有物分割による交換を登記原因とする所有権の移転の登記を申請する。共有物分割を登記原因とする場合、登記の目的は「何某持分全部（一部）移転」となるのであり、「所有権移転」となることはない（定理）。

Q 8 共有物分割を原因として、共有者でない者に対して、持分の全部移転の登記をすることはできない。

③ 年月日会社分割

Q 9 吸収合併により消滅会社所有の不動産の所有権が移転したときは、存続会社が、単独で所有権の移転の登記を申請することができる。

Q 10 吸収分割により分割会社所有の不動産が承継会社に移転したときは、承継会社が、単独で会社分割を原因とする所有権の移転の登記を申請することができる。

Q 11 会社分割を原因とする所有権の移転の登記を申請するときは、登記原因証明情報として、分割契約書または分割計画書を提供すれば足りる。

Q 12 会社分割による所有権の移転の登記の登記原因証明情報の一部として提供する登記事項証明書に代えて、吸収分割承継会社の会社法人等番号を提供することができる。

④ 年月日委任の終了

Q 13 権利能力なき社団が不動産の所有権を取得したときは、社団を登記名義人として、所有権の移転の登記を申請することができる。

A 8 ◯　Q 4同様、共有物分割を原因とする持分移転の登記の登記権利者
は、登記記録上の登記名義人に限られる。

🐕 **One Point ♦ 住所等の変更の登記の復習**

　共有物分割、持分放棄を原因とする持分の移転の登記の登記権利者は、登
記記録上の他の共有者に限られます。このため、その者の住所等に変更があ
るときは、前提として登記名義人の住所等の変更の登記を要することとなり
ます（登記研究473P151）。

リンク➡ **Part 2 Chapter 1 Q 14**

A 9 ◯　そのとおり（不動産登記法63条 2 項）。自然人の相続の場合と同
様に、単独申請が認められている。

A 10 ✕　分割会社と承継会社が共同して申請することを要する（先例平
13.3.30-867）。合併と異なり、承継会社が単独で申請することはで
きない。登録免許税の税率も、合併と異なり、不動産価額の1000分
の20である。

A 11 ✕　分割契約書または分割計画書のほか、承継会社（設立会社）の登
記事項証明書の提供を要する（先例平18.3.29-755）。なお、このこ
とは、抵当権の移転のケースも相違しない。

A 12 ◯　そのとおり（先例平27.10.23-512）。会社法人等番号の提供によ
り、登記事項証明書に代えることができる。

A 13 ✕　権利能力なき社団は、登記名義人となることができない（先例昭
23.6.21-1897）。この場合、代表者個人の名義、または、社団の構
成員全員の名義等で登記をすることとなる（先例昭28.12.24-2523、
最判平6.5.31）。

Q 14 権利能力なき社団が所有する不動産を、その代表者の個人の名義で登記するときは、その肩書きとして、団体名を併せて登記することができる。

Q 15 権利能力なき社団所有の不動産につき代表者の個人名義で登記をしている場合に、代表者が変更したときは、新しい代表者の名義とする所有権の登記名義人の氏名の変更の登記を申請する。

Q 16 「委任の終了」を登記原因とする所有権の移転の登記がある不動産につき、相続による所有権の移転の登記を申請することはできない。

Q 17 旧代表者の名義で登記している権利能力なき社団所有の不動産を、新代表者が第三者に売却したときは、直接、買主名義とする所有権の移転の登記を申請することができる。

Q 18 権利能力なき社団が認可地縁団体となったことにより、法人格を取得したときは、その所有する不動産について、代表者の個人の名義から認可地縁団体の名義とする所有権登記名義人の名称の変更の登記を申請することができる。

Q 19 権利能力なき社団である甲社団が、A所有の甲土地を買い受けたが、その登記をする前に、地方自治法に基づく認可地縁団体である甲団体となった場合、甲社団と甲団体の同一性が認められるときであっても、Aから甲団体への所有権移転登記の前提として、甲社団への所有権移転登記を申請しなければならない。

5 その他の登記原因

Q 20 不動産の共有者の1人が、所在等不明共有者の持分を取得させる旨の裁判の確定によりその持分を取得したため、「民法第262条の2の裁判」を登記原因とする持分移転登記を申請するときは、申請情報の内容として、登記原因の日付の記載を要しない。

Q 21 売買による所有権の移転の登記をした後、売主がその売買契約を解除したときは、所有権の移転の登記の抹消を申請しなければならない。

A 14 ✕ これを認めると、社団名義で登記をすることと実質的に異ならないので、肩書きをつけることも不可である（先例昭36.7.21-625）。

A 15 ✕ 「委任の終了」を登記原因として、新代表者へ所有権の移転の登記を申請する（先例昭41.4.18-1126）。登記原因の日付は、新代表者の就任の日である（登記研究573P124）。

A 16 ◯ 登記記録上、登記名義人の個人の財産でないことがあきらかなので、相続登記を申請することはできない（登記研究459P98）。

A 17 ✕ 忠実再現の原則により、①委任の終了による新代表者への所有権の移転の登記、②売買による所有権の移転の登記の２件の登記を申請すべきである（先例平2.3.28-1147）。

A 18 ✕ 「委任の終了」を登記原因として、所有権の移転の登記を申請する（先例平3.4.2-2246）。

A 19 ✕ 両者の同一性が認められるときは、売買を登記原因として、Ａから直接、甲団体への所有権移転登記を申請することができる。

A 20 ✕ 最後の一文が誤り。日付の記載を要する。裁判が確定した日を登記原因の日付として、「年月日民法第262条の２の裁判」による持分移転登記を申請する（先例令5.3.28-538）。

A 21 ✕ 抹消のほか、解除を原因として、所有権の移転の登記を申請することもできる。登記上の利害関係を有する第三者の存在により、抹消登記が不可能となる場合を想定しての取扱いである。

Q 22 譲渡担保を原因として所有権の移転の登記をした後、譲渡担保契約を解除したときは、譲渡担保契約の解除を原因とする所有権の移転の登記を申請することができる。

Q 23 甲土地について、譲渡担保を登記原因とするAからBへの所有権移転登記をした後、AがBに対してその被担保債権の全額を弁済したときは、債権弁済を登記原因として、BからAへの所有権移転登記を申請することができる。

Q 24 財産分与の協議が成立した後に、離婚の届出をしたときは、財産分与の協議が成立した日を登記原因の日付として、財産分与による所有権の移転の登記を申請することができる。

Q 25 不動産を代物弁済の目的としたときは、代物弁済契約が成立した日を登記原因の日付として、債権者に対して所有権の移転の登記を申請することができる。

Q 26 収用を原因とする所有権の移転の登記は、起業者が、単独で申請することができる。

A 22 ◯　そのとおり。このほか、抹消登記をすることもできる（登記研究342P77）。

A 23 ◯　そのとおり（大判大7.4.4）。なお、本問も、前問と同じく、移転登記のほか、抹消登記によることもできるとされている。

A 24 ✗　登記原因の日付は、離婚が成立した日（離婚の届出をした日）である（登記研究490P146）。財産分与の効力は、離婚により生じるためである。なお、離婚後に財産分与の協議が成立したときは、財産分与の協議成立の日が、登記原因の日付となる。

A 25 ◯　そのとおり。代物弁済による目的不動産の所有権の移転の効果は、当事者の意思表示のみによって生じる（最判昭57.6.4）。

A 26 ◯　収用は手続が厳格であり、登記の真正も担保されているため、起業者からの単独申請が認められている（不動産登記法118条1項）。

Chapter 3
～所有権の移転の登記（相続以外）～

急所 1 主な先例等

この章で学習した主な先例等を整理しておこう。

① 売買契約の当事者間で、買主が売買代金の全額を支払った時に所有権が移転するとの合意をしたときは、売買による所有権の移転の登記の登記原因日付は、買主が代金全額を支払った日となる（登記研究446P121）。

② 単独所有名義の不動産につき、共有物分割を登記原因とする所有権の移転の登記を申請することはできない（先例昭53.10.27-5940）。

③ ＡＢ共有名義の不動産につき、持分放棄を登記原因として、Ｃに対するＡ持分全部移転の登記を申請することはできない（先例昭60.12.2-5441）。

④ 会社分割による所有権の移転の登記を申請するときは、その登記原因証明情報として、分割計画書または分割契約書および承継会社の登記事項証明書を提供する（先例平18.3.29-755）。

⑤ 承継会社の会社法人等番号を提供したときは、登記原因証明情報の一部として提供すべき④の承継会社の登記事項証明書に代えることができる（先例平27.10.23-512）。

⑥ 会社分割を原因とする所有権の移転の登記の登録免許税の税率は、不動産価額の1000分の20である。

⑦ 権利能力なき社団が所有する不動産について、代表者の個人の名義で登記している場合に、代表者が変更したときは、「委任の終了」を登記原因として、新代表者に対して所有権の移転の登記を申請する（先例昭41.4.18-1126）。

急|所|2| 申請情報例

　売買による所有権の移転の登記の申請情報例である。相続登記の基本形とともに、この基本形をしっかりと学習しよう。

【申請情報例】

登記の目的	所有権移転
原　　　因	年月日売買
権　利　者	何市何町何番地
	B
義　務　者	何市何町何番地
	A
添 付 情 報	登記原因証明情報
	登記識別情報
	住所証明情報
	印鑑証明書
	代理権限証明情報
登録免許税	（不動産価額の1000分の20）

＊　所有権の一部が移転したときの登記の目的は「所有権一部移転」となる。

＊　所有権の移転の時期について、特に特約がないときは、売買契約成立の日が登記原因の日付となる。

① 共有物分割禁止の定め

Q 1 不動産の共有者が共有物分割禁止の定めをした場合の所有権の変更の登記は、共有者の全員が共同して申請しなければならない。

Q 2 共有物分割禁止の定めによる所有権の変更の登記を申請するときは、共有者全員の登記識別情報を提供しなければならない。

Q 3 共有物分割禁止の定めによる所有権の変更の登記を申請するときは、共有者全員の印鑑証明書の提供を要しない。

Q 4 共有物分割禁止の定めによる所有権の変更の登記を申請するについて、不動産の所有権の全部を目的とする抵当権者は、登記上の利害関係を有する第三者に当たる。

Q 5 AがBに所有権の一部を売却するとともに、AB間で共有物分割禁止の特約をしたときは、所有権の一部移転の登記の申請情報の内容と併せて、共有物分割禁止の特約を提供することができる。

Q 6 A所有の不動産をBCに売却し、BC間で共有物分割禁止の特約をしたときは、AからBCへの所有権の移転の登記の申請情報の内容と併せて、共有物分割禁止の特約を提供することができる。

A 1 ○　そのとおり（先例昭50.1.10-16、不動産登記法65条）。共有者の全員が実質的に登記権利者でもあり、登記義務者でもあるため、すべての登記名義人が共同して申請するという申請方法をとるのである（以下、合同申請という）。

A 2 ○　申請人全員に登記義務者としてのカオがあるから、全員の登記識別情報の提供を要する（不動産登記令8条1項4号）。

A 3 ✕　申請人の全員に登記義務者のカオがあるから、全員が所有権の登記名義人として、作成後3か月以内の印鑑証明書の提供を要する（不動産登記令18条、不動産登記規則49条1項2号、47条3号イ（2））。

A 4 ✕　利害関係人に当たらない。所有権全部を目的とする抵当権者は、所有権の全部を競売でき、前所有者間に特約があっても実害がないからである。利害関係人に当たるのは、持分を目的として抵当権などの権利を有する者である。

A 5 ○　本問の場合、申請情報の内容として「特約　何年間共有物不分割」と提供することができる（不動産登記令3条11号ニ）。

A 6 ✕　特約を提供することはできない（先例昭49.12.27-6686）。これを認めると、ＢＣ間の特約につき、Ａを登記義務者として申請することとなり、この点が奇妙な結論となるからである。本事例では、①Ａ→ＢＣへの所有権の移転の登記、②ＢＣによる所有権の変更の登記の2件の登記を申請すべきである。

1 所有権の保存の登記の抹消

Q 1 所有権の移転の登記がないときは、所有権の登記名義人は、単独で、所有権の保存の登記の抹消を申請することができる。

Q 2 所有権の保存の登記の抹消を申請するときは、申請情報と併せて、登記識別情報および印鑑証明書の提供を要する。

Q 3 表題部所有者の相続人を所有者とする所有権の保存の登記をした後、その所有権の保存の登記を抹消した場合、登記官は、登記記録を閉鎖する。

Q 4 差押えの登記の嘱託に基づいて、登記官が職権で所有権の保存の登記をした後、取下げによりその差押えの登記を抹消するときは、登記官は、所有権の保存の登記を職権で抹消しなければならない。

A 1 ◯ 　そのとおり（不動産登記法77条）。登記権利者を観念することが
できないため、登記名義人が単独で抹消登記を申請することができ
る。

A 2 ◯ 　単独申請であるにもかかわらず登記識別情報の提供を要する例外
ケースの一つである（不動産登記令8条1項5号）。また、所有権の
登記名義人が登記識別情報を提供するときは、印鑑証明書の提供も
要する。

> 🐕 **One Point◆ 単独申請と登記識別情報（復習）**
>
> 　単独申請であるにもかかわらず、次の登記を申請する場合には、登記識別
> 情報の提供を要します（不動産登記令8条1項5号、8号、9号）。
> 　　1　所有権の保存の登記の抹消
> 　　2　自己信託による変更の登記
> 　　3　仮登記名義人が単独で申請する仮登記の抹消
> 　このうち、1と3は、すでに学習済みです。改めて確認しておきましょう。

A 3 ✗ 　登記記録を閉鎖することなく、登記官が職権で、表題部所有者の
記録を回復する（先例昭59.2.25-1085）。登記名義人の所有権が否
定されても、表題部所有者（被相続人）の権利が否定されることは
ないためである。

> 🐕 **One Point◆ 74条2項保存の場合**
>
> 　所有権の保存の登記を抹消した場合には、登記記録を閉鎖することを原則
> とするところ、本事例は、その例外にあたります。同様に、法74条2項に
> よる所有権の保存の登記を抹消したときも、表題部所有者の記録を回復しま
> す。このケースも、表題部所有者の権利まで否定されることはないからです。

A 4 ✗ 　本問のケースで職権抹消を認めた規定が存在しないため、抹消す
ることはできない（先例昭38.4.10-966）。職権による登記は、これ
を認める明確な根拠がない限りすることができない。

② 所有権の移転の登記の抹消

Q 5 所有権の移転の登記の抹消は、前所有権の登記名義人を登記権利者、現在の所有権の登記名義人を登記義務者として、当事者が共同で申請することを要する。

Q 6 AからBへの所有権の移転の登記の抹消を申請する場合、Aの所有権を目的として抵当権の設定登記を受けたXは、登記上の利害関係を有する第三者に当たる。

Q 7 債権者の代位によって実行した所有権の移転の登記の抹消を申請するときは、代位債権者は、登記上の利害関係を有する第三者に当たる。

Q 8 Aの所有権を目的としてXのために抵当権の設定の登記をした後、AからBへの所有権の移転の登記をし、その後、Xが抵当権の実行による差押えをした。この場合、Bの所有権の登記を抹消するときは、Xは利害関係人に当たらない。

Q 9 AからB、BからCへと売買による所有権の移転の登記をした後、各契約が無効であったときは、Cの承諾を証する情報を提供して、AとBが共同してBの所有権の移転の登記の抹消を申請することができる。

Q 10 相続による所有権の移転の登記の抹消は、登記名義人が単独で申請することができる。

Q 11 AからBへの強制競売による売却を原因とする所有権の移転の登記がある場合に、合意解除を原因として、AとBが共同して、その登記の抹消を申請することはできない。

A 5 ◯ 　そのとおり。一般原則どおり、共同申請によってする。

A 6 ✕ 　Xの抵当権はAの所有権を目的とするものであり、Bの登記を抹消しても、登記記録から消されることはないため、利害関係人には当たらない。

A 7 ◯ 　代位債権者は、自ら申請した登記を抹消されることにつき、利害関係アリである（先例昭39.4.14-1498参照）。

> 🐕 **One Point◆ 登記上の利害関係人の基本**
>
> 登記上の利害関係を有する第三者の承諾については、Part 1　Chapter 2　Section 2　Q47以下も併せて振り返っておきましょう。その都度振り返ることが、実力の養成につながります。

A 8 ✕ 　Bの所有権の抹消により、これを目的とする差押えの登記は職権で抹消されることとなるため、Xは、差押えの登記名義人として利害関係人に当たる（先例昭61.7.15-5706）。

A 9 ✕ 　直接Bの所有権の登記を抹消することはできない（登記研究210P48）。この場合、①BからCへの所有権移転登記の抹消、②AからBへの所有権移転登記の抹消の2件の登記を申請すべきである（先例昭43.5.29-1830）。A→B→Cへと順次登記名義が移転した場合、それを戻すときもC→B→Aと順次戻すのである。

A 10 ✕ 　単独申請を認めた規定は存在しない。前所有権登記名義人の被相続人を登記権利者、現在の登記名義人を登記義務者として、共同で申請することを要する（登記研究333P70）。この場合、権利者側が、相続人による登記となる。

A 11 ◯ 　裁判所の手続による権利の移転を、当事者が合意解除することはできない（先例昭36.6.16-1425）。

Chapter 4, 5
～所有権の変更、抹消の登記～

急|所|1| 申請情報例

共有物分割禁止の特約による所有権の変更の登記の申請情報例である。

【申請情報例】

登記の目的	何番所有権変更
原　　　因	年月日特約
特　　　約	５年間共有物不分割
申請人（権利者兼義務者）	
	何市何町何番地
	A
	何市何町何番地
	B
添 付 情 報	登記原因証明情報　　登記識別情報
	印鑑証明書　　代理権限証明情報
登録免許税	金1000円

＊　共有者全員の登記識別情報、印鑑証明書を提供する。

＊　Ａ所有の不動産の一部をＢに売却するとともに、ＡＢ間で共有物分割禁止の特約をしたときは、所有権の一部移転の登記の申請情報の内容として、共有物分割禁止の特約を提供することができる（不動産登記令３条11号二）。

＊　Ａ所有の不動産をＢＣに売却し、同時にＢＣ間で共有物分割禁止の特約をしたときでも、ＡからＢＣへの所有権の移転の登記の申請情報の内容として、共有物分割禁止の特約を記載することはできない（先例昭49.12.27-6686）。

急所 2 主な先例等

所有権の抹消登記に関する主な先例等である。

① 所有権の保存の登記の抹消を申請するときは、申請情報と併せて、登記識別情報および印鑑証明書の提供を要する（不動産登記令8条1項5号等）。

② 表題部所有者名義でした所有権の保存の登記を抹消したときは、登記記録を閉鎖する（先例昭36.9.2-2163）。

③ 法74条1項1号後段（表題部所有者の相続人の名義）または法74条2項による所有権の保存の登記を抹消する場合は、登記記録を閉鎖せず、登記官が職権で表題部所有者の記録を回復する（先例昭59.2.25-1085）。

④ 売買による所有権の移転の登記をした後に売主が死亡した場合、売主の相続人と買主との間で売買契約を合意解除して、所有権の移転の登記の抹消を申請することができる（先例昭30.8.10-1705）。

⑤ A→B→Cへと売買による所有権の移転の登記をした後、それぞれの売買契約が無効であったとして、Aに登記名義を戻すためには、①B→Cへの所有権の移転の登記を抹消し、②A→Bへの所有権の移転の登記の抹消を申請すべきである（先例昭43.5.29-1830）。

⑥ Aの所有権を目的として、Xのために抵当権の設定の登記をした後、AからBへの所有権の移転の登記をした。その後、Bの所有権を目的として、Xの抵当権の実行による差押えの登記がある場合に、AからBへの所有権の移転の登記の抹消を申請するときは、Xは登記上の利害関係を有する第三者に当たる（先例昭61.7.15-5706）。

① 買戻特約全般

Q **1** 買戻しの特約をしたが、返還すべき契約費用がないときは、契約費用を登記することを要しない。
☐☐☐☐

Q **2** 売買による所有権の移転の登記と買戻特約の登記は、同時に申請しなければならない。
☐☐☐☐

Q **3** 買戻特約の登記は、主登記によってする。
☐☐☐

Q **4** 買戻特約の登記を申請するときは、申請情報と併せて、登記義務者の登記識別情報の提供を要する。
☐☐☐☐

Q **5** 所有権に関する買戻特約の登記を申請する場合でも、申請情報と併せて、登記義務者の印鑑証明書の提供を要しない。
☐☐☐☐

A 1 ✗ 売買代金（民法579条の別段の合意をした場合は、その合意により定めた金額）と契約費用は、買戻特約の登記の絶対的登記事項である（不動産登記法96条）。契約費用がないときでも、「契約費用なし」と登記する。これが、絶対的登記事項という言葉の意味である。

> 🐕 **One Point ◆ 絶対的登記事項と任意的登記事項**
>
> 必ず登記を要するものが、絶対的登記事項です。一方、その旨の定めがあれば登記を要しますが、定めがなければ登記をしなくてもよいものが、任意的登記事項です。買戻特約の登記においては、買戻期間が任意的登記事項とされています（不動産登記法96条）。

A 2 ◯ そのとおり（先例昭35.3.31-712）。申請情報を別々に作成して、同時に申請する。そして、同一の受付番号をもって登記を実行する。

A 3 ✗ 常に付記登記である（不動産登記規則3条9号）。

A 4 ✗ 買戻特約の登記義務者である買主は、申請時点ではまだ登記名義人となっていないため、登記識別情報の提供を要しない。共同申請であるにもかかわらず、登記識別情報の提供を要しない例外ケースの一つである。

A 5 ◯ そのとおり。前問の登記識別情報の場合と同じく、買戻特約の登記義務者である買主は、まだ所有権の登記名義人とはなっていない。

Q 6 管轄登記所が同一である甲土地と乙土地について買戻しの特約をしたときは、その買戻特約の登記は、一の申請情報によって申請することができる。

Q 7 売買による地上権または永小作権の移転の登記と同時に、買戻特約の登記を申請することができる。

Q 8 法74条1項1号による所有権の保存の登記と同時に、買戻特約の登記を申請することはできない。

Q 9 譲渡担保または代物弁済による所有権の移転の登記と同時に、買戻特約の登記を申請することはできない。

② 買戻特約と仮登記

Q 10 所有権の移転の仮登記と買戻特約の仮登記は、同時に申請しなければならない。

Q 11 売買による所有権の移転の仮登記をした後に、買戻特約の仮登記を申請するときは、登記義務者の印鑑証明書の提供を要しない。

A 6 ○ そのとおり。買戻特約の登記を一括申請することができる。この場合の売買代金は、「甲土地　金何万円　乙土地　金何万円」のように、不動産ごとに分けて提供する（先例昭43.2.21-335）。

> 🐕 **One Point◆ 敷地権付区分建物**
>
> 　不動産が複数であっても、敷地権付区分建物のように、建物と土地について各別に売買代金を定めることができないときは、専有部分と敷地権を併せた金額を提供します（先例昭35.8.1-1934）。

A 7 ○ 所有権のほか、地上権や永小作権の買戻しも可能である。

A 8 ✕ 所有権の保存の登記と同時に、買戻特約の登記をすることもできる（先例昭38.8.29-2540）。

> 🐕 **One Point◆ 具体例**
>
> 　たとえば、Aが新築した建物をBが買戻特約付きで買い受け、Bを表題部所有者とする表題登記をしたようなケースです。建売住宅の販売が代表例です。この場合、B名義の所有権の保存の登記と同時に、Aのための買戻特約の登記を申請することができます。

A 9 ○ そのとおり（先例昭37.1.10-1、登記研究322P73）。買戻特約は、売買契約と同時にすることを要する（民法579条）。そのため、買戻特約の登記と同時に申請する所有権の移転の登記の登記原因は、売買限定である。

A 10 ✕ 仮登記の段階では、同時申請を要しない（先例昭36.5.30-1257）。所有権移転仮登記に基づく本登記を申請するときに、買戻特約の本登記を同時に申請すればよい。

A 11 ✕ 印鑑証明書の提供を要する。本事例の買戻特約の仮登記の登記義務者は、所有権移転仮登記の登記名義人である。ここに、印鑑証明書を提供すべき所有権の登記名義人には、所有権に関する仮登記の登記名義人を含む（不動産登記令18条1項、不動産登記規則47条3号イ、49条2項4号、48条5号）。

③ 買戻特約の移転、抹消、変更等

Q 12 　買戻権の移転の登記を申請するときは、申請情報と併せて、登記義務者の登記識別情報の提供を要する。

Q 13 　所有権を目的とする買戻特約の移転または抹消の登記を申請するときでも、登記義務者である買戻権者の印鑑証明書の提供を要しない。

Q 14 　買戻特約の登記をした後、売買代金を増額する変更の登記を申請することができる。

Q 15 　買戻特約の登記をした後、買戻期間を伸長する変更の登記を申請することができる。

④ 買戻権の行使

Q 16 　買戻権者が、買戻権を行使したときは、「買戻し」を登記原因として所有権の移転の登記の抹消を申請する。

Q 17 　AからBへの所有権の移転の登記と同時に、Aのために買戻特約の登記をした後、BがCに対して所有権の移転の登記をした場合、Aは、Cに対して買戻権を行使すべきである。

Q 18 　農地の買戻しにつき、買戻期間内に買戻権者が買戻権を行使したが、その期間経過後に農地法所定の許可が到達したときは、買戻しによる所有権の移転の登記を申請することはできない。

Q 19 　買戻しを登記原因とする所有権の移転の登記が完了したときは、買戻特約の登記を、登記官が職権で抹消する。

Q 20 　買戻特約の登記に後れる抵当権がある場合に、買戻しを登記原因とする所有権の移転の登記をしたときは、抵当権の登記を、登記官が職権で抹消する。

A 12 ◯ そのとおり。買戻特約の登記が完了した際に通知を受けた登記識別情報を提供する。買戻特約の登記の抹消を申請する場合も、同じである。

A 13 ✕ 印鑑証明書を提供すべき「所有権登記名義人」に直接当たるものではないが、その意味を拡大解釈して、所有権の買戻権者の印鑑証明書の提供を要するものとされている（不動産登記令18条１項、先例昭34.6.20-1131）。

A 14 ✕ 売買代金を増額する変更の登記を申請することはできない（先例昭43.2.9-34）。なお、売買代金を増額する更正の登記を申請することはできる（登記研究249P64）。

A 15 ✕ 買戻期間を伸長する変更の登記を申請することはできない（民法580条２項）。これに対し、短縮する変更や、伸長または短縮する更正の登記をすることはできる。

A 16 ✕ 買戻しを登記原因として、買戻権者に対して、所有権の移転の登記を申請する（先例明32.8.8-1311）。

A 17 ◯ そのとおり（最判昭36.5.30）。この場合、ＣからＡへの買戻しを登記原因とする所有権の移転の登記をする。

A 18 ✕ 農地法所定の許可が到達した日を原因日付として、買戻しによる所有権の移転の登記を申請することができる（先例昭42.2.8-293）。買戻期間経過後の日付による登記が認められる例外ケースである。

A 19 ◯ そのとおり（不動産登記規則174条）。その行使により買戻権が消滅したことが、登記官にとってもあきらかとなるためである。

A 20 ✕ 職権抹消の根拠規定がなく、登記官が抹消することはできない。この場合、「買戻権行使による所有権移転」を登記原因として、当事者の申請によりこれを抹消する（登記研究448P18）。

Q 21 買戻権を目的とする質権の登記がある場合に、買戻しによる所有権の移転の登記を申請するときは、質権者の承諾を証する情報の提供を要する。

Q 22 買戻特約の付記登記のある所有権の移転の登記の抹消を申請するときは、それに先立って、または同時に、買戻特約の登記の抹消を申請しなければならない。

Q 23 契約の日から10年を経過した買戻特約の登記は、登記権利者が単独でその抹消登記を申請することができる。

Q 24 買戻しの特約がされた売買契約の日から10年を経過した買戻特約の抹消登記を、登記権利者が単独で申請するときの登記原因は「年月日不動産登記法第69条の2の規定による抹消」であり、その日付は、売買契約の日から10年を経過した日の翌日である。

Q 25 AからBへの所有権移転登記と同時に買戻特約の登記がされ、さらに、BからCに所有権移転登記がされた後、買戻期間の経過による買戻特約の抹消登記を申請するときの登記権利者は、Cである。

Q 26 契約の日から10年を経過したため、登記権利者が、単独で、買戻特約の抹消登記を申請する場合において、契約の日から10年を経過するよりも前に買戻権者に相続が生じていたときは、抹消登記の前提として、相続による買戻権の移転登記を申請しなければならない。

Q 27 買戻権者が適法に買戻権を行使したが、その旨の登記をしないでいるうちに売買契約の日から10年が経過したため、不動産登記法69条の2の規定に基づいて、登記権利者の単独申請により、買戻特約の登記が抹消された。この場合、買戻権者は、買戻しによる所有権移転登記を申請することはできない。

A 21 ○ 　買戻特約の登記を職権抹消する都合上、これを目的とする質権や差押えの第三者の権利も職権抹消の対象となる。このため、その承諾を要する（不動産登記法68条）。前問と混同しないようにしよう。

A 22 ○ 　そのとおり（先例昭41.8.24-2446）。本事案において、登記官が買戻特約の登記を職権抹消するという規定がないため、当事者の申請により抹消すべきものとされている。

A 23 ○ 　民法上、買戻期間の上限は10年を超えることができず、実体上、権利の消滅が明らかであることから、権利者が単独で抹消登記を申請することができる（不動産登記法69条の2）。

> 🐕 **One Point ◆ 登記原因証明情報**
>
> 本問の抹消登記を、登記権利者が単独で申請するときは、登記原因証明情報の提供を要しません。この点もあわせて振り返っておきましょう。

リンク Part 1 Chapter 1 Ｑ 7

A 24 ✗ 　登記原因の日付を要しない（先例令5.3.28-538）。単に「不動産登記法第69条の2の規定による抹消」でよい。

A 25 ○ 　現在の所有権登記名義人であるＣが、登記権利者となる。

A 26 ✗ 　相続による買戻権の移転登記を要しない（登記研究908P9）。登記手続の簡略化を、忠実再現の原則よりも一段優先させる趣旨である。

A 27 ✗ 　申請することができる（登記研究908P8）。適法に買戻権の行使があった以上は、その旨の登記ができない理由がないためである。この場合の所有権移転登記は、一般原則どおり、現在の所有権登記名義人との共同申請による。

Chapter 6

～買戻特約～

急所1 主な先例等

所有権に関する買戻特約の主な先例等を整理しておこう。

① 買主が売買代金を分割して支払う旨の約定があるときは、売買代金として、買主が現実に支払った額のほか、総代金を提供することができる（先例昭35.8.2-1971）。

② 売買契約に所有権の移転時期の特約があるときは、所有権移転登記の原因日付を所有権が移転した日、買戻特約の登記の原因日付を売買契約の日として、所有権の移転の登記と買戻特約の登記を同時に申請することができる（登記研究689P291）。この場合、「年月日売買」と「年月日特約」の日付が相違することとなる。

③ 売買による所有権の移転の仮登記と買戻特約の仮登記は、同時に申請することを要しないが、所有権の移転の仮登記に基づく本登記の申請と同時に、買戻特約の本登記を申請しなければならない（先例昭36.5.30-1257）。

④ 買戻権者が買戻権を行使したときは、買戻権者に対して、「買戻し」を登記原因とする所有権の移転の登記を申請する（先例明32.8.8-1311）。

⑤ AからBへの所有権の移転の登記と同時に、Aのために買戻特約の登記をした後、BがCへ所有権の移転の登記をしたときは、Aは、Cに対して買戻権を行使し、CからAへの「買戻し」による所有権の移転の登記を申請する（最判昭36.5.30）。

⑥ 買戻しによる所有権の移転の登記をしたときは、登記官が、買戻特約の登記を職権で抹消する（不動産登記規則174条）。

⑦ 契約の日から10年を経過した買戻特約の抹消登記は、登記権利者が単独で申請することができる。この場合、登記原因証明情報の提供を要しない（不動産登記法69条の2、不動産登記令7条3項1号）。

急|所|2| 申請情報例

所有権の移転の登記と同時に申請する買戻特約の登記の申請情報例である。

【申請情報例】

登記の目的	買戻特約
原　　　因	年月日特約
売 買 代 金	金何万円
契 約 費 用	金何万円
権 利 者	何市何町何番地
	A
義 務 者	何市何町何番地
	B
添 付 情 報	登記原因証明情報　　代理権限証明情報
登録免許税	金1000円

* 買戻特約の登記は、売買による所有権の移転の登記と同時に申請しなければならない（先例昭35.3.31-712）。
* 買戻特約の登記の絶対的登記事項は「売買代金（民法579条の別段の合意をした場合は、その合意により定めた金額）」「契約費用」、任意的登記事項は「買戻期間」である（不動産登記法96条）。
* 民法579条の別段の合意をしたときは、売買代金に代えて、「合意金額金何万円」と登記する（先例令2.3.31-328）。
* 登記義務者の登記識別情報の提供を要しない。
* 所有権に関する買戻特約の登記を申請する場合でも、登記義務者の印鑑証明書の提供を要しない。

Chapter 7 抵当権の登記

Section 1 抵当権の設定の登記

1 登記事項

Q 1 抵当権の設定の登記の絶対的登記事項は、債権額、利息、債務者の氏名または名称および住所である。

Q 2 申請情報の内容として外国の通貨で表示した債権額を提供して、抵当権の設定の登記を申請することはできない。

Q 3 抵当権の被担保債権の債務者として、権利能力なき社団を登記することはできない。

Q 4 抵当権の被担保債権の債務者のＡＢが連帯債務を負うときは、これを「連帯債務者　Ａ、Ｂ」として登記する。

Q 5 利息や損害金の特約として「年365日日割計算」と定めたときは、その特約を登記することができる。

Q 6 「年３％　ただし、将来の金融情勢に応じて債権者は適宜変更することができる」との利息の定めを登記することができる。

Q 7 利息制限法の制限金利を超える利率を定めた場合でも、適法な利率に引き直して、抵当権の設定の登記を申請することができる。

A 1 ✕　利息は、任意的登記事項である（不動産登記法88条1項1号）。絶対的登記事項は、債権額と債務者の氏名または名称および住所である（不動産登記法83条1項1号・2号）。

A 2 ✕　「債権額　米貨金何万ドル　担保限度額　金何万円」と登記することができる。また、この担保限度額は、為替レートで換算した額である必要はなく、当事者が任意に定めた額でよい（先例昭35.3.31-712）。

A 3 ✕　抵当権の債務者は登記事項の一部にすぎず、登記名義人ではないから、登記することができる（先例昭31.6.13-1317）。

A 4 〇　そのとおり（登記研究91P46）。

A 5 〇　そのとおり（先例昭45.5.8-2192）。具体的には、「利息　年3％（年365日日割計算）」と登記する。

A 6 ✕　優先弁済の範囲が不明確であり、「ただし」以下は登記することができない（先例昭31.3.14-506）。

> 🐕 **One Point ◆ 利息の定め**
>
> 　利息の定めは、後順位抵当権者などにとって、明確な定めであることを要します。そういう趣旨ですから、「利息3％　ただし、令和何年何月何日から発生する」という定めや「令和何年何月何日までは年2％、それ以降は年3％」のような定めであれば、そのまま登記することができます。

A 7 〇　利息制限法の制限を超える利率を登記することはできないが、適法な利率に引き直して、登記することができる（先例昭29.7.13-1459）。

Q 8　当事者間で利息を無利息と定めたときは、抵当権の設定の登記の申請情報の内容として、利息の定めを提供することを要しない。

Q 9　違約金は、抵当権の設定の登記の登記事項である。

Q 10　「債務者が利息の支払を1年以上怠ったときは、利息を元本に組み入れる」とする特約を利息の定めとして提供して、抵当権の設定の登記を申請することができる。

Q 11　抵当権者が全国に支店を有する金融機関であるときは、その取扱店を登記することができる。

2　権利の消滅に関する定め

Q 12　抵当権の消滅に関する定めは、抵当権の設定の登記に付記して実行する。

Q 13　債権に付した条件は、抵当権の設定の登記に付記して実行する。

Q 14　「抵当権者が死亡した時に抵当権が消滅する」と登記している場合に、抵当権者が死亡したときは、登記権利者が、単独で抵当権の登記の抹消を申請することができる。

A 8 ✗　「利息　無利息」と提供することを要する（登記研究470P98）。これは、「無利息」という利息の定めであり、登記すべき事項となる。

A 9 ✗　違約金は、抵当権の登記の登記事項ではない（先例昭34.7.25-1567、不動産登記法88条１項参照）。

A 10 ✗　重利の特約を登記することはできない（先例昭34.11.26-2541）。

A 11 ◯　そのとおり（先例昭36.5.17-1134）。この場合「株式会社Ｘ銀行（取扱店　何支店）」のように登記される。

A 12 ◯　権利の消滅に関する定めの登記は、付記登記によって実行する（不動産登記規則３条６号）。この定めは、抵当権のほか、所有権や地上権など、権利の種類を問わず、登記することができる（不動産登記法59条５号）。

> **One Point◆ 権利の消滅に関する定めの登記**
>
> たとえば、「抵当権者が死亡した時に抵当権が消滅する」というような内容の定めが、権利の消滅に関する定めです。

A 13 ✗　債権に付した条件は、抵当権の登記の登記事項として登記する（不動産登記法88条１項３号）。付記登記によってするのではない。

> **One Point◆ 債権に付した条件**
>
> 債権に付した条件とは、「債権者が死亡した時に債権は消滅する」というような定めのことです。これは、抵当権の登記の登記事項として、債権額や債務者などと一緒にまとめて登記されます。

A 14 ◯　そのとおり（不動産登記法69条）。この場合の登記原因証明情報として、人の死亡または法人の解散を証する公文書の提供を要する（不動産登記令別表26添付情報欄イ）。

Part
2

各種の登記

Q 15 所有権の移転の登記に「買主が死亡したときは所有権移転が失効する」との付記登記がある場合に買主が死亡したときは、所有権の移転の登記の抹消を申請する。

Q 16 買主Bの死亡により所有権移転が失効するとの付記登記がある場合において、その後Bが死亡したときは、売主Aは、単独で、BからAへの所有権の移転の登記を申請することができる。

③ 抵当権の設定の登記全般

Q 17 登記記録の表題部に記録された建物の新築年月日より前の日を原因日付とする抵当権の設定の登記を申請することはできない。

Q 18 Aが甲土地を取得することを条件として抵当権の設定契約をした後、Aが甲土地を取得したときは、その取得日を原因日付として、抵当権の設定の登記を申請することができる。

Q 19 主たる建物および附属建物を1個の不動産として登記している建物のうち、附属建物のみを目的として、抵当権の設定の登記を申請することができる。

Q 20 地上権を目的とする抵当権の設定の登記を、地上権者の登記識別情報を提供して申請するときは、地上権者の印鑑証明書の提供を要する。

④ 抵当権の設定の登記の登記原因

Q 21 保証委託契約による求償債権を被担保債権として、抵当権の設定登記を申請することができる。

Q 22 「年月日債務承認契約年月日設定」を登記原因とする抵当権の設定の登記を申請することができる。

A 15 ✕　所有権の移転の登記の抹消ではなく、買主から売主への所有権の移転の登記を申請する（大決大3.8.24）。抹消登記をすると、買主が所有者であった時代がなかったことになり、適当ではないからである。

A 16 ✕　単独で申請することはできない。Aは、Bの相続人全員と共同して、所有権の移転の登記を申請することを要する（大決大3.8.24参照）。

A 17 ✕　抵当権の設定の登記をすることができる（先例昭39.4.6-1291）。登記記録の新築年月日（通常は建物が完成した日）よりも前の日であっても、建築中の建物が不動産となった時以降であれば抵当権の設定をすることができる。

A 18 ◯　そのとおり（大判昭8.5.18、登記研究141P45）。この場合、抵当権設定契約をした日が原因日付となるのではないことに注意しよう。

A 19 ✕　附属建物のみを目的とする抵当権の設定の登記を申請することはできない（先例明37.2.13-1057）。附属建物のみを目的として抵当権を設定するときは、分割登記をして、附属建物を別個独立の建物とすることを要する。

A 20 ✕　所有権の登記名義人が登記義務者となるケースではないから、印鑑証明書の提供は不要である。なお、地上権者が登記識別情報を提供できないときは、印鑑証明書の提供を要することとなる。

A 21 ◯　「年月日保証委託契約による求償債権年月日設定」として、登記することができる（先例昭25.1.30-254）。将来債権を被担保債権として、抵当権を設定することができる代表例である。

A 22 ◯　債務承認契約は、更改や準消費貸借と解することができるため、申請することができる（先例昭58.7.6-3810）。

Q 23 「年月日債務弁済契約年月日設定」を登記原因とする抵当権の設定の登記を申請することができる。

Q 24 請負契約の当事者間で、将来発生する請負代金債権を担保するために注文者所有の不動産に抵当権を設定して、その登記を申請することができる。

5 特殊な登記原因

Q 25 抵当権の設定契約の後、その設定の登記をする前に債務の一部を弁済したときは、現存する債権の額を債権額として、抵当権の設定の登記を申請することができる。

Q 26 債権の一部を担保するために抵当権を設定することはできない。

Q 27 同一の債権者が有する数個の債権を担保するために、1個の抵当権の設定の登記を申請することができる。

Q 28 異なる債権者が有する複数の債権を担保するため、1個の抵当権の設定の登記を申請することができる。

Q 29 1つの債権を数人が共有している場合、その債権を担保するために1個の抵当権の設定の登記を申請することができる。

6 共同抵当

Q 30 甲土地および乙土地を目的として共同抵当権を設定したときは、甲土地のみを目的として抵当権の設定の登記を申請することはできない。

A 23 ✕　　申請することはできない（先例昭40.4.14-851）。債務は弁済する
のが当たり前であり、債務弁済契約によって、新たに債権が発生し
たと解することはできない。

A 24 ◯　　本事案も、将来債権を被担保債権とするケースである（先例昭
44.8.15-675）。

A 25 ◯　　そのとおり（先例昭34.5.6-900）。この場合、一部弁済の旨を申
請情報の内容とすることを要しない。

A 26 ✕　　債権の一部を担保するために抵当権を設定することもできる（先
例昭30.4.8-683）。この場合の登記原因は、「年月日金銭消費貸借金
1000万円のうち金700万円年月日設定」となる。

A 27 ◯　　債権者が同一であれば設定できる。この場合、債権ごとに債務者
が異なっていてもかまわない。なお、この場合の登記原因は、「（あ）
年月日金銭消費貸借（い）年月日金銭消費貸借　年月日設定」とな
る。

A 28 ✕　　債権者が異なるときは、1個の抵当権の設定の登記を申請するこ
とはできない（先例昭35.12.27-3280）。

A 29 ◯　　そのとおり。前問と混同しないようにしよう。この場合、申請情
報の内容として、共有者の持分の提供を要する（不動産登記法59条
4号）。

A 30 ✕　　共同担保のうちの1つの不動産だけを目的として、抵当権の設定
の登記を申請することができる（先例昭30.4.30-835）。権利の登記
に登記義務はないから、当事者は、対抗力の付与を受けたい不動産
だけを登記してもよい。

Q 31 管轄の異なる甲土地と乙土地を目的として共同抵当権を設定した場合に、最初に甲土地に抵当権の設定の登記を申請するときは、不動産の表示として乙土地の記載を要しない。

Q 32 管轄の異なる甲土地および乙土地に共同抵当権を設定し、甲土地の登記が完了した後に、乙土地の抵当権の設定の登記を申請するときの登録免許税は、甲土地の登記事項証明書を提供することにより金1500円となる。

Q 33 不動産と登記船舶を共同担保とする抵当権の設定の登記を申請することができる。

7 共同抵当権の追加設定

Q 34 抵当権の設定の登記をした後、利息の変更があったときは、その変更の登記をした後でなければ、変更後の利息による共同抵当権の追加設定の登記を申請することはできない。

Q 35 抵当権の設定の登記をした後、一部弁済があったときは、その変更の登記をしていない場合でも、一部弁済後の債権額による共同抵当権の追加設定の登記を申請することができる。

Q 36 抵当権の設定の登記をした後、債務者の住所に変更があったときは、その変更の登記をした後でなければ、共同抵当権の追加設定の登記を申請することはできない。

A 31 ✕　管轄外の不動産の表示として、乙土地の記載を要する。そして、甲土地の管轄登記所では、登記完了後、甲土地と乙土地を共同担保とする共同担保目録を作成する。

A 32 ○　甲土地の登記事項証明書を提供することにより、減税を受けることができる。この場合、「登録免許税　金1500円（登録免許税法13条2項）」のように減税の根拠をあきらかにすることを要する。

> 🐕 **One Point ◆ 共同担保と一括申請**
>
> 　共同抵当権などの共同担保に関する登記については、登記の目的が同一であれば、設定日付や登記義務者が異なっていても、一の申請情報により申請することができます（不動産登記規則35条10号）。この点も振り返っておきましょう。

リンク ➡ **Part 1 Chapter 3 Section 6 Q 9**

A 33 ✕　登記をしている船舶を不動産とみなす規定がないため、これを不動産の抵当権と共同担保とすることはできない（船舶（動くモノ）を不動産とみなすのはムリなのである）。なお、工場財団や登記をした立木は、特別法により不動産とみなされるため、共同担保とすることができる。

A 34 ✕　既登記の抵当権と異なる割合の利息を提供して、共同抵当権の追加設定の登記を申請することができる（先例昭41.12.1-3322）。利息の定めは相違するものの、被担保債権が同一だからである。

A 35 ○　既登記の抵当権と異なる債権額を提供して、追加設定の登記をすることができる（先例昭37.3.13-650）。

A 36 ✕　債務者の住所等が異なる場合でも、追加設定の登記を申請することができる（登記研究425P125）。

Q 37 管轄の異なる不動産に共同抵当権の追加設定の登記を申請するときは、申請情報と併せて、既登記の抵当権に関する登記事項証明書の提供を要する。

A 37 ✗　　　たしかに、登記事項証明書を提供すれば登録免許税が減税となる（登録免許税法13条2項）。しかし、これは必須の添付情報ではなく、まともに登記免許税を支払って追加設定をすることもできる。任意の添付情報であるという点が、後述する共同根抵当権の追加設定と相違する。

> **One Point ◆ 管轄が同じである場合**
>
> 　抵当権を追加設定する不動産が、既登記の不動産と同じ登記所の管轄区域内にあるときは、前の登記に関する登記事項証明書の提供を省略することができます。

Chapter 7
～抵当権の設定の登記～

急所 1 主な先例等

主な先例等のピックアップである。

① 将来建築する予定の建物を目的として抵当権の設定契約をしても、抵当権は成立せず、将来、建物が完成した時に抵当権の設定契約を締結するという債権的な効力を有するにすぎない（先例昭37.12.28-3727）。

② 建物の登記記録の表題部に記録した新築年月日よりも前の日を原因日付とする抵当権の設定の登記を申請することができる（先例昭39.4.6-1291）。

③ 利息を「無利息」と定めたときは、申請情報の内容として「利息　無利息」と提供する（登記研究470P98）。

④ Ａが不動産の所有権を取得することを条件にＸのために抵当権を設定したときは、Ａがその所有権を取得した日を原因日付として、抵当権の設定の登記を申請することができる（大判昭8.5.18、登記研究141P45）。

⑤ 清算中の会社を登記義務者として、抵当権の設定の登記を申請することができる(先例昭41.11.7-3252)。

⑥ 同一人が、同一の不動産につき数回にわたって持分の登記名義を取得しているときは、その特定の持分について抵当権の設定の登記を申請することができる（先例昭58.4.4-2252）。この場合の登記の目的は、「所有権一部（順位何番で登記した持分）抵当権設定」「Ａ持分一部（順位何番で登記した持分）抵当権設定」である。

⑦ 抵当権の設定の登記の登録免許税は、債権額に1000分の４を乗じた額である。

急所 2 申請情報例

抵当権の設定の登記の基本的な申請情報例である。

【申請情報例】

登記の目的	抵当権設定
原　　　因	年月日金銭消費貸借同日設定
債　権　額	金1000万円
利　　　息	年1％（年365日日割計算）
損　害　金	年14％
債　務　者	何市何町何番地　A
抵 当 権 者	何市何町何番地
	株式会社X銀行（取扱店　何支店）
	（会社法人等番号　１２３４－５６－７８９０１２）
	代表取締役　甲
設　定　者	何市何町何番地
	A
添 付 情 報	登記原因証明情報　登記識別情報　会社法人等番号
	印鑑証明書　代理権限証明情報
登録免許税	（債権額の1000分の4）

＊　抵当権の登記の登記事項は、次のとおりである。
　1　絶対的登記事項（不動産登記法83条1項）
　　・債権額
　　・債務者
　2　任意的登記事項（不動産登記法88条1項）
　　・利息、損害金
　　・債権に付した条件
　　・民法370条ただし書の別段の定め
　　・抵当証券発行の定め
　　・抵当証券発行の定めがある場合において、元本または利息の弁済期、
　　　支払場所の定めがあるときは、その定め

Section 2　抵当権の移転の登記

Q 1　抵当権者の合併による抵当権の移転の登記の登録免許税の税率は、債権額の1000分の2である。

Q 2　転付命令がその効力を生じたことにより抵当権が移転したときは、転付債権者が、単独で抵当権の移転の登記を申請することができる。

Q 3　抵当権の被担保債権をその保証人が弁済したときは、弁済を登記原因として、抵当権の抹消の登記を申請する。

Q 4　一部代位弁済による抵当権の一部移転の登記を申請するときは、申請情報の内容として、弁済額を提供しなければならない。

Q 5　抵当権者が、連帯債務者のうちの一部の者に対する債権のみを譲渡したときは、抵当権の一部移転の登記を申請することができる。

Q 6　「年月日設定の抵当権に基づく物上代位」を代位原因として、後順位の抵当権者が、代位によって抵当権の移転の登記を申請するときは、代位原因を証する情報の提供を要しない。

Q 7　Xが抵当権の設定の登記を受けた後、真正な登記名義の回復を原因として、XからYに対して抵当権の移転の登記を申請することはできない。

Q 8　「民法第392条第2項による代位」を原因とする抵当権の代位の登記の登録免許税は、債権額に1000分の2を乗じた額である。

Q 9　「民法第392条第2項による代位」を原因とする抵当権の代位の登記は、付記登記によってする。

A 1 ✖ 　相続または合併による抵当権の移転の登録免許税の税率は、債権額の1000分の1である。

A 2 ✖ 　債権者の申立てにより、裁判所書記官が、抵当権の移転の登記を嘱託する（民事執行法164条１項）。当事者が申請するのではない。

A 3 ✖ 　代位弁済を原因とする抵当権の移転の登記を申請する。これに対し、債務者が弁済したときは、弁済による抵当権の抹消の登記を申請する。誰が弁済したのかをよく確認するようにしよう。

A 4 ◯ 　そのとおり（不動産登記令別表57）。同様に、債権一部譲渡による抵当権の一部移転の登記を申請するときは、譲渡額を提供する。

A 5 ◯ 　そのとおり（先例平9.12.4-2155）。この場合の登記原因は「年月日債権譲渡（連帯債務者何某に係る債権）」となる。

A 6 ✖ 　代位原因を証する情報として、後順位抵当権者が設定登記を受けていた不動産の登記事項証明書の提供を要する（先例昭43.5.29-1834）。この登記事項証明書には、競売と後順位抵当権の消滅の過程が記録されている。この過程そのものが、後順位抵当権者の代位原因を証明するものとなる。

A 7 ◯ 　そのとおり（先例昭40.7.13-1857）。移転の付記登記のないケースでは、真正な登記名義の回復を原因とする抵当権の移転の登記をすることはできない。

A 8 ✖ 　不動産１個につき金1000円である。

A 9 ◯ 　常に付記登記である（不動産登記規則３条７号）。

Section 3 抵当権の変更の登記

1 抵当権の変更の登記全般

Q 1 抵当権の債務者の変更の登記を、主登記によってする場合がある。

Q 2 抵当権の債権額を減額する変更の登記を申請するときは、抵当権設定者が登記権利者、抵当権者が登記義務者となる。

Q 3 抵当権の利息や損害金の割合を増加する変更の登記を申請するときは、抵当権者が登記権利者、抵当権設定者が登記義務者となる。

2 抵当権の債務者の変更

Q 4 抵当権の債務者の変更の登記を申請するときは、登記義務者である所有権の登記名義人の印鑑証明書の提供を要する。

Q 5 根抵当権の債務者の変更の登記を申請するときは、登記義務者である所有権の登記名義人の印鑑証明書の提供を要する。

Q 6 相続を原因とする抵当権の債務者の変更の登記は、抵当権者が単独で申請することができる。

Part
2

各種の登記

A 1 ✗ 　　債務者の変更の登記を申請する場合、登記上の利害関係を有する第三者は存在しないため、常に付記登記によってする（不動産登記規則3条2号）。

A 2 ○ 　　抵当権者にとって不利益となる変更の登記を申請するときは、抵当権者が登記義務者となる。

A 3 ○ 　　このほか、債務者の変更の登記を申請するときも、抵当権者が登記権利者となる。申請当事者は、正確に特定できるようにしよう。

A 4 ✗ 　　印鑑証明書の提供を要しない（不動産登記規則47条3号イ（1）カッコ書、48条5号、49条2項4号）。所有権の登記名義人が登記義務者となるときは、印鑑証明書を提供するのが当たり前であるところ、その例外事案である。なお、このことは、先取特権や質権の債務者の変更の登記でも同じである

A 5 ○ 　　そのとおり（不動産登記令16条、18条）。これが当たり前である。前問と比較しよう。

A 6 ✗ 　　原則どおり、抵当権者と設定者の共同申請による。

> **One Point◆ 相続と単独申請**
>
> 　単独申請の特則を定めた不動産登記法63条2項は、「相続又は法人の合併による権利の移転の登記は、登記権利者が単独で申請することができる」と規定しています。登記原因が相続であれば、常に単独申請というわけではないので、注意しましょう。

Q 7 抵当権の債務者が死亡し、その相続人ＡＢの間で、Ａが単独で債務を承継するとの遺産分割協議が成立し、抵当権者の承諾を得たときは、相続を原因として、債務者をＡとする変更の登記を申請することができる。

Q 8 抵当権の債務者が死亡し、その相続人ＡＢと抵当権者の間で、Ｂの債務をＡが引き受けるとする債務引受契約をしたときは、相続を原因として、直接、Ａを債務者とする変更の登記を申請することができる。

③ 債権額の変更

Q 9 抵当権の設定の登記をした後、抵当権者が新たに貸付をしたときは、抵当権の債権額を増額する変更の登記を申請することができる。

Q 10 抵当権の債権額を増額する変更の登記の登録免許税は、不動産１個につき金1000円である。

④ 更改による変更の登記等

Q 11 債務者更改による新債務担保を原因とする抵当権の変更の登記を申請する場合、新債務の債権額が旧債務のものより減少しているときは、抵当権者が登記義務者となる。

Q 12 債務者更改による新債務担保を原因とする抵当権の変更の登記を申請するときは、抵当権設定者である所有権の登記名義人の印鑑証明書の提供を要する。

Q 13 抵当権者の取扱店の表示を追加する変更の登記は、抵当権者が単独で申請することができる。

A 7 ◯ 　抵当権者の承諾があれば、直接、Ａを債務者とする変更の登記を申請できる（先例昭33.5.10-964）。

A 8 ✗ 　直接、Ａのみを債務者とする変更の登記を申請することはできず、次の２件の登記の申請を要する（先例昭33.5.10-964）。
　① 「相続」を原因として、債務者をＡＢとする変更の登記
　② 「Ｂの債務引受」を原因として、債務者をＡとする変更の登記

A 9 ✗ 　既存の抵当権の変更ではなく、新たな貸付に係る抵当権の設定の登記を申請すべきである（先例明32.11.1-1904）。

A 10 ✗ 　登録免許税は、増加する債権額を課税標準とし、その1000分の4を乗じた額である。担保権に関する税額は、優先弁済の枠に対して課税することがその根本思想であるから、それが増加したときは、増加分につき課税される。

A 11 ✗ 　抵当権者が登記権利者、設定者が登記義務者となる。更改により原則として抵当権が消滅するところ、これを新債務に移すことができること自体が抵当権者に有利だからである。

A 12 ✗ 　この登記は債務者の変更の登記の一つであり、印鑑証明書の提供を要しない。

A 13 ◯ 　登記名義人の名称の変更の登記に準じて、単独申請を認める取扱いである（先例昭36.9.14-2277参照）。

Q 14 抵当権者の取扱店の表示を追加する変更の登記を申請するときは、申請情報と併せて、登記原因証明情報の提供を要しない。

5 抵当権の効力を所有権全部に及ぼす変更

Q 15 ＡＢ共有不動産のＡ持分を目的とする抵当権の設定の登記をした後、ＡがＢ持分を取得し、その持分に抵当権を追加設定したときは、抵当権の効力を所有権全部に及ぼす変更の登記を申請することができる。

Q 16 ＡＢ共有不動産のＡ持分を目的とする抵当権の設定の登記をした後、Ｂ持分に抵当権を追加設定したときは、抵当権の効力を所有権全部に及ぼす変更の登記を申請することができる。

Q 17 抵当権の効力を所有権全部に及ぼす変更の登記の登録免許税は、不動産1個につき金1000円である。

Q 18 抵当権の効力を所有権全部に及ぼす変更の登記は、常に付記登記によってする。

Q 19 抵当権の効力を所有権全部に及ぼす変更の登記が完了したときでも、抵当権者に対して登記識別情報は通知されない。

6 抵当権を持分上の抵当権とする変更

Q 20 ＡＢ共有の不動産に抵当権の設定の登記をした後、抵当権者がＢ持分について抵当権を放棄したときは、抵当権の一部抹消の登記を申請することができる。

Q 21 ＡＢ共有不動産を目的とする抵当権者Ｘが、Ｂ持分についてのみ抵当権を放棄したことによる変更の登記の登記権利者は、Ｂのみである。

A 14 ✗　提供を要する（登記研究689P291）。

> 🐕 **One Point ◆ 取扱店の表示の追加**
>
> 　登記原因と呼べるものがないため、この登記には、登記原因がありません（先例昭36.11.30-2983）。にもかかわらず、添付情報として登記原因証明情報を提供せよ、というヘンテコな話になっているところが急所です。

A 15 ○　そのとおり（先例昭28.4.6-556）。実体上は追加設定であるが、登記手続としては変更の登記をするという取扱いである。

A 16 ✗　Ｂ持分への追加設定の登記をすべきであり、及ぼす変更の登記をすることはできない（登記研究304P73）。前問とよく比較しよう。

A 17 ✗　不動産１個につき金1500円である（登録免許税法13条２項）。実質的には、抵当権の追加設定の登記だからである。

A 18 ✗　利害関係を有する第三者がいる場合にその承諾がないときは、主登記によってする（不動産登記法66条、先例昭28.4.6-556）。及ぼす変更の登記の形式は変更であり、不動産登記法66条の適用がある。

A 19 ○　及ぼす変更の登記により抵当権者が登記名義人となるわけではないので、登記識別情報は通知されない（先例平17.8.26-1919）。

A 20 ✗　不動産登記法には、一部抹消の登記という仕組みがない。本事例では、「Ｂ持分の放棄」を登記原因として、「何番抵当権をＡ持分の抵当権とする変更」の登記を申請する（登記研究108P42）。

A 21 ○　そのとおり（登記研究108P42）。抵当権の放棄を受けたＢのみが登記権利者となり、引き続き抵当権を負担するＡは申請人とならない。

Q 22 「何番抵当権を何某持分の抵当権とする変更」の登記を申請する場合に、登記上の利害関係を有する第三者がいるときは、その者の承諾を証する情報の提供を要する。

Q 23 「何番抵当権を何某持分の抵当権とする変更」の登記は、主登記によってする場合がある。

7 準共有の抵当権者の一方への弁済

Q 24 XからYへの抵当権の一部移転の登記をした後、債務者が、Yに対する債権のみを弁済したときは、Yへの抵当権の一部移転の登記の抹消を申請する。

A 22 ◯　　この登記には一部抹消の実質があるため、利害関係人がいるときは、必ず、その承諾を要する（不動産登記法68条）。

A 23 ✕　　前問のとおり、利害関係人がいるときは、その承諾を証する情報の提供を要することから、この登記は、常に付記登記によってする。

A 24 ✕　　「Ｙの債権弁済」を原因として、抵当権の変更の登記を申請する。

Part
2

各種の登記

Chapter 7
～抵当権の変更の登記～

急所1 主な先例等

抵当権の変更の登記の主な先例等を整理しておこう。

① 抵当権の債務者が死亡し、その相続人であるＡＢ間でＡのみが債務を承継するという内容の遺産分割協議をし、抵当権者の承諾を得たときは、相続を原因として、Ａのみを債務者とする変更の登記を申請することができる（先例昭33.5.10-964）。

② 抵当権の債務者が死亡して、その相続人ＡＢと抵当権者の間で、Ｂの債務をＡが引き受けるとする債務引受契約をしたときは、以下の２件の登記を申請する（先例昭33.5.10-964）。
　　1 「相続」を原因として、債務者をＡＢとする変更の登記
　　2 「Ｂの債務引受」を原因として、債務者をＡとする変更の登記

③ 抵当権の設定登記をした後、抵当権者が新たな貸付をしたときは、抵当権の設定の登記を申請すべきであり、抵当権の債権額の増額変更の登記を申請することはできない（先例明32.11.1-1904）。前の貸付と後の貸付は、法律上ベツモノだからである。

④ ＡＢ共有不動産のＡ持分に抵当権を設定した後、ＡがＢ持分を取得したため、その持分に抵当権を追加設定したときは、抵当権の効力を所有権全部に及ぼす変更の登記を申請することができる（先例昭28.4.6-556）。

⑤ ＡＢ共有の不動産を目的とした抵当権について、抵当権者がＢ持分についてのみ抵当権を放棄したときは、「Ｂ持分の放棄」を原因として、「何番抵当権をＡ持分の抵当権とする変更」の登記を申請する（登記研究108P42）。

急|所|2| 申請情報例

抵当権の債務者の変更の登記の申請情報例である。

【申請情報例】

登記の目的	何番抵当権変更
原　　　因	年月日免責的債務引受
変更後の事項	債務者　何市何町何番地　　B
権　利　者	何市何町何番地
	株式会社Ｘ銀行
	（会社法人等番号　１２３４－５６－７８９０１２）
	代表取締役　甲
義　務　者	何市何町何番地
	B
添 付 情 報	登記原因証明情報　登記識別情報　会社法人等番号
	代理権限証明情報
登録免許税	金1000円

＊　併存的債務引受をしたときは、登記原因を「年月日併存的債務引受」、
　　変更後の事項を「追加する事項　連帯債務者　何市何町何番地　　B」とす
　　ればよい。

＊　登記識別情報を提供して抵当権の債務者の変更の登記を申請するとき
　　は、登記義務者が所有権登記名義人である場合でも、印鑑証明書の提供を
　　要しない。

＊　申請人が会社法人等番号を有する法人である場合でも、作成後3か月以
　　内の代表者の資格を証する登記事項証明書を提供したときは、会社法人等
　　番号の提供を要しない（不動産登記令7条1項1号、不動産登記規則36
　　条1項・2項）。

Section 4 抵当権の処分の登記

① 転抵当

Q 1 転抵当の登記は、常に付記登記によってする。

Q 2 転抵当の登記の登録免許税は、債権額に1000分の4を乗じた額である。

Q 3 抵当権の被担保債権を目的として、質権の設定の登記を申請することができる。

② 抵当権の順位譲渡・順位放棄

Q 4 債務者の異なる後順位の抵当権者のために、抵当権の順位を譲渡または放棄することはできない。

Q 5 1番抵当権者と2番抵当権者が同一の者であっても、順位の譲渡をすることができる。

Q 6 登記をした先順位の抵当権者は、未登記の抵当権者のために順位を譲渡することはできない。

Q 7 未登記の抵当権のために順位譲渡をした場合、順位譲渡の登記の登記原因の日付は、順位譲渡を受ける抵当権の設定の登記の日である。

A 1 ◯　利害関係人が存在しないため、常に付記登記によって実行する（不動産登記規則３条４号）。

> 🐕 **One Point◆ 抵当権の処分の登記**
>
> 　抵当権の処分には、①転抵当、②譲渡・放棄、③順位譲渡・順位放棄があります。そして、これらの登記の申請については、いずれも利害関係人が存在しないので、必ず付記登記によって実行されることとなります。

A 2 ✗　転抵当を含め、抵当権の処分の登記の登録免許税は、いずれも不動産１個につき金1000円である（登録免許税法別表第一、1（14））。

A 3 ◯　そのとおり。この場合の登記の目的は、「何番抵当権の債権質入れ」である。

A 4 ✗　債務者が異なる場合でも、順位譲渡（放棄）をすることができる（先例昭30.7.11-1427）。民法376条の「同一の債務者」に、「同一の設定者」を含むと拡大解釈するのである。

A 5 ◯　同一の抵当権者間でも順位譲渡（放棄）をすることは可能である（先例昭25.6.22-1735）。

A 6 ✗　順位を譲渡する抵当権が登記されていれば、順位の譲渡（放棄）を受ける抵当権が未登記であっても、順位を譲渡（放棄）することができる（先例昭36.12.23-3184）。

A 7 ✗　順位譲渡（放棄）の契約の日である（先例昭36.12.23-3184）。

Q 8 １番抵当権の２番抵当権への順位譲渡の登記をした後、１番抵当権の登記の抹消を申請するときは、２番抵当権者の承諾を証する情報の提供を要する。

Q 9 １番抵当権から２番抵当権への順位譲渡の登記をした後に、２番抵当権の登記の抹消を申請したときは、登記官が、職権で順位譲渡の登記を抹消する。

Q 10 順位譲渡をする先順位の抵当権の債務者と、順位譲渡を受ける後順位の抵当権の債務者が相違するときは、順位譲渡の登記を申請することはできない。

Q 11 １番（あ）で登記された抵当権の登記名義人が、１番（い）で登記された抵当権の登記名義人に抵当権の順位を譲渡して、その登記を申請することができる。

Q 12 先順位の抵当権と後順位の抵当権の登記名義人が同一であるときは、抵当権の順位を譲渡して、その登記を申請することはできない。

A 8 ◯　順位の譲渡を受けた2番抵当権者は、登記上の利害関係を有する第三者に当たるため、その承諾を要する（先例昭37.8.1-2206）。租税債権が存在する可能性があるためである。

A 9 ◯　そのとおり（先例平21.2.20-500　記録例446）。先例を根拠とする職権抹消である。

A 10 ✕　民法376条1項の「同一の債務者」を「同一の設定者」と拡大解釈して、本問の場合であっても、順位譲渡（または放棄）をし、その登記を申請することができる（先例昭30.7.11-1427）。

A 11 ◯　同順位の抵当権者間で順位譲渡をすることもできる。これにより、配当において一方が他方に優先することとなる。

A 12 ✕　同じ抵当権者間であっても、順位譲渡（放棄）をし、その登記を申請することができる（先例昭29.3.26-686）。

Section 5 抵当権の順位変更の登記等

① 順位変更全般

Q 1 順位変更の当事者間の合意の日よりも後に、利害関係を有する者の承諾を得たときは、順位変更の登記の原因日付は、承諾を得た日となる。

Q 2 抵当権の順位の変更は、その登記をしなければ、その効力を生じない。

Q 3 未登記の抵当権を含めて順位変更の合意をしたときの順位変更の登記原因日付は、抵当権の設定の登記をした日である。

Q 4 順位変更の登記は、付記登記によってする。

Q 5 抵当権と抵当権設定請求権仮登記との間の順位を変更することができる。

Q 6 抵当権と担保仮登記との間の順位を変更することができる。

Q 7 抵当権と地上権との間の順位を変更することができる。

A 1 ◯　利害関係人の承諾は実体上必要なものであり、合意の後に承諾を得たときは、承諾の日に登記原因日付がズレる（先例昭46.12.24-3630、民法374条１項）。

A 2 ◯　そのとおり（民法374条２項）。順位変更は、登記がその効力の発生要件である。

> 🐕 **One Point◆ 順位変更の仮登記**
>
> 順位変更の仮登記を申請することはできません（登記研究314P64）。登記が効力要件のものは、仮登記をすることができません。仮登記で学習済みではありますが、ここで改めて確認しておきましょう。

リンク Part 1 Chapter 3 Section 3 **Q** 31

A 3 ◯　そのとおり（登記研究367P136）。未登記の抵当権が登記されたことにより、順位変更の合意の効力が生じるためである。未登記の抵当権のために順位譲渡をするケースでは、順位譲渡の合意をした日が登記原因日付となることとよく比較しておこう。

リンク Section 4 **Q** 7

A 4 ✕　主登記によってする。付記登記によると登記記録が複雑となり、見づらくなってしまうからである。

A 5 ◯　そのとおり（登記研究300P69）。このほか、元本確定前の根抵当権、質権や先取特権を含む順位変更も可能である。

A 6 ✕　抵当権は乙区、担保仮登記は甲区に登記されるため、順位変更のやりようがない。

A 7 ✕　用益権者が順位変更の当事者になることはない。順位変更は、担保権者相互間における優先弁済の順位の問題であり、用益権者とは無関係である。

Q 8 Xが有する1番抵当権と2番抵当権の順位を変更することができる。

2 順位変更の登記の手続

Q 9 変更後の順位を同順位とする順位変更の登記を申請することができる。

Q 10 抵当権の順位変更の登記は、順位を変更する抵当権者の全員が共同して申請することを要する。

Q 11 Aの1番抵当権、Bの2番抵当権、Cの3番抵当権の順位を、「第1　3番抵当権、第2　2番抵当権、第3　1番抵当権」と変更するときの順位変更の登記の申請人は、AおよびCである。

Q 12 順位変更の登記の登録免許税は、不動産1個につき金1000円である。

Q 13 Xの1番抵当権とYの2番抵当権の順位を入れ替える順位変更の登記を申請するときは、Yの抵当権を目的とする転抵当権者の承諾を証する情報の提供を要する。

Q 14 所有権の仮登記名義人、所有権を目的とする差押債権者、用益権者は、いずれも順位変更の利害関係人に当たらない。

Q 15 2番抵当権と3番抵当権の順位を入れ替える順位の変更の登記を申請するときは、2番抵当権に順位を譲渡している1番抵当権者の承諾を証する情報の提供を要する。

A 8 ○　同一の抵当権者が有する抵当権の順位を変更することも可能である（登記研究300P69）。

A 9 ○　そのとおり。この場合、「変更後の順位　第1　1番抵当権、第1　2番抵当権」の要領で登記をする。

A 10 ○　そのとおり（不動産登記法89条1項）。共有物分割禁止の特約による所有権の変更の登記と同様に、いわゆる合同申請の形式をとることとなる。

 **リンク** Chapter4 **Q** 1

A 11 ✕　Bも合意の当事者であり、申請人となることを要する（先例昭46.10.4-3230）。

A 12 ✕　不動産1個につき、抵当権の件数×1000円である。たとえば、甲土地について、「1番、2番、3番順位変更」の登記を申請するときは、3×1000円で金3000円となる。

A 13 ✕　順位の上昇する抵当権を目的とする転抵当権者は、利害関係人に当たらない。当事者以外の第三者で、順位変更により不利益を受ける者が利害関係人である。

A 14 ○　いずれも利害関係人に当たらない（先例昭46.12.24-3630）。順位変更の利害関係人は、乙区にしかいない（定理　甲区は見なくてよい）。また、順位変更は担保権者相互間の優先弁済の順序の問題であり、用益権者が利害関係人となることもない。

A 15 ○　順位の下がる抵当権に対して順位の譲渡をしている先順位の抵当権者は、順位変更の利害関係人に当たる。

🐕 **One Point** ✦ **順位変更の利害関係人**

　本問のほかに、順位の下がる抵当権を目的とする転抵当権者、差押債権者、抵当権の移転の仮登記名義人などが、利害関係人に当たります。

Part
2

各種の登記

Q 16 1番抵当権と2番抵当権を入れ替える順位の変更の登記をした後、1番抵当権の登記の抹消を申請するときは、2番抵当権者の承諾を証する情報の提供を要する。

③ 順位変更その他

Q 17 順位変更の登記をした後、その順位をさらに変更する合意をしたときは、順位変更の変更の登記を申請することができる。

Q 18 順位変更の登記をした後、当事者間の合意により、その順位変更を解除したときは、順位変更の登記の抹消を申請することができる。

Q 19 順位変更の登記の一部に錯誤があったときは、順位変更の更正の登記を申請することができる。

Q 20 順位変更の合意に無効原因があったときでも、順位変更の登記の抹消を申請することはできない。

Q 21 順位変更の抹消登記の登録免許税は、不動産1個につき金1000円である。

A 16 ✗ 　２番抵当権者の承諾を要しない（登記研究301P69）。１番抵当権の順位を２番抵当権に譲渡した後に、１番抵当権の抹消を申請する場合、２番抵当権者の承諾を要することと比較しておこう。

リンク Section 4 **Q** 8

A 17 ✗ 　何番順位変更の変更なる登記はナイ（定理）。この場合、新たな順位変更の登記を申請する（先例昭46.10.4-3230）。

A 18 ✗ 　合意解除の法的性質は契約であるから、「年月日合意」を原因として、元の順位に戻す順位変更の登記を申請すべきである（先例昭46.12.24-3630）。

A 19 ○ 　誤った登記を更正することは可能である。なお、順位変更の更正登記は、更正により順位に変動が生じる者のみが申請人となる。

A 20 ✗ 　順位変更の合意に無効原因や取消原因があるときは、順位変更の登記の抹消を申請することができる（先例昭46.12.24-3630）。

A 21 ○ 　順位変更の登記の抹消は、順位変更の登記そのものではないため、抹消登記分で不動産１個について金1000円である。また、更正登記も同じ理由で、登録免許税は、不動産１個につき金1000円である。

Section 6　賃借権の先順位抵当権者に優先する同意

Q 1 　賃借権の先順位抵当権に優先する同意の登記は、賃借権者を登記権利者、すべての先順位抵当権者を登記義務者とする共同申請によってする。

Q 2 　賃借権の先順位抵当権に優先する同意の登記を申請するときは、同意によって不利益を受ける者の承諾を証する情報の提供を要する。

Q 3 　賃借権の先順位抵当権に優先する同意の登記の登録免許税は、不動産1個につき金1000円である。

Q 4 　賃借権の先順位抵当権に優先する同意の登記は、付記登記によってする。

Q 5 　賃借権が仮登記であっても、賃借権の先順位抵当権に優先する同意の登記を申請することができる。

A 1 ○ そのとおり（先例平15.12.25-3817）。順位変更とは異なり対立構造が認められるので、合同申請とはならない。

A 2 ○ そのとおり（先例平15.12.25-3817、不動産登記令7条1項5号ハ）。抵当権を目的とする転抵当権者が、不利益を受ける者の代表例である。

A 3 ✕ 不動産1個について、変更に係る賃借権および抵当権の数×1000円である（登録免許税法別表第一、1（9））。

A 4 ✕ 主登記によってする。

A 5 ○ 登記された賃借権は、仮登記であってもかまわない（登記研究686P403）。

Chapter 7
〜抵当権の順位変更〜

急所1 主な先例等

順位変更の主な先例等を整理しておこう。

① 順位変更の仮登記を申請することはできない（登記研究314P64）。

② 順位変更の当事者の合意の日よりも後に利害関係人の承諾を得たときは、順位変更の登記の原因日付は、承諾の日となる（先例昭46.12.24-3630）。

③ 未登記の抵当権を含めて順位変更の合意をした後、抵当権の設定の登記をしたときは、順位変更の登記の原因日付は、その抵当権の設定の登記をした日である（登記研究367P136）。

④ 抵当権の順位変更の当事者の一部が国等の非課税法人である場合でも、国等を含めてすべての抵当権について課税される（登記研究385P83）。これに対し、申請人の全員が国等の非課税法人であるときは、非課税となる（登記研究314P67）。

⑤ 順位変更の変更の登記を申請することはできない（先例昭46.10.4-3230）。

⑥ 順位変更の登記の一部に錯誤があるときは、順位変更の更正登記を申請することができる。

⑦ 順位変更の登記をした後、当事者間の合意により順位変更を解除したときでも、順位変更の登記の抹消を申請することはできない（先例昭46.12.24-3630）。

⑧ 順位変更の合意に無効原因、取消原因があるときは、順位変更の登記の抹消を申請することができる（先例昭46.12.24-3630）。

急所 2 申請情報例

抵当権の順位変更の申請情報例である。

【申請情報例】

登記の原因	1番、2番順位変更
原　　　因	年月日合意
変更後の順位	第1　2番抵当権
	第2　1番抵当権
申　請　人	何市何町何番地
	X
	何市何町何番地
	Y
添 付 情 報	登記原因証明情報　　登記識別情報
	承諾を証する情報　　代理権限証明情報
登録免許税	金2000円

＊　抵当権者全員の登記識別情報を提供する。

＊　登録免許税は、不動産1個につき、抵当権の件数×1000円である。

＊　登記完了後、申請人に対して、登記識別情報は通知されない。

＊　順位変更の登記は、主登記によってする。

1　抵当権の抹消の登記全般

Q **1** 　保証人の求償債権を担保するために抵当権の設定の登記をした後、主たる
□□□ 債務者が債務を弁済したときは、「弁済」を登記原因として抵当権の登記の抹
消を申請する。

Q **2** 　1番抵当権が弁済により消滅したときは、後順位の抵当権者も登記権利者
□□□ として、1番抵当権の登記の抹消を申請することができる。

Q **3** 　共有不動産に設定した抵当権の登記の抹消は、共有者の全員が抵当権者と
□□□ 共同して申請することを要する。

Q **4** 　XからYへの抵当権の移転の登記の後、弁済により抵当権の登記の抹消を
□□□ 申請するときの登記義務者はYである。

Q **5** 　抵当権の登記の抹消を申請する場合に、登記上の利害関係を有する第三者
□□□ がいるときは、申請情報と併せて、その者の承諾を証する情報の提供を要す
る。

2　抵当権の抹消と前提登記

Q **6** 　弁済により抵当権が消滅した後、抵当権者である株式会社が吸収合併によ
□□□ り消滅したときは、抵当権の登記の抹消の前提として、合併による抵当権の
移転の登記を要する。

A1 ✗　登記原因は弁済ではなく「主債務消滅」である（登記研究126P
43）。これは、主債務の消滅により求償債権の発生の可能性が消え
たということを意味する。

A2 ○　そのとおり（先例昭31.12.24-2916）。後順位の抵当権者も、先順
位の抵当権の登記の抹消により直接に利益を受ける。

A3 ✗　共有者の全員が申請することを要しない。共有物の保存行為とし
て、共有者の1人が抵当権者と共同して申請することができる（登
記研究425P127）。

A4 ○　Yのみが登記義務者となる。過去の登記名義人Ｘは、申請人とな
らない。このため、提供すべき登記識別情報もＹのもののみでよい。

A5 ○　そのとおり（不動産登記法68条）。どういう場合に登記上の利害
関係を有する第三者の承諾が問題となるのか、よく整理しておこう。

> **One Point ◆ 登記上の利害関係人**
>
> 抵当権の登記の抹消において登記上の利害関係人に当たるのは次の者です。
> 1　転抵当権者など、抹消すべき抵当権から民法376条1項の処分を受け
> ている者
> 2　抵当権を目的とする差押債権者、債権質入れの登記名義人
> 3　抵当権の移転（請求権）仮登記の名義人

A6 ✗　存続会社が承継したのは抵当権の抹消登記義務であり、抵当権そ
のものではないため、合併による抵当権の移転の登記を要しない（先
例昭37.2.22-321参照）。

Q 7 抵当権者が吸収合併された後、債務者の弁済により抵当権が消滅したとき
□□□ は、抵当権の登記の抹消の前提として、合併による抵当権の移転の登記を要
する。

Q 8 抵当権の設定者が死亡した後、弁済により抵当権が消滅したときは、抵当
□□□ 権の登記の抹消の前提として、相続による所有権の移転の登記を申請しなけ
ればならない。

3 混同、代物弁済

Q 9 混同により抵当権の登記の抹消を申請する場合、混同が生じていることが
□□□ 登記記録上明らかであるときは、登記原因証明情報の提供を省略することが
できる。

Q 10 抵当権の登記名義人が権利者兼義務者として、混同による抵当権の登記の
□□□ 抹消を申請するときは、登記識別情報の提供を要しない。

Q 11 Xの抵当権が混同により消滅した後に、その抹消の登記をする前に、所有
□□□ 権がYに移転したときは、Yを登記権利者、Xを登記義務者として混同によ
る抵当権の登記の抹消を申請する。

Q 12 抵当権者が抵当不動産の所有権を取得したが、後順位の抵当権が存在する
□□□ ときは、後順位の抵当権が消滅したときに、混同による抵当権の登記の抹消
を申請することができる。

Q 13 先順位の抵当権の被担保債権に混同が生じた場合は、後順位の抵当権が存
□□□ 在するときであっても、債権混同を登記原因とする抵当権の登記の抹消を申
請することができる。

Q 14 抵当権の被担保債権について、債務者がその所有する不動産で代物弁済を
□□□ した場合、代物弁済を原因とする抵当権の登記の抹消の登記原因日付は、代
物弁済契約の日である。

A 7 ◯　本問では、合併により抵当権が存続会社に承継されている。そのため、忠実再現の原則により、抹消登記の前提として、合併による抵当権の移転の登記の申請を要する（先例昭32.12.27-2440参照）。

A 8 ◯　相続人に抹消登記請求権が生じたケースなので、相続登記→抵当権の抹消の２件の登記の申請を要する（登記研究564P143）。

A 9 ◯　そのとおり（登記研究690P221）。

A 10 ✕　抵当権の登記を受けたときの登記識別情報の提供を要する（先例平2.4.18-1494）。この登記は事実上の単独申請であるが、その本質は権利者と義務者がたまたま同一人物となった共同申請なのである。

A 11 ◯　そのとおり（先例昭30.2.4-226）。抵当権の抹消により利益を受けるのは、現在の所有権の登記名義人のＹだからである。

A 12 ◯　そのとおり（登記研究15P32）。なお、この場合の登記原因日付は、混同を妨げていた後順位の抵当権が消滅した日である。

A 13 ◯　被担保債権に混同が生じたときは、後順位抵当権の存在とは無関係に、先順位抵当権は付従性により消滅する。

A 14 ✕　登記原因の日付は、代物弁済による所有権の移転の登記の申請日である。

リンク ➡ Chapter3 Ｑ 25

Part 2 各種の登記

④ 休眠担保権、解散した法人の担保権の抹消登記

Q 15 抵当権者の所在が知れない場合、被担保債権の弁済期から20年を経過した
後に、被担保債権、利息、損害金の全額に相当する金銭を供託したときは、
登記権利者が、単独で抵当権の登記の抹消を申請することができる。

Q 16 抵当権の登記名義人が法人であるときは、登記権利者は、不動産登記法70
条4項後段の規定により、単独で抵当権の登記の抹消を申請することができ
ない。

Q 17 仮登記担保や譲渡担保権についても、不動産登記法70条4項後段の規定に
より、登記権利者が、単独で抹消登記を申請することができる。

Q 18 根抵当権者の所在が知れないときは、不動産登記法70条4項後段により、
登記権利者が、単独で根抵当権の登記の抹消を申請することができる。

Q 19 不動産登記法70条4項後段の規定により、抵当権の登記を抹消するときの
登記原因は、「供託」である。

A 15 ◯　いわゆる休眠担保権の抹消である（不動産登記法70条4項後段）。共同申請により抵当権の登記を抹消できないときの特則の一つである。

One Point ◆ 添付情報

　不動産登記法70条4項後段により、登記権利者が単独で抵当権の抹消の登記を申請するときは、以下の情報の提供を要します（不動産登記令別表26添付情報欄二）。
　1　被担保債権の弁済期を証する情報
　2　1の弁済期から20年を経過した後に、被担保債権、利息、損害金の全額に相当する金銭を供託したことを証する情報
　3　登記義務者の所在が知れないことを証する情報

Part
2

各種の登記

A 16 ✗　休眠担保権の抹消の規定は、法人にも適用アリである（先例昭63.7.1-3456）。

A 17 ✗　仮登記担保や譲渡担保権には、不動産登記法70条4項後段の規定の適用はナイ。これらは、いずれも債権額が登記されないためである。

A 18 ◯　休眠担保権の抹消の規定は、根抵当権にも適用がある（先例昭63.7.1-3499）。このほか、先取特権、質権、転抵当権、転質権に適用がある。

One Point ◆ 根抵当権の弁済期

　休眠担保権の抹消の規定により根抵当権の登記を抹消するときの弁済期は、次のとおりです（先例昭63.7.1-3499）。
　1　登記記録上、元本が確定していることがあきらかな場合は、その確定の日
　2　1以外の場合は、根抵当権の設定の日から3年を経過した日

A 19 ✗　「弁済」である（先例昭63.7.1-3456）。なお、登記原因の日付は、供託の効力が生じた日である。

Q 20 抵当権者の所在が知れない場合、債権証書、被担保債権および最後の2年分の利息等の完全な弁済があったことを証する情報、抵当権者の所在が知れないことを証する情報を提供したときも、登記権利者が、単独で抵当権の登記の抹消を申請することができる。

Q 21 A所有の甲土地には、登記記録上、存続期間が満了していることが明らかなBの地上権設定登記がある。Aが、所定の方法による相当の調査を行ってもなおBの所在が判明しないため、その所在が知れないものとみなされたことにより、非訟事件手続法に基づく除権決定を得たときは、Aは、これを証する情報を提供して、単独で、Bの地上権の抹消登記を申請することができる。

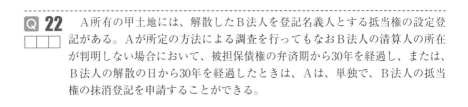

Q 22 A所有の甲土地には、解散したB法人を登記名義人とする抵当権の設定登記がある。Aが所定の方法による調査を行ってもなおB法人の清算人の所在が判明しない場合において、被担保債権の弁済期から30年を経過し、または、B法人の解散の日から30年を経過したときは、Aは、単独で、B法人の抵当権の抹消登記を申請することができる。

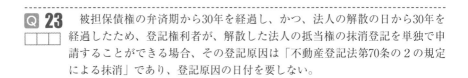

Q 23 被担保債権の弁済期から30年を経過し、かつ、法人の解散の日から30年を経過したため、登記権利者が、解散した法人の抵当権の抹消登記を単独で申請することができる場合、その登記原因は「不動産登記法第70条の2の規定による抹消」であり、登記原因の日付を要しない。

A 20 ◯　不動産登記法70条４項前段による単独抹消のケースである。

A 21 ◯　そのとおり（不動産登記法70条２項・３項、不動産登記令別表26
添付情報欄ロ）。本問は、登記記録上、消滅が明らかな権利の登記名
義人の所在が判明しない場合に、所定の方法による調査（不動産登
記規則152条の２の規定による簡易なもの）により公示催告の申立
てを可能とするための特則である。

> 🐕 **One Point◆ 簡易な抹消手続**
>
> 本問の仕組みは、地上権のほか、永小作権、質権、賃借権、採石権、買戻
> 特約の登記に適用があります。いずれも存続期間（買戻期間）が登記事項で
> あり、その消滅が登記記録上明らかとなる権利です。

A 22 ✗　問題文後半の「または」の部分が誤り。本問の場合、①被担保債
権の弁済期から30年経過、かつ、②法人の解散の日から30年経過の
双方の要件のクリアを要する（不動産登記法70条の２）。

> 🐕 **One Point◆ 添付情報**
>
> 本問の登記に必要となる添付情報は、次のとおりです（不動産登記令別表
> 26添付情報欄ホ）。
> 1　被担保債権の弁済期を証する情報
> 2　法人の解散の日を証する情報
> 3　所定の方法により調査を行ってもなお法人の清算人の所在が判明しな
> 　いことを証する情報

A 23 ◯　そのとおり（先例令5.3.28-538）。「錯誤」「仮処分による失効」「不
動産登記法第69条の２の規定による抹消」などとともに、登記原因
の日付を要しない例外事案の仲間たちとして、セットで確認してお
こう。

Chapter 7
～抵当権の抹消の登記～

急|所|1| 先例等

抵当権の登記の抹消に関する主な先例等を整理しておこう。

① 抵当権の登記の抹消を申請する場合に、抵当権者の住所等に変更が生じているときは、住所等の変更を証する情報を提供することにより、その前提としての登記名義人の住所等の変更の登記を省略することができる（先例昭31.9.20-2202）。

② 抵当権が消滅した後に、抵当権者である株式会社が合併により消滅したときは、抵当権の登記の抹消の前提として、抵当権の移転の登記をすることを要しない（先例昭37.2.22-321参照）。

③ 抵当権者である株式会社が合併により消滅した後に、弁済により抵当権が消滅したときは、抵当権の登記の抹消の前提として、合併による抵当権の移転の登記をすることを要する（先例昭32.12.27-2440参照）。

（※ ②と③は、自然人である抵当権者が死亡した場合も同様の結論となる。合併を相続に置き換えて考えよう）

④ 抵当権設定者が死亡した後に抵当権が消滅したときは、抵当権の登記の抹消の前提として、相続による所有権の移転の登記を申請することを要する（登記研究564P143）。

⑤ 混同による抵当権の登記の抹消をする前に、第三者へ所有権の移転の登記をしたときは、現在の所有権の登記名義人を登記権利者として、混同を原因とする抵当権の登記の抹消を申請することができる（先例昭30.2.4-226）。

⑥ 抵当権者が抵当不動産の所有権を取得し、所有権の移転の登記後に死亡した場合には、混同による抵当権の登記の抹消の申請における登記義務者は、抵当権者の相続人全員である（登記研究814P127）。

急|所|2| 申請情報例

抵当権の登記の抹消の申請情報例である。

【申請情報例】

登 記 の 目 的	何番抵当権抹消
原　　　　因	年月日弁済
権　利　者	何市何町何番地
	A
義　務　者	何市何町何番地
	株式会社Ｘ銀行
	（会社法人等番号　１２３４－５６－７８９０１２）
	代表取締役　甲
添 付 情 報	登記原因証明情報　登記識別情報　会社法人等番号
	（承諾を証する情報）　代理権限証明情報
登録免許税	金1000円

＊　抵当権の登記の抹消の登記権利者は抵当権設定者、登記義務者は抵当権
者である。

＊　保証人の求償債権を担保するための抵当権につき、主債務者が債務を弁
済したことにより抵当権の登記を抹消するときの登記原因は、「主債務消
滅」である（登記研究126P43）。

＊　抵当権の登記の抹消を申請する場合に、登記上の利害関係を有する第三
者がいるときは、その者の承諾を証する情報の提供を要する（不動産登記
法68条）。

Section 1 根抵当権の設定の登記

1 根抵当権の設定の登記

Q 1 　根抵当権の登記の絶対的登記事項は、極度額、債務者の氏名または名称および住所、債権の範囲である。

Q 2 　債権の範囲を「何工場の排液による損害賠償債権」とする根抵当権の設定の登記を申請することはできない。

Q 3 　根抵当権の債務者をAおよびBとし、債務者ごとに異なる債権の範囲を定めることができる。

Q 4 　数人が共有する根抵当権の設定の登記を申請するときは、申請情報の内容として、各共有者の持分の提供を要する。

Q 5 　共有者ごとに債権の範囲と債務者が異なる共有根抵当権の設定の登記を申請することができる。

A1 ◯ そのとおり（不動産登記法83条1項2号、88条2項1号）。

> **One Point◆ 任意的登記事項**
>
> 　根抵当権の登記の任意的登記事項は、次のとおりです（不動産登記法83条1項、88条2項）。
> 　　1　元本の確定期日
> 　　2　民法370条ただし書の別段の定め
> 　　3　根抵当権の共有者間の優先の定め
> 　なお、3については、根抵当権の設定の登記の申請情報の内容として提供することができないとされています（登記研究757P165）。

A2 ✘ 申請することができる（先例昭46.10.4-3230）。

> **One Point◆ 不法行為による損害賠償債権**
>
> 　債権の範囲を「債務者の不法行為による損害賠償債権」と提供して、根抵当権の設定の登記を申請することはできません（登記研究306P48）。これは、特定の原因に基づいて継続して生じる債権とはいえないためです。

A3 ◯ この場合、申請情報の内容として、債権の範囲を「債務者Aにつき　銀行取引」「債務者Bにつき　金銭消費貸借取引」のように提供する（先例昭46.12.24-3630）。

A4 ✘ 元本確定前の根抵当権には持分の概念がないため、根抵当権者の持分の提供を要しない（不動産登記令3条9号カッコ書、先例昭46.10.4-3230）。

A5 ◯ このような共有根抵当権の設定の登記をすることも可能である（先例昭46.10.4-3230）。

2 共同根抵当権の設定の登記

Q 6 　共同根抵当権は、その設定と同時に同一の債権の担保として数個の不動産
□□□　について根抵当権を設定した旨の登記をすることにより成立する。

Q 7 　甲土地および乙土地を目的としてＸのために共同根抵当権の設定の登記を
□□□　申請する場合、各根抵当権の極度額、債権の範囲、債務者は同一であること
　　　を要する。

Q 8 　共同担保である旨の登記のない甲土地と乙土地の根抵当権を、共同根抵当
□□□　権とする変更の登記を申請することはできない。

Q 9 　甲土地および乙土地に累積根抵当を設定している場合に、丙土地に根抵当
□□□　権の追加設定をすることにより、甲・乙・丙の各土地を共同担保とすること
　　　ができる。

Q 10 　甲土地および乙土地に設定した共同根抵当権を、共同担保の関係にない累
□□□　積根抵当に変更することができる。

Q 11 　甲土地および乙土地に共同根抵当権を設定している場合、甲土地のみの追
□□□　加担保として、丙土地に共同根抵当権の追加設定の登記を申請することはで
　　　きない。

Q 12 　同一の登記所の管轄区域内にある甲土地および乙土地を目的として共同根
□□□　抵当権の設定の登記を申請するときの登記の目的は、「共同根抵当権設定」で
　　　ある。

A 6 ◯　　そのとおり（民法398条の16）。同一の債権を担保するために数個の不動産に根抵当権を設定しても、共同担保である旨の登記をしなければ、それは累積根抵当となる。

> 🐕 **One Point ◆ 共同担保である旨の登記**
>
> 「設定と同時に同一の債権の担保として数個の不動産について根抵当権を設定した旨の登記」を、以下、「共同担保である旨の登記」と表現します。

A 7 ◯　　そのとおり。なお、優先の定めや確定期日は、各不動産で異なっていてもかまわない。

A 8 ◯　　共同担保である旨の登記は、根抵当権の設定と同時でなければすることができず、後になって、これを共同根抵当に変更することはできない（登記研究318P43）。切れているものはつながらないのである。

A 9 ✕　　切れているものをつなげることはできない（先例昭46.10.4-3230）。

A 10 ✕　　共同根抵当を累積根抵当に変更することはできない（登記研究315P75）。つながっているものを切ることもできないのである。

A 11 ◯　　そのとおり（先例昭46.10.4-3230）。この場合、甲土地および乙土地の根抵当権の追加担保として、丙土地に追加設定の登記を申請すべきである。

A 12 ◯　　そのとおり（先例昭46.12.24-3630）。これにより、共同担保である旨の登記を求めるという意味になる。

Q 13 同一の債権を担保するために甲土地および乙土地に累積根抵当の設定仮登記をしている場合、仮登記に基づく本登記をするときに、共同担保である旨の登記をすることができる。

Q 14 甲土地および乙土地で設定日付が異なる場合でも、一の申請情報により、共同根抵当権の設定の登記を申請することができる。

Q 15 登記の目的、登記原因および日付が同一であるときは、同一管轄にある甲土地および乙土地を目的とする累積根抵当の設定の登記を一の申請情報により申請することができる。

Q 16 管轄の異なる甲土地および乙土地を目的とする共同根抵当権について、最初に甲土地の管轄登記所にその設定の登記を申請するときは、申請情報の内容となる不動産の表示は甲土地を提供すれば足り、乙土地の提供を要しない。

③ 共同根抵当権の追加設定

Q 17 根抵当権の債務者の住所に変更があったときは、共同根抵当権の追加設定の登記の前提として、債務者の住所の変更の登記を申請しなければならない。

Q 18 地番変更を伴わない行政区画の変更により根抵当権の債務者の住所に変更が生じているときは、債務者の住所の変更の登記をしなければ、共同根抵当権の追加設定の登記を申請することができない。

A 13 ○　そのとおり（登記研究527P173）。共同根抵当権設定の仮登記を
することはできないが、累積根抵当の仮登記の後、本登記の際に共
同根抵当とすることができる。この場合の登記の目的は、「共同根抵
当権設定（何番仮登記の本登記)」となる。

リンク ➡ **Part 1 Chapter 3 Section 3** Ⓠ **32**

A 14 ○　共同担保に関する登記は、登記の目的が同一であれば一括申請を
することができる（不動産登記規則35条10号、先例昭39.3.7-
588)。

A 15 ✗　累積根抵当については、一括申請をすることができない（先例昭
46.10.4-3230)。

A 16 ○　そのとおり。各不動産で管轄が異なるときは、最初に単発の根抵
当権として設定の登記をした後、追加設定の形で、他管轄の不動産
に共同根抵当権の設定の登記をする段取りとなる。共同抵当権の場
合と比較しよう。

リンク ➡ **Chapter 7 Section 1** Ⓠ **31**

A 17 ○　そのとおり（登記研究325P72)。「根抵当権者」「極度額」「債権
の範囲」「債務者」のピタリ一致が、共同根抵当権の追加設定の要件
である。

A 18 ✗　地番変更を伴わない行政区画の変更は公知の事実であるため、債
務者の住所の変更の登記を要しない（先例平22.11.1-2759)。

Part
2

各種の登記

Q 19 管轄の異なる不動産に共同根抵当権の追加設定の登記を申請するときは、既登記の根抵当権の記録のある登記事項証明書の提供を要する。

Q 20 甲土地の根抵当権の元本が確定した後でも、それと同一の債権を担保するために、乙土地に共同根抵当権の追加設定の登記を申請することができる。

A 19 ◯ 不動産の管轄が異なるときは、ピタリ一致の証明文書として、登記事項証明書の提供を要する（前登記証明書　不動産登記令別表56）。これは必須の書面である。また、この書面の提供により、登録免許税が不動産１個につき金1500円となる（登録免許税法13条２項）。

One Point◆ 共同抵当権

　共同抵当権の追加設定の場合、この前登記証明書の提供には、減税証明の意味しかないこととよく比較しておきましょう。

リンク Chapter 7 Section 1 **Q** 37

A 20 ✕ 元本確定後は、共同根抵当権の追加設定をすることができないため、その登記を申請することはできない（先例平1.9.5-3486）。

急所 1 主な先例等

根抵当権の設定の登記に関する主な先例等を整理しておこう。

① 債権の範囲を「債務者の不法行為による損害賠償債権」と定めることはできない（登記研究306P48）。

② 共有根抵当権の設定の登記を申請するときは、各共有者の持分の提供を要しない（不動産登記令3条9号カッコ書、先例昭46.10.4-3230）。

③ 共同根抵当権の設定の登記を申請するときは、登記の目的として「共同根抵当権設定」と提供する（先例昭46.12.24-3630）。

④ 共同根抵当権の設定登記を申請するとき（追加設定の場合を含む）は、すべての不動産の根抵当権について「極度額」「債権の範囲」「債務者」が同一であることを要する。これに対し、確定期日や優先の定めは、各不動産で異なっていてもよい。

⑤ 既登記の根抵当権の根抵当権者、極度額、債権の範囲、債務者の表示に変更が生じているときは、共同根抵当権の追加設定の登記の前提として、各事項の変更の登記を要する（登記研究318P41、325P72等）。

⑥ 地番変更を伴わない行政区画の変更により、既登記の根抵当権の債務者の住所に変更が生じているときは、共同根抵当権の追加設定の登記の前提として、債務者の住所の変更の登記を要しない（先例平22.11.1-2759）。

⑦ 元本が確定した根抵当権について、確定後の設定契約に基づく共同根抵当権の追加設定の登記を申請することはできない（先例平1.9.5-3486）。

急所 2 申請情報例

根抵当権の設定の登記の申請情報例である。

【申請情報例】

登記の目的	根抵当権設定
原　　因	年月日設定
極　度　額	金1000万円
債権の範囲	銀行取引、手形債権、小切手債権、電子記録債権
債　務　者	何市何町何番地　　A
根抵当権者	何市何町何番地
	株式会社Ｘ銀行
	（会社法人等番号　1234-56-789012）
	代表取締役　甲
設　定　者	何市何町何番地
	A
添　付　情　報	登記原因証明情報　　登記識別情報　　会社法人等番号
	印鑑証明書　　代理権限証明情報
登録免許税	（極度額の1000分の4）

＊　共同根抵当権の追加設定の登記を申請するときの登記の目的は、「共同
根抵当権設定（追加）」である。

＊　絶対的登記事項は、極度額、債権の範囲、債務者である。

Section 2 根抵当権の変更の登記

1 極度額の変更

Q 1 根抵当権の極度額の変更の登記は、常に付記登記によってする。

Q 2 「年月日変更」を原因とする根抵当権の極度額の変更の登記は、元本確定前に限り、申請することができる。

Q 3 根抵当権の極度額を変更する契約の後に、利害関係人の承諾を得たときでも、極度額の変更の登記の登記原因日付は、契約の日である。

Q 4 根抵当権の極度額を増額する変更の登記を申請するときは、後順位の抵当権者のほか、後順位の所有権の仮登記名義人の承諾を証する情報の提供を要する。

Q 5 根抵当権の極度額の増額変更の登記を申請する場合、後順位の用益権者は、利害関係人に当たる。

Q 6 根抵当権の極度額を減額する変更の登記を申請する場合、その根抵当権を目的とする転抵当権者は、利害関係人に当たる。

Q 7 極度額の変更の登記の登録免許税は、増額変更、減額変更のいずれの場合も、不動産1個につき金1000円である。

Q 8 根抵当権の極度額を増額する変更登記が完了したときは、申請人に登記識別情報が通知される。

A 1 ○ 　利害関係人がいるときは、その承諾を証する情報を提供しなければ極度額の変更の登記を申請することができないため、常に付記登記となる。

A 2 ✕ 　「年月日変更」を原因とする極度額の変更の登記は、元本確定の前後を問わず申請することができる（民法398条の5参照）。

A 3 ✕ 　登記原因の日付は、承諾の日にズレる（先例昭46.12.24-3630）。極度額の変更への利害関係人の承諾は、登記原因の効力発生の要件である。

A 4 ○ 　いずれも利害関係人に当たるので、その承諾を証する情報の提供を要する。

A 5 ✕ 　用益権者は、利害関係人に当たらない（登記研究460P105）。

> 🐕 **One Point ◆ 増額変更の利害関係人**
>
> 以下の者が、極度額の増額変更の利害関係人の例です。
> 1　同順位、後順位の担保権者
> 2　後順位の所有権の仮登記名義人
> 3　後順位の所有権の差押債権者等
> 4　極度額を増額する根抵当権に順位譲渡等をしている先順位抵当権者

A 6 ○ 　転抵当権者のほか、根抵当権の被担保債権の差押債権者などが、極度額の減額変更の利害関係人である。

A 7 ✕ 　極度額の増額変更の登記の登録免許税は、増加した極度額に1000分の4を乗じた額となる。減額変更についての記述は正しい。

A 8 ✕ 　極度額の増額変更は、根抵当権の追加設定の実質を有するが、これにより登記名義人となる者がいないため、登記識別情報は通知されない。

Q 9 根抵当権の極度額の増額予約を原因とする根抵当権の変更請求権保全の仮登記を付記登記によってする場合において、登記上の利害関係を有する第三者がいるときは、その承諾を証する情報を提供しなければならない。

Q 10 未成年者所有の不動産に、親権者を債務者とする根抵当権の設定の登記をした後、根抵当権の極度額の増額の変更の登記を申請するときは、特別代理人の選任の審判があったことを証する情報の提供を要する。

2 債権の範囲の変更

Q 11 根抵当権の債権の範囲の変更の登記は、常に付記登記によってする。

Q 12 根抵当権の債権の範囲の変更の登記の申請人は、常に、根抵当権者が登記権利者、根抵当権設定者が登記義務者となる。

Q 13 元本の確定前に根抵当権の債権の範囲を変更する合意が成立していたときは、元本の確定後であっても、その変更の登記を申請することができる。

Q 14 元本確定前の根抵当権の債権の範囲を「A取引」から「A取引、B取引」と変更したときは、根抵当権の変更の登記の申請情報の変更後の事項として、追加したB取引のみ記載すれば足りる。

3 合意による債務者の変更

Q 15 「年月日変更」を原因とする根抵当権の債務者の変更の登記は、元本の確定前に限り申請することができる。

Q 16 変更により債務者が縮減することが形式的にあきらかであるときは、根抵当権の設定者が、債務者の変更の登記の登記権利者となる。

A 9 ◯　そのとおり。根抵当権の極度額の変更の本登記は常に付記登記で実行するため、その仮登記も付記登記であることを要するためである（先例昭41.3.29-158）。

A 10 ◯　極度額の増額変更は増額分につき新たに根抵当権を設定することと同視できるので、利益相反行為に当たる。なお、未成年者を株式会社、親権者を取締役に置き換えると、会社と取締役の利益相反取引の問題となり、取締役会（株主総会）の承認を要する。

A 11 ◯　利害関係人が存在しないため、常に付記登記によってする（民法398条の４第２項、不動産登記規則３条２号）。このことは、根抵当権の債務者の変更についても、そのまま当てはまる。

A 12 ✕　変更により債権の範囲が縮減することが形式的にあきらかであるときは、設定者が登記権利者、根抵当権者が登記義務者となる（先例昭46.10.4-3230）。このケース以外は、根抵当権者が登記権利者、設定者が登記義務者となる。

A 13 ✕　根抵当権の債権の範囲の変更登記は、元本確定前に限り、申請することができる。たとえ、合意が成立していても、元本確定前に登記をしなかったときは、その変更をしなかったものとみなされる（民法398条の４第１項、３項）。

A 14 ✕　Ｂ取引の記載のみでは足りない。変更のないＡ取引も含めて、変更後の債権の範囲の全部（Ａ取引、Ｂ取引）の記載を要する（先例昭46.12.24-3630参照）。

A 15 ◯　そのとおり（民法398条の４第１項後段）。また、元本確定前にその旨の登記をしなかったときは、変更がなかったものとみなされることも、債権の範囲の変更のケースと同じである（民法398条の４第３項）。

A 16 ◯　そのとおり（登記研究405P91）。本問のケース以外は、根抵当権者が登記権利者、設定者が登記義務者となる。

Q 17 元本確定前の根抵当権の債務者を追加的に変更したときは、根抵当権の変更の登記の申請情報の変更後の事項として、変更後の債務者の全員を記載しなければならない。

Q 18 未成年者を債務者兼設定者とする元本確定前の根抵当権の債務者を、未成年者からその親権者に変更することは、利益相反行為に当たる。

Q 19 元本確定前の根抵当権の債務者をAからBに変更すると同時に、Aの債務をBが引き受けたときは、その債務は、根抵当権によって当然に担保される。

④ 共同根抵当の変更

Q 20 共同根抵当権の極度額、債権の範囲、債務者に変更があったときは、すべての不動産に変更の登記をしなければ、その効力を生じない。

Q 21 甲土地および乙土地に共同根抵当権を設定した後、甲土地の根抵当権のみ債権の範囲の変更の登記をしたときは、乙土地についても変更の登記をした後でなければ、極度額の変更の登記を申請することができない。

Q 22 甲土地に設定した共同根抵当権の極度額の増額変更の登記をした後、管轄の異なる乙土地の根抵当権の極度額の増額変更の登記を申請する場合において、甲土地の登記事項証明書を提供したときは、その登録免許税は金1500円となる。

A 17 ◯ 　そのとおり。たとえば、債務者をAからAおよびBに変更したときは、変更後の事項として「債務者　A、B」と変更後の債務者の全員の記載を要する（先例昭46.12.24-3630）。

A 18 ◯ 　債務者を親権者に変更することは、親がする取引により生じる債務を子が物上保証することを意味するため、親と子の利益相反行為に当たる。

> 🐕 **One Point ◆ 会社と取締役の利益相反取引**
>
> 　本事案の未成年者を株式会社、親権者を取締役に置き換えれば、同じく利益相反取引の問題を生じます。この点は、Part 1で学習済みですから、リンク先を振り返っておきましょう。

🔗**リンク** ➡ Part 1 Chapter 2 Section 2 Q 31

A 19 ✗ 　当然には担保されない。これを担保させるためには「年月日債務引受（旧債務者A）に係る債権」を債権の範囲に加える変更の登記の申請を要する（登記研究372P81参照）。

A 20 ◯ 　そのとおり（民法398条の17第1項）。この場合、登記の目的を「何番共同根抵当権変更」と提供して、根抵当権の変更の登記を申請する（先例昭46.12.24-3630）。

A 21 ✗ 　乙土地に変更の登記をしていなくても、極度額の変更の登記をすることができる（登記研究502P157）。変更の登記に、ピタリ一致の必要性はない。

A 22 ◯ 　共同根抵当権の極度額の増額変更の登記を申請するときにも、登録免許税法13条2項の規定が適用になる（登記研究391P111）。

5 根抵当権の変更と一括申請

Q 23 甲土地に設定した根抵当権の極度額と債務者を変更した場合、その登記原因の日付が異なるときでも、一の申請情報により変更の登記を申請することができる。

A 23 ✘ 　登記原因の日付が相違するときは、一括申請できない（登記研究 451P126、不動産登記規則35条9号）。

> **One Point◆ 共同根抵当権の変更**
>
> 　甲土地、乙土地に設定した共同根抵当権の極度額を変更した場合、各不動 産で登記原因の日付が相違するときでも、登記の目的が同一であれば、一括 申請をすることができます（不動産登記規則35条10号）。共同根抵当の事 案と、本問の事案をよく区別しておきましょう。

Chapter 8
～根抵当権の変更の登記～

急所1 主な先例等

根抵当権の変更の登記に関する主な先例等を整理しておこう。

① 極度額の変更の登記は、元本の確定の前後を問わずすることができる（民法398条の5）。

② 極度額の変更の契約よりも後に、利害関係人の承諾を得たときは、承諾の日が登記原因日付となる（先例昭46.12.24-3630）。

③ 極度額、債権の範囲、債務者の変更の登記は、常に付記登記によってする。

④ 根抵当権の債権の範囲、債務者を変更したが、元本の確定前に登記をしなかったときは、その変更をしなかったものとみなされる（民法398条の4第3項）。

⑤ 債権の範囲の変更の登記は、原則として、根抵当権者を登記権利者として申請するが、変更により債権の範囲が縮減することが形式的にあきらかであるときは、設定者を登記権利者、根抵当権者を登記義務者として申請する（先例昭46.10.4-3230）。

⑥ 根抵当権の債務者の変更の登記を申請する場合に、所有権の登記名義人が登記義務者となるときは、申請情報と併せて、登記義務者の印鑑証明書の提供を要する。

⑦ 共同根抵当権の担保すべき債権の範囲、債務者、極度額の変更は、共同根抵当権を設定しているすべての不動産について登記をしなければ、その効力を生じない（民法398条の17第1項）。

急所 2 申請情報例

根抵当権の債務者をAからBに変更したときの申請情報例である。

【申請情報例】

登記の目的	何番根抵当権変更
原　　　因	年月日変更
変更後の事項	債務者　何市何町何番地
	B
権　利　者	何市何町何番地
	X
義　務　者	何市何町何番地
	A
添　付　情　報	登記原因証明情報　登記識別情報　印鑑証明書
	代理権限証明情報
登録免許税	金1000円

＊　共同根抵当権の場合は、登記の目的を「何番共同根抵当権変更」と提供
する。

＊　所有権の登記名義人が登記義務者であるときは、原則どおり、作成後3
か月以内の登記義務者の印鑑証明書の提供を要する（不動産登記令16条、
18条）。

リンク→ Chapter 7 Section 3 Q 5

① 元本確定前の債務者の相続・基本

Q 1 　元本確定前の根抵当権の債務者に相続が開始した場合において、相続の開
□□□ 始後6か月以内に指定債務者の合意の登記をしないときは、根抵当権の元本
は、相続開始後6か月を経過した時に確定したものとみなされる。

Q 2 　元本確定前の根抵当権の債務者に相続が開始した後6か月以内に指定債務
□□□ 者の合意をしたときは、相続開始後6か月以内に合意の登記をしなくても、
根抵当権の元本は確定しない。

Q 3 　根抵当権の債務者の相続人が1人であるときは、指定債務者の合意の登記
□□□ を要しない。

Q 4 　根抵当権の債務者と根抵当権設定者が異なる場合、債務者に相続が開始し
□□□ たことによる指定債務者の合意は、根抵当権者と債務者の相続人との間です
る。

Q 5 　根抵当権の債務者の相続による変更の登記と指定債務者の合意による変更
□□□ の登記は、一の申請情報によって申請することはできない。

Q 6 　指定債務者の合意の登記は、相続による債務者の変更の登記をした後でな
□□□ ければ、申請することができない。

② 元本確定前の債務者の相続・応用

Q 7 　相続による債務者の変更の登記をしたが、指定債務者の合意の登記をして
□□□ いないときは、相続開始後6か月を経過する前であっても、債権の範囲の変
更の登記を申請することができない。

Q 8 　根抵当権の債務者に相続が開始した後、合意の登記をする前に、確定期日
□□□ の到来により元本が確定したときは、相続開始後6か月を経過する前であっ
ても、指定債務者の合意の登記を申請することはできない。

A 1 ✗　最後の一文が誤り。相続開始の時に確定したものとみなされる（民法398条の8第4項）。

A 2 ✗　合意をしただけではダメである。6か月以内に登記をしなければ、相続開始の時に根抵当権の元本は確定する（民法398条の8第4項）。

A 3 ✗　相続人が1人であっても、合意の登記をしなければ、根抵当権の元本は相続開始の時に確定する（登記研究369P81）。

A 4 ✗　合意の当事者は、根抵当権者と根抵当権設定者である（民法398条の8第2項）。なお、指定債務者は1人である必要はなく、複数定めてもかまわない。

A 5 ○　登記原因が相違するため、一括申請は不可である（登記研究327P31）。

A 6 ○　そのとおり。指定債務者は、相続による債務者の変更登記において債務者として登記した者であることを要するためである（先例昭46.12.24-3630）。

A 7 ○　元本が確定するかどうかが不明の間は、元本確定前にのみすることができる登記を申請することはできない。同様に、この期間は、元本確定後にのみすることができる登記も申請できない。

A 8 ✗　他の元本確定事由により元本が確定した場合でも、相続開始後6か月以内であれば、指定債務者の合意の登記をすることができる。合意の登記により、相続開始後、他の事由により確定するまでの間に発生した債務を根抵当権によって担保させることができるためである。

Q 9　債務者ＡＢのうち、Ａが死亡して、その相続開始後6か月以内に指定債務者の合意の登記をしなかったときは、根抵当権の元本は確定する。

Q 10　債務者兼設定者のＡが死亡して、Ｂとその親権に服する子Ｃが相続したため、抵当不動産にＣを所有者とする相続登記をした後、Ｂを指定債務者とする合意をすることは、利益相反行為に当たる。

Q 11　相続による債務者の変更の登記、指定債務者の合意の登記をした根抵当権と同一の債権を担保するために、共同根抵当権の追加設定の登記を申請することができる。

Q 12　指定債務者の合意の登記をした後に、共同根抵当権の追加設定の登記を申請するときは、債務者として指定債務者のみを提供すればよい。

③　根抵当権の債務者の合併、会社分割

Q 13　元本確定前の根抵当権の債務者に合併があったことによる債務者の変更の登記は、根抵当権者と根抵当権の設定者が共同して申請することを要する。

Q 14　元本確定前の根抵当権の債務者を分割会社とする会社分割があったときは、分割契約の内容にかかわらず、債務者を分割会社および承継会社とする変更の登記を申請しなければならない。

A 9 ✗ 　根抵当権の債務者が複数いるときは、すべての債務者について確定事由が生じなければ、根抵当権の元本は確定しない（登記研究515P254）。

A 10 ◯ 　親権者を指定債務者とすることは、親の取引を子が物上保証することを意味するため、利益相反行為に当たる（登記研究304P73）。

A 11 ◯ 　合意の登記により根抵当権の元本は確定しないから、その根抵当権の追加設定の登記を申請することができる。

A 12 ✗ 　指定債務者のみでは足りない（先例昭62.3.10-1083）。

> 🐕 **One Point ◆ 具体例**
>
> 　本問の事案で追加設定する根抵当権の債務者の表示は、次のようになります（住所の記載省略）。
> 　　　債務者（Ａ（年月日死亡）の相続人）
> 　　　　　　　　　　Ｂ
> 　　　　　　　　　　Ｃ
> 　　　指定債務者（年月日合意）　Ｃ

A 13 ◯ 　そのとおり。合併を原因とする「変更」の登記は、原則どおり共同申請によってする。

> 🐕 **One Point ◆ 債務者の合併、会社分割**
>
> 　根抵当権者、債務者の合併や会社分割に関し、本書では、不動産登記法に関わりの深い事項を選んで作問しています。記述式の試験では、民法398条の9第3〜5項が問題となりやすいですが、この規定をはじめ、民法と関わりの深い事項については、「新・でるトコ民法」をご参照ください。

A 14 ◯ 　そのとおり（先例平13.3.30-867）。

Part 2

各種の登記

④ 確定期日の変更

Q 15 元本の確定期日を変更した場合でも、その変更前の期日よりも前に登記を
☐☐☐ しなかったときは、根抵当権の元本は、その変更前の期日に確定する。

Q 16 元本の確定期日を繰り上げる変更の登記を申請するときは、根抵当権設定
☐☐☐ 者が登記権利者となる。

A 15 ◯ 　そのとおり（民法398条の6第4項）。変更の登記をしなければ、合意は無意味なものとなる。

> **One Point ◆ 元本の確定**
>
> 　確定期日の定めは、登記事項です（不動産登記法88条2項3号）。そのため、登記記録上の元本の確定期日が到来すれば、その根抵当権は、登記記録上元本の確定があきらかとなります。

A 16 ◯ 　元本が確定することは設定者にとって有利と考えられているため、確定期日を繰り上げる（早く確定する）ときは、設定者が権利者となる。確定期日の変更登記の申請において、これ以外のパターンは、すべて根抵当権者が登記権利者、設定者が登記義務者となる。

Chapter 8
～根抵当権の債務者の相続～

急所 1 主な先例等

債務者の相続、合併などについての主な先例等を整理しておこう。

① 指定債務者の合意の当事者は、根抵当権者と根抵当権設定者である（民法398条の8第2項）。

② 元本確定前の根抵当権の債務者に相続が開始した場合において、相続の開始後6か月以内に合意の登記をしないときは、根抵当権の元本は、相続開始の時に確定したものとみなされる（民法398条の8第4項）。

③ 相続による債務者の変更の登記と指定債務者の合意の登記は、一の申請情報により申請することはできない（登記研究327P31）。

④ 元本確定前の根抵当権の債務者に合併または会社分割があったため、根抵当権設定者が元本の確定請求をしたときは、根抵当権の元本は、合併または会社分割の時に確定したものとみなされる（民法398条の9第4項、398条の10第3項）。

⑤ 元本確定前の根抵当権の債務者に合併または会社分割があった場合において、債務者が根抵当権設定者であるときは、根抵当権設定者は、元本の確定請求をすることができない（民法398条の9第3項、398条の10第3項）。

⑥ 根抵当権設定者が、合併または会社分割のあったことを知った日から2週間を経過したとき、または、合併、会社分割の日から1か月を経過したときは、根抵当権設定者は、元本の確定請求をすることができない（民法398条の9第5項、398条の10第3項）。

急所 2 申請情報例

根抵当権の指定債務者の合意の登記の申請情報例である。

【申請情報例】

登記の目的	何番根抵当権変更
原　　　因	年月日合意
指定債務者	何市何町何番地 　　　A
権　利　者	何市何町何番地 　　　X
義　務　者	何市何町何番地 　　　Y
添 付 情 報	登記原因証明情報　　登記識別情報　　印鑑証明書 代理権限証明情報
登録免許税	金1000円

＊　指定債務者の合意による変更の登記の前提として、相続による根抵当権
　の債務者の変更の登記を申請することを要する。

＊　指定債務者は1人である必要はなく、複数の相続人を指定してもよい。

＊　指定債務者は、相続による債務者の変更の登記において、債務者として
　登記した者でなければならない（先例昭46.12.24-3630）。

Section 4 根抵当権の移転の登記

1 全部譲渡

Q 1　全部譲渡による根抵当権の移転の登記を申請するときは、申請情報と併せて、根抵当権設定者の承諾を証する情報の提供を要する。

Q 2　根抵当権の全部譲渡の契約の日よりも後に、根抵当権設定者の承諾を得たときは、譲渡による根抵当権の移転の登記の登記原因日付は、承諾を得た日となる。

Q 3　全部譲渡による根抵当権の移転の登記は、元本確定前でなければ申請することができない。

Q 4　全部譲渡による根抵当権の移転の登記の登録免許税は、極度額に1000分の2を乗じて得た額である。

Q 5　元本確定前のＸの根抵当権を、その債権の範囲に属する特定債権とともに、Ｙが譲り受けたときは、その債権は、譲渡後のＹの根抵当権によって当然に担保される。

Q 6　全部譲渡による共同根抵当権の移転の登記を申請する場合に、各不動産で登記原因の日付が異なるときは、一の申請情報によって申請することができない。

2 一部譲渡

Q 7　根抵当権者が、根抵当権設定者の承諾を得て、元本確定前の根抵当権を一部譲渡したときは、譲受人と根抵当権を共有することとなる。

Q 8　一部譲渡による根抵当権の一部移転の登記を申請するときは、申請情報の内容として、持分の提供を要しない。

A 1 ○　根抵当権の譲渡には、必ず根抵当権設定者の承諾を要する（民法398条の12第1項）。そのため、申請情報として、その承諾を証する情報を提供する（不動産登記令7条1項5号ハ）。

A 2 ○　設定者の承諾は、譲渡の効力発生要件であり、契約の日よりも後に承諾を得たときは、登記原因の日付が承諾の日にズレる（先例昭46.12.24-3630）。

A 3 ○　根抵当権の全部譲渡のほか、分割譲渡、一部譲渡のいずれも、元本の確定前に限りすることができる（民法398条の12第1項・2項、398条の13）。

A 4 ○　そのとおり。

A 5 ✕　当然には担保されない。これを譲渡後のYの根抵当権によって担保するためには、「年月日債権譲渡（譲渡人X）にかかる債権」を債権の範囲に追加する変更の登記を要する。

A 6 ✕　共同根抵当権については、登記の目的が同一であれば、各不動産で登記原因の日付が異なっていても一括申請可能である（不動産登記規則35条10号）。

A 7 ○　一部譲渡により、根抵当は共有となる（民法398条の13カッコ書）。

A 8 ○　元本確定前の根抵当権には持分の概念がないため、その提供を要しないのである。共有根抵当を設定する場合と同じである。

リンク Chapter 8 Section 1 **Q** 4

Q 9　一部譲渡による根抵当権の一部移転の登記の登録免許税は、極度額に1000分の2を乗じた額である。

③ 共有根抵当と債権の範囲の変更

Q 10　ＸＹ共有の根抵当について、Ｘの債権の範囲のみを変更したときでも、申請情報の内容として、変更のないＹのものも含めて債権の範囲のすべてを提供することを要する。

Q 11　ＸＹ共有の根抵当について、Ｘの債権の範囲のみを変更したときの根抵当権の変更の登記は、Ｘと根抵当権設定者が共同して申請する。

④ 分割譲渡

Q 12　転抵当権の目的となっている元本確定前の根抵当権を分割譲渡するためには、根抵当権設定者の承諾のほか、転抵当権者の承諾を要する。

Q 13　転抵当の目的となっている元本確定前の根抵当権を全部譲渡するときは、根抵当権設定者の承諾のほか、転抵当権者の承諾を要する。

A 9　✗　　正しくは、極度額を一部譲渡後の共有者の数で割った額に、1000分の2を乗じた額である。たとえば、極度額1000万円の根抵当権をXがYに譲渡したとすると、1000万円を一部譲渡後の共有者の数2で割った額500万円×1000分の2で、金1万円となる。

> 🐕 **One Point◆ 登録免許税・発展**
>
> 　一部譲渡の譲受人が数人いるときの登録免許税は、①「極度額を譲渡後の共有者の数で割った額」に、②「譲受人の人数」を乗じた額を課税価額として、それに、③1000分の2を乗じて得た額となります。極度額3000万円の根抵当権を、X→YZに一部譲渡した例に具体的に当てはめると、①3000万÷3＝1000万、②1000万×2＝2000万、③2000万×1000分の2＝4万円となります。

A 10　○　　そのとおり（先例昭46.12.24-3630）。変更のないものも含めて、全部書き換えることを要する。

A 11　✗　　共有根抵当権の変更に当たるため、共有者の全員（XY）と設定者が共同して申請することを要する（先例昭46.12.24-3630、登記研究524P167）。

A 12　○　　転抵当は、譲り渡した根抵当について消滅することから、転抵当権者の承諾を要する（民法398条の12第2項・3項）。また、設定者の承諾と転抵当権者等の承諾は効力発生要件であるため、契約よりも後に承諾を得たときは、承諾の日に登記原因の日付がズレる。

A 13　✗　　転抵当権者の承諾を要するのは、分割譲渡をするときのみであり、全部譲渡・一部譲渡においてはその承諾を要しない。

Q 14 根抵当権の分割譲渡の登記の登録免許税は、分割譲渡する根抵当権の極度額に1000分の2を乗じた額である。

Q 15 根抵当権の分割譲渡の登記は、付記登記によってする。

Q 16 分割譲渡後の1番（い）根抵当権の極度額を増額するときは、1番（あ）根抵当権の根抵当権者の承諾を要しない。

Q 17 1個の根抵当権を3個の根抵当権に分割して譲渡することはできない。

⑤ 共有根抵当権の権利の譲渡

Q 18 ＸＹが共有する元本確定前の根抵当権を、ＸＹが共同して、Ｚに一部譲渡することができる。

Q 19 ＸＹが共有する元本確定前の根抵当権のＸの権利のみを、Ｚに分割譲渡することができる。

Q 20 ＸＹが共有する元本確定前の根抵当権について、Ｘがその権利を譲渡するときは、根抵当権設定者の承諾のほか、他の共有者Ｙの同意を要する。

Q 21 根抵当権の共有者の一方が、その権利を放棄したことによる権利移転の登記を申請するときは、設定者の承諾および他の共有者の同意を証する情報の提供を要しない。

Q 22 ＸＹ共有の根抵当を1回の申請で、Ｘ、Ｙそれぞれ単有の根抵当とすることができる。

A 14 ○　そのとおり。たとえば、極度額5000万円の根抵当権を3000万円と2000万円に分割して、2000万円の根抵当権を譲渡するときの登録免許税は、2000万円の1000分の2で金4万円となる。

A 15 ✕　譲渡した根抵当権と同一の順位番号を付した主登記によってする。

A 16 ✕　同順位の根抵当権者は、極度額の増額変更の利害関係人である。以下のリンク先を確認してみよう。

リンク➡ Section 2 **Q** 5 One Point

A 17 ○　そのとおり。条文にも「2個の根抵当権に分割して」とハッキリ書いてある（民法398条の12第2項参照）。3個に分割するためには、分割譲渡を2回繰り返すしかない。

A 18 ○　根抵当権の共有者の全員が譲渡人となるときは、全部譲渡のほか、一部譲渡、分割譲渡のいずれも可能である（登記研究314P67）。

A 19 ✕　根抵当権の共有者の権利については、全部譲渡のみすることができる（先例昭46.10.4-3230）。分割譲渡や一部譲渡をすることは、権利関係が複雑となるため認められない。

A 20 ○　そのとおり（民法398条の14第2項）。設定者の承諾、他の共有者の同意は、実体上の効力要件であり、契約の日よりも承諾・同意の日が後であるときは、登記原因の日付がズレる（不動産登記令7条1項5号ハ）。

A 21 ○　そのとおり。承諾、同意のいずれも要しない。

A 22 ✕　1回の申請では不可である。2件の申請を要する。一例として、XYが共同してXに根抵当権を分割譲渡し、その後にXが原根抵当権の権利をYに放棄するといった方式をとることとなる。

Part **2**

各種の登記

Section **5**　元本確定前の根抵当権者の相続、合併等

Q 1　元本確定前の根抵当権者に相続が開始した場合において、相続開始後6か月以内に合意の登記をしないときは、根抵当権の元本は、相続開始の時に確定したものとみなされる。

Q 2　根抵当権者の相続人間の遺産分割協議で、既発生の債権を相続しない旨および指定根抵当権者となる意思がない旨をあきらかにした者は、相続による根抵当権の移転の登記の申請人とならない。

Q 3　根抵当権者の相続人ABCのうち、指定根抵当権者をAとする合意の登記は、Aと根抵当権設定者が共同して申請する。

Q 4　元本確定前の根抵当権者に会社分割があったときは、分割契約の内容にかかわらず、会社分割を原因として、承継会社への根抵当権の一部移転の登記を申請しなければならない。

Q 5　会社分割を原因として根抵当権の一部移転の登記を申請するときは、登記原因証明情報として、承継会社の登記事項証明書のほか分割契約書の提供を要する。

Q 6　会社分割を登記原因とする根抵当権の一部移転登記を申請するときは、根抵当権設定者の承諾を証する情報の提供を要する。

A 1 ○　債務者に相続が開始した場合と結論に相違はない（民法398条の8第4項）。

A 2 ○　そのとおり（先例昭46.12.27-960）。逆にいうと、指定根抵当権者となる意思がない旨をあきらかにしていない者は、たとえ既発生の債権を相続しないときでも、申請人となることを要するのである。

A 3 ✕　ＡＢＣの全員が登記権利者として申請することを要する（先例昭46.10.4-3230）。

A 4 ○　そのとおり（先例平13.3.30-867）。根抵当権は、会社分割により法律上当然に共有根抵当となるためである（民法398条の10第1項）。

A 5 ✕　承継会社の登記事項証明書のみでよい（先例平17.8.8-1810）。根抵当権は、会社分割により当然に共有となるため、分割契約書の提供を要しない。所有権の移転の場合と異なるので、よく比較しておこう。

 リンク Chapter 3 **Q** 11

> 🐕 **One Point◆ 会社法人等番号**
>
> 承継会社（設立会社）の会社法人等番号を提供したときは、登記事項証明書の提供に代えることができます（先例平27.10.23-512）。

A 6 ✕　根拠規定が存在しないため、その提供を要しない（登記研究640P163）。一部譲渡による根抵当権の一部移転の登記のケースと混同しないように注意しよう。

Chapter 8
～根抵当権の全部譲渡・分割譲渡・一部譲渡等～

急|所|1| 主な先例等

全部譲渡以下の主な先例等を整理しておこう。

① 根抵当権の全部譲渡、分割譲渡、一部譲渡は、いずれも元本の確定前に限りすることができる（民法398条の12第1項・第2項、398条の13）。

② 分割譲渡の登記を申請するときは、根抵当権設定者の承諾のほか、転抵当権者等の根抵当権を目的として権利を有する第三者の承諾を証する情報の提供を要する（不動産登記令7条1項5号ハ）。

③ 共同根抵当権について、全部譲渡、分割譲渡、一部譲渡をしたときは、共同担保の目的であるすべての不動産にその登記をしなければ、その効力を生じない（民法398条の17第1項）。

④ 共同根抵当権の全部譲渡、分割譲渡、一部譲渡の登記を申請する場合、各不動産で登記原因の日付が異なるときでも、一の申請情報により申請することができる（不動産登記規則35条10号）。

⑤ 元本確定前の根抵当権について、会社分割を原因として根抵当権の一部移転の登記を申請するときは、登記原因証明情報として、承継会社（設立会社）の登記事項証明書の提供を要する（先例平17.8.8-1810）。

⑥ 会社分割による権利の移転の登記の申請において、承継会社（設立会社）の登記事項証明書の提供を要する場合でも、これらの会社の会社法人等番号を提供したときは、登記事項証明書の提供に代えることができる（先例平27.10.23-512）。

急|所|2| 申請情報例

根抵当権の分割譲渡の登記の申請情報例である。

【申請情報例】

登記の目的	何番根抵当権分割譲渡
原　　　因	年月日分割譲渡
（根抵当権の表示）	
年月日受付第何号	
原　　　因	年月日設定
極　度　額	金1000万円（分割後の原根抵当権の極度額　金1000万円）
債権の範囲	金銭消費貸借取引
債　務　者	何市何町何番地　A
権　利　者	何市何町何番地 　　　　　Y
義　務　者	何市何町何番地 　　　　　X
添付情報	登記原因証明情報　　登記識別情報 承諾を証する情報　　代理権限証明情報
登録免許税	（譲渡した極度額×1000分の2）

＊　共同根抵当権の場合、登記の目的を「何番共同根抵当権分割譲渡」とする。

＊　分割譲渡の登記は、主登記によってする。

Section **6** 優先の定めの登記

Q 1 優先の定めの登記は、根抵当権の共有者の全員が共同して申請しなければ
☐☐☐ ならない。

Q 2 優先の定めの登記は、主登記によってする。
☐☐☐

Q 3 優先の定めの登記をした後、根抵当権の共有者間で優先の定めを変更した
☐☐☐ ときは、その変更の登記を申請することができる。

Q 4 根抵当権の一部譲渡の契約と同時に、譲渡人と譲受人の間で優先の定めを
☐☐☐ したときは、根抵当権の一部移転の登記と優先の定めの登記を一の申請情報
によって申請することができる。

Q 5 AからBへの根抵当権の一部移転の登記、優先の定めの登記をした後、根
☐☐☐ 抵当権の一部移転の登記を抹消したときは、登記官が、優先の定めの登記を
職権で抹消する。

A 1 ◯ 　いわゆる合同申請である（不動産登記法89条2項）。共有者の全員が、根抵当権を取得したときの登記識別情報を提供して申請する。

> 🐕 **One Point ◆ 合同申請**
>
> 　当事者の全員が共同して申請する合同申請の方式で申請するものは、次のとおりです。しっかり思い出しておこう。
> 1　共有物分割禁止の特約による所有権の変更の登記（Chapter 4）
> 2　順位変更の登記（Chapter 7　Section 5）
> 3　優先の定めの登記

A 2 ✗ 　付記登記によってする（不動産登記規則3条2号ニ）。

A 3 ◯ 　「何番根抵当権優先の定め変更」と提供して、変更の登記をすることができる。順位変更の変更登記はすることができないこととよく比較しておこう。

A 4 ✗ 　一部譲渡による根抵当権の一部移転の登記と優先の定めの登記を一括申請することはできない（先例昭46.12.24-3630）。

A 5 ✗ 　根拠規定がないため、登記官が職権抹消することはない（登記研究540P169）。抹消には、当事者の申請を要する。

1 元本の確定全般

Q 1 　根抵当権の元本確定の登記を申請するときは、根抵当権者が登記権利者、根抵当権設定者が登記義務者となる。

Q 2 　根抵当権の元本確定の登記を申請するときは、元本確定時の債権額を提供することを要しない。

Q 3 　根抵当権の元本の確定の登記は、付記登記によってする。

Q 4 　登記記録上、元本の確定が明らかであるときは、元本確定の登記の申請を要しない。

Q 5 　共同根抵当権の目的である甲土地について、登記記録上、根抵当権の元本の確定が明らかであるときは、他の乙土地についても、元本確定の登記を要しない。

Q 6 　相続開始後6か月以内に指定債務者の合意の登記をしなかったときは、相続による債務者の変更の登記をしていなくても、登記記録上、根抵当権の元本の確定が明らかとなる。

Q 7 　根抵当権者による差押えの登記がされているときは、元本確定の登記を要しない。

A 1 ✗　根抵当権設定者が登記権利者、根抵当権者が登記義務者となる。

🐕 One Point ◆ 元本の確定

　本書では、元本の確定につき、不動産登記法と関わりの深いものをピックアップして作問しています。民法と関わりの深いものについては、「新・でるトコ民法」をご参照ください。

A 2 ◯　そのとおり（先例昭46.10.4-3230）。元本確定の登記に特有の登記事項はない。ついでにいうと、元本の確定事由を登記することもない。

A 3 ◯　常に付記登記によってする。

A 4 ◯　根抵当権の元本確定の登記は、元本確定後にしかできない登記の前提登記の意味を有するにすぎない。そのため、登記記録から元本確定が明らかなときは、その登記を要しないのである。

A 5 ✗　乙土地の登記記録上からも、元本確定が明らかでない限り、元本の確定の登記を要する。ここに、「登記記録上、元本の確定が明らかな場合」とは、その不動産の登記記録のみから明らかである場合をいう。

A 6 ✗　債務者の相続による変更の登記をしていなければ、登記記録から元本確定が明らかとはならない。

A 7 ◯　登記記録上、元本の確定が明らかである。

🐕 One Point ◆ 物上代位による差押え

　1号確定のうち、物上代位による差押えについては、登記記録上、元本の確定が明らかとはなりません。これは債権執行の手続にすぎず、その旨の不動産登記をすることがないからです。

Q 8 □□□ XからYへの一部譲渡による根抵当権の一部移転の登記の後、Y名義の差押えの登記がされているときは、元本確定の登記を要しない。

Q 9 □□□ 法人である根抵当権設定者が破産手続開始の決定を受けたときは、元本確定の登記をしなくても、債権譲渡による根抵当権の移転の登記を申請することができる。

Q 10 □□□ 不動産に破産法による否認の登記がされているときは、登記記録上、根抵当権の元本の確定が明らかである。

Q 11 □□□ 元本の確定後に根抵当権の被担保債権を代位弁済した者は、根抵当権者に代位して、設定者と共同して元本の確定の登記を申請することができる。

Q 12 □□□ 根抵当権設定者が元本確定請求をしたときは、根抵当権設定者は、単独で元本の確定の登記を申請することができる。

Q 13 □□□ 根抵当権者が元本の確定請求をしたことにより、単独で元本の確定の登記を申請するときは、元本の確定請求をしたことを証する情報の提供を要する。

Q 14 □□□ 第三者の申立てによって抵当不動産の競売手続が開始したことを知ったことにより根抵当権の元本が確定したときは、根抵当権者は、元本の確定の登記のみを単独で申請することができる。

Q 15 □□□ 債務者が破産手続開始の決定を受けたことにより根抵当権の元本が確定したときは、根抵当権者は、根抵当権を目的とする権利の取得の登記の申請と併せてする場合に限り、元本の確定の登記を単独で申請することができる。

Q 16 □□□ 根抵当権者が単独で元本の確定の登記を申請するときは、申請情報と併せて登記識別情報の提供を要しない。

A 8 ○　　1号確定であり、登記記録上、元本の確定が明らかである（先例平9.7.31-1301）。

A 9 ✕　　前提として、元本確定登記を要する。設定者が法人の場合、その有する不動産に破産手続開始の登記が嘱託されないため、登記記録上から元本の確定が明らかとならない。

A 10 ○　　そのとおり。なお、破産法による否認の登記は、抹消登記そのものではないが、これに近いものであり、主登記で実行する。この点もよく覚えておこう。

A 11 ○　　そのとおり（先例昭54.11.8-5731、昭55.3.4-1196）。債権者が登記義務者に代位するという、めずらしい事案である。

A 12 ✕　　この場合に単独申請を認めた規定はない。根抵当権者が確定請求をしたときは、根抵当権者が単独で元本確定の登記を申請できることと混同しないように注意しよう（不動産登記法93条）。

A 13 ○　　そのとおり（不動産登記令別表61添付情報欄）。具体的には、配達証明付の内容証明郵便がこれに当たる（先例平15.12.25-3817）。

A 14 ✕　　根抵当権またはこれを目的とする権利の取得の登記の申請と併せてすることを要する（不動産登記法93条ただし書）。3号確定のケースでは、元本確定の効果がひっくり返ることがあり、それを封じ込める必要があるためである。

A 15 ○　　そのとおり（不動産登記法93条ただし書）。

> 🐕 **One Point ◆ 添付情報**
>
> 前問と本問の添付情報は、次のとおりです。
> 1　3号確定のケース（不動産登記令別表62添付情報欄）
> ・民事執行法49条2項の規定による催告を受けたことを証する情報
> ・国税徴収法55条の規定による通知を受けたことを証する情報
> 2　4号確定のケース（不動産登記令別表63添付情報欄）
> 　破産手続開始の決定があったことを証する情報

A 16 ○　　そのとおり（登記研究676P183）。一部の例外を除いて、単独申請の場合には、登記識別情報の提供を要しない。

Section **8** 根抵当権の元本確定後の権利変動

1 根抵当権の処分

Q 1 　根抵当権者は、元本の確定の前後を問わず、その根抵当権を他の債権の担保とすることができる。

Q 2 　根抵当権者は、元本が確定する前でも、後順位の抵当権者に順位を譲渡して、その登記を申請することができる。

Q 3 　元本確定前の根抵当権の根抵当権者は、先順位の抵当権者から順位の譲渡を受けることができない。

Q 4 　根抵当権の順位変更の登記は、元本の確定後でなければすることができない。

2 債権譲渡（代位弁済）による根抵当権の移転の登記

Q 5 　債権譲渡を原因とする根抵当権の移転の登記は、元本の確定後に限りすることができる。

Q 6 　元本確定後の根抵当権の債権の全部を譲渡したことによる根抵当権の移転の登記の登録免許税は、極度額を課税価額として、その1000分の2を乗じた額となる。

A 1 ◯ 　他の債権の担保とするとは、要するに転抵当のことである。転抵当は、根抵当権の元本の確定の前後を問わずすることができる（民法398条の11第1項ただし書）。

A 2 ✕ 　元本の確定前は、根抵当権者は、根抵当権の順位の譲渡をすることができない（民法398条の11第1項本文）。根抵当権の譲渡または放棄、順位の譲渡または放棄は、根抵当権の元本確定後にのみ可能な登記である。

A 3 ✕ 　先順位の抵当権者から順位の譲渡や放棄を受けることは可能である。

A 4 ✕ 　元本の確定の前後を問わずすることができる。

> 🐕 **One Point◆ 元本の確定の前後を問わないもの**
>
> 元本の確定の前後を問わず申請できる主な登記は、次のとおりです。
> 1　年月日変更による極度額の変更の登記
> 2　転抵当
> 3　被担保債権の質入れ、差押えの登記
> 4　順位変更の登記
> 5　年月日相続による根抵当権の移転または変更の登記

A 5 ◯ 　債権譲渡、代位弁済を原因とする登記は、元本確定後に限りすることができる。

A 6 ◯ 　確定後の根抵当権の全部の移転の登記を申請する場合、仮に被担保債権の総額が極度額を下回っていても、常に極度額が課税価額となる（登記研究355P90）。

③ 極度額の減額請求、消滅請求

Q 7 減額請求を登記原因とする極度額の変更の登記は、根抵当権の元本が確定した後に限り申請することができる。

Q 8 消滅請求による根抵当権の抹消の登記は、元本の確定の前後を問わず申請することができる。

④ 弁済その他

Q 9 弁済を原因とする根抵当権の抹消の登記は、根抵当権の元本が確定した後に限り申請することができる。

Q 10 根抵当権の元本が確定した後、債務者が被担保債権の一部を弁済したときは、一部弁済による根抵当権の変更の登記を申請することができる。

Q 11 元本確定後のXの根抵当権について、Yへの一部移転の登記をした後に、債務者が、Xの債権を弁済したときは、「Xの債権弁済」を原因として、根抵当権の変更の登記を申請することができる。

A 7　◯　　そのとおり（民法398条の21第１項）。この極度額の減額請求は、債務者兼設定者でもすることができる点を確認しておこう。

A 8　✕　　元本確定後に限り、申請することができる（民法398条の22第１項）。なお、根抵当権の債務者兼設定者は、根抵当権の消滅請求をすることができない（民法398条の22第３項、380条）。前問の減額請求のケースとよく比較しておこう。

A 9　◯　　そのとおり。元本確定前の根抵当には付従性がないから、根抵当権の被担保債権の全額を弁済しても、根抵当権は消滅しない。このため、弁済による根抵当権の抹消の登記は、元本確定後に限り申請できる登記である。

A 10　✕　　一部の弁済によっては、極度額が変更されることもないので、何らの登記も申請することができない。

A 11　◯　　そのとおり（登記研究592P185）。この場合の登記の目的は、「何番根抵当権の根抵当権者をＹとする変更」である。

Chapter 8
〜根抵当権の元本確定〜

急所 1 主な先例等

ここまでの先例等を整理しておこう。

① 共同根抵当権の元本は、1個の不動産についてのみ確定事由が生じたときでも確定する（民法398条の17第2項）。

② 根抵当権の目的である不動産が共有である場合、根抵当権者が元本の確定請求をするためには、共有者の全員に対して通知をすることを要し、その全員に対して通知が到達した時に、その効力が生じる（登記研究698P257）。

③ 仮登記根抵当権について、元本確定の登記を申請することができる（先例平14.5.30-1309）。
→この場合の元本確定登記は本登記であることに注意を要する。

④ 元本の確定が登記記録上明らかな場合は、以下のとおりである。
・元本の確定期日が到来した場合
・根抵当権者または債務者に相続が開始し、相続による根抵当権の移転または債務者の変更の登記をしたが、相続開始後6か月以内に指定根抵当権者または指定債務者の合意の登記をしていない場合
・根抵当権者自身による競売または担保不動産収益執行の申立ての後、差押えの登記がされた場合
・根抵当権者が抵当不動産につき滞納処分による差押えの登記をした場合
・根抵当権設定者（自然人）につき破産手続開始の決定がされて、不動産に破産手続開始の登記がされた場合

急|所|2| 申請情報例

根抵当権の元本確定の登記を共同で申請するときの申請情報例である。

【申請情報例】

登記の目的	何番根抵当権元本確定
原　　　因	年月日確定
権　利　者	何市何町何番地
	A
義　務　者	何市何町何番地
	X
添 付 情 報	登記原因証明情報　　登記識別情報
	代理権限証明情報
登録免許税	金1000円

＊　元本確定の登記を申請するときは、根抵当権設定者が登記権利者、根抵当権者が登記義務者となる。

＊　確定時の債権額や、確定事由の提供を要しない（先例昭46.10.4-3230）。

＊　根抵当権者が単独で元本の確定の登記を申請するときは、登記識別情報の提供を要しない（登記研究676P183）。

＊　元本確定の登記は、常に付記登記によってする。

Section **1** 質権

Q 1 質権の登記の絶対的登記事項は、債権額、債務者の氏名または名称および
□□□ 住所である。

Q 2 違約金の定めは、質権においては登記事項となるが、抵当権においては登
□□□ 記することができない。

Q 3 登記した賃借権を目的として、質権の設定の登記を申請することができる。
□□□

Q 4 質物である不動産を使用収益しない旨の特約を登記することはできない。
□□□

Q 5 債権に付した条件は、質権の登記事項である。
□□□

Q 6 質権の目的である不動産に付加して一体となっている物に効力が及ばない
□□□ 旨の定めは、質権の登記事項とはならない。

Q 7 質権設定の当事者間において、質物保存の費用及び質物の隠れた瑕疵によ
□□□ って生じた損害の賠償を担保しない旨を定めたときは、その定めを登記する
ことができる。

A 1 ○　そのとおり（不動産登記法83条1項1号・2号）。所有権以外の権利については、絶対的登記事項の確認がとにかく基本である。

A 2 ○　違約金の定めは、不動産質権の任意的登記事項である（不動産登記法95条1項3号）。一方、抵当権の登記事項ではない。

A 3 ○　質権は、債権を目的とすることができる（先例昭30.5.16-929）。

A 4 ✗　登記することができる（不動産登記法95条1項6号、民法356条）。

A 5 ○　質権の任意的登記事項である（不動産登記法95条1項4号）。なお、抵当権においても、登記事項である。

A 6 ✗　これも任意的登記事項である（不動産登記法95条1項7号）。なお、抵当権においても、登記事項である。

A 7 ○　設問の特約は、質権の被担保債権の範囲を定めた民法346条ただし書の別段の定めの具体例であり、質権の任意的登記事項である（不動産登記法95条1項5号）。なお、これは質権に特有の登記事項であり、抵当権における登記事項ではない。

Section 2 先取特権

1 登記事項

Q 1 　不動産保存の先取特権の保存の登記の絶対的登記事項は、債権額、債務者
□□□ の氏名または名称および住所である。

Q 2 　不動産工事の先取特権の保存の登記を申請するときは、債権額を提供する
□□□ ことを要する。

Q 3 　利息は、不動産保存の先取特権の保存の登記、不動産工事の先取特権の保
□□□ 存の登記の登記事項である。

2 先取特権の登記手続

Q 4 　建物新築の不動産工事の先取特権の保存の登記を申請するときは、登記義
□□□ 務者の登記識別情報および印鑑証明書の提供を要する。

Q 5 　建物新築の不動産工事の先取特権の保存の登記を申請するときは、図面そ
□□□ の他新築する建物の設計書の内容を証する書面の提供を要する。

Q 6 　建物新築の不動産工事の先取特権の保存の登記が完了した後、建物の建築
□□□ が完了したときは、登記官が、職権で所有権の保存の登記をする。

A 1 ◯　そのとおり（不動産登記法83条1項1号・2号）。

A 2 ✗　債権額ではなく、工事費用の予算額を提供する（不動産登記法85
条）。不動産工事の先取特権は、工事を始める前にその費用の予算額
を登記しなければならないためである（民法338条1項前段）。

A 3 ✗　いずれにおいても、登記事項ではない。なお、不動産売買の先取
特権の保存の登記においては、利息を登記することができる（記録
例326）。

A 4 ✗　いずれの提供も要しない（不動産登記法86条1項）。建物を建て
る前の申請だから、そもそも登記義務者は登記識別情報の通知を受
けていない。また、登記義務者は、所有権の登記名義人にもなって
いないため、印鑑証明書も不要である。

> 🐕 **One Point ◆ 登記義務者**
>
> 　建物新築の不動産工事の先取特権の保存の登記では、「建物の所有者とな
> るべき者」が、登記義務者とみなされます（不動産登記法86条1項）。まだ
> 建物が存在せず、その所有者もいない段階なので、こういう表現になってい
> るというわけです。

A 5 ◯　そのとおり（不動産登記令別表43添付情報欄ロ）。これを基にし
て、登記官が表題部に当たるものを作成して登記記録を開設する。

A 6 ✗　建物の所有者が、遅滞なく、所有権の保存の登記を申請しなけれ
ばならない（不動産登記法87条1項）。登記官が職権でするのでは
ない。

Q 7 附属建物の新築請負による不動産工事の先取特権保存の登記を申請するときは、登記義務者の登記識別情報の提供を要しない。

Q 8 不動産売買の先取特権の保存の登記は、売買による所有権の移転の登記と同時に申請しなければならない。

Q 9 不動産売買の先取特権の保存の登記を申請するときは、登記義務者の登記識別情報の提供を要しない。

A 7 ✕　本事案は附属建物の新築であり、主たる建物が存在する。このため、その建物の所有権の登記名義人が登記義務者となり、登記識別情報および印鑑証明書の提供を要する。

A 8 ◯　2つの申請情報を作成し、同時に申請する。

A 9 ◯　売買による所有権の移転の登記との同時申請だから、登記義務者は所有権の登記名義人ではなく、登記識別情報の通知を受けていない。また、印鑑証明書の提供も要しない。買戻特約と同じ理屈である。

リンク➡ Chapter 6 **Q** 4, 5

Part
2

各種の登記

Chapter 10 用益権に関する登記

Section 1 用益権全般

Q 1 不動産の共有持分を目的として、用益権を設定することができる。

Q 2 地上権の設定の登記の登録免許税は、不動産価額に1000分の10を乗じて得た額である。

Q 3 売買を原因とする地上権の移転の登記の登録免許税の税率は、不動産価額の1000分の2である。

Q 4 地役権の設定の登記の登録免許税は、承役地の不動産価額に1000分の10を乗じた額である。

Q 5 転貸借の登記の登録免許税は、不動産1個につき金1000円である。

Q 6 A所有の甲土地にXのために地上権の設定の登記をした後、甲土地についてAからXへの売買による所有権の移転の登記を申請するときの登録免許税の税率は、不動産価額の1000分の10である。

Q 7 地役権の設定登記後、地役権者が売買により承役地の所有権を取得したため、地役権者への所有権の移転の登記を申請するときの登録免許税は、承役地の不動産価額に1000分の10を乗じた額となる。

A 1 ✕　　設定することはできない（登記研究191P72、309P77等）。地上権、賃借権、地役権、永小作権、採石権のいずれにも共通である。

A 2 ◯　　そのとおり。賃借権や永小作権などの設定も同様である。

A 3 ✕　　税率は、不動産価額の1000分の10である。地上権のほか、永小作権や賃借権、採石権の移転も同様である。なお、相続または合併を原因とする地上権等の移転の登記の税率は、不動産価額の1000分の2である。

A 4 ✕　　承役地1筆につき金1500円である。

A 5 ✕　　不動産価額の1000分の10を乗じて得た額である。

A 6 ◯　　本事案では、登録免許税の税率が、本来の税率の半分となる（登録免許税法17条4項）。この規定は、地上権者がその設定登記を受けた際に、設定分として所有権移動登記の税率の半分を納めているため、半分オマケしようという意味である。なお、この規定は、地上権のほか、永小作権、賃借権、採石権、配偶者居住権の登記名義人に適用がある。

A 7 ✕　　登録免許税は、不動産価額に1000分の20を乗じた額となる。地役権の設定時の登録免許税額は承役地の不動産1個について金1500円であるため、減税規定（登録免許税法17条4項）の適用がない。

Section 2 地上権

① 地上権の設定の登記

Q 1 地上権の登記の絶対的登記事項は、目的である。

Q 2 Xのための普通地上権の登記がある甲土地を目的として、Yのために普通地上権の設定の登記を申請することができる。

Q 3 甲土地に設定登記をした普通地上権の存続期間が満了していることがあきらかであるときは、その登記を抹消することなく、新たに普通地上権の設定の登記を申請することができる。

Q 4 スキー場所有やゴルフ場所有を目的として、地上権の設定の登記を申請することができる。

Q 5 地代、支払時期の定め、存続期間の定めは、いずれも地上権の登記の任意的登記事項である。

Q 6 存続期間を永久として地上権の設定の登記を申請することはできない。

Q 7 地上権の譲渡または賃貸を禁止する特約をしたときは、その特約を登記することができる。

Q 8 法定地上権が成立したときは、「年月日法定地上権設定」を登記原因として、裁判所書記官が、地上権の設定の登記を嘱託する。

② 区分地上権

Q 9 工作物の所有のほか、竹木を所有するため区分地上権を設定することができる。

A 1 ◯　そのとおり（不動産登記法78条1号）。

A 2 ✕　既に地上権の登記のある土地に、重ねて地上権の設定の登記をすることはできない（大判明39.10.31）。

A 3 ✕　登記記録上存続期間が満了していることが明らかな地上権であっても、これを抹消しない限り、新たな地上権の設定の登記の申請は受理されない（先例昭37.5.4-1262）。

A 4 ◯　いずれも工作物にあたるため、登記することができる（先例昭58.8.17-4814、昭47.9.19-447）。

A 5 ◯　そのとおり（不動産登記法78条2号・3号）。登記事項は、しっかり確認しよう。

A 6 ✕　永久と定めることもできる（大判明36.11.16）。民法には、地上権の存続期間の上限、下限ともに規制がないためである。

A 7 ✕　本問の特約は地上権の登記事項ではないため、登記することはできない（先例昭34.12.19-2908参照）。

A 8 ✕　裁判所書記官からの嘱託ではなく、当事者からの申請による（先例昭55.8.28-5267）。なお、登記原因の日付は、買受人の代金納付の日である。

A 9 ✕　竹木の所有を目的として区分地上権を設定することはできない（民法269条の2第1項）。

Q 10 区分地上権の設定の登記を申請するときは、登記の目的として「区分地上権設定」と提供する。

Q 11 区分地上権の設定の登記においては、範囲も絶対的登記事項となる。

Q 12 区分地上権の設定の登記を申請するときは、添付情報として、その範囲を明らかにした図面の提供を要する。

Q 13 区分地上権の設定契約で、地上権の行使のためにその土地の使用に制限を加えることができるが、その定めを登記することはできない。

Q 14 区分地上権の設定の登記を申請するときは、その土地を目的として既に利用権の設定登記を受けている者やその利用権を目的として権利を有する者の承諾を証する情報の提供を要する。

③ 地上権の変更その他

Q 15 地代を増額する地上権の変更の登記を申請するときは、地上権者が登記権利者、地上権設定者が登記義務者となる。

Q 16 地上権の存続期間を伸長する変更の登記を申請するときは、地上権を目的とする抵当権者が登記上の利害関係を有する第三者となる。

Q 17 普通地上権を区分地上権に変更することはできない。

A 10 ✗ 登記の目的は、「地上権設定」である（登記研究229P71）。

A 11 ◯ そのとおり（不動産登記法78条5号）。

A 12 ✗ 図面の提供を要しない（先例昭41.11.14-1907）。

A 13 ✗ 区分地上権の任意的登記事項であり、その定めを登記することができる（不動産登記法78条5号）。

A 14 ◯ そのとおり（民法269条の2第2項、先例昭41.11.14-1907）。また、契約の日よりも後にこれらの者の承諾を得たときは、承諾を得た日に登記原因日付がズレる。

A 15 ✗ 地代の増額は、地上権者にとって不利益となる変更であるから、地上権者が登記義務者となる。

A 16 ✗ 利害関係人とならない。地上権の存続期間の伸長は、これを目的とする抵当権者に有利となる変更である。

A 17 ✗ 変更できる（先例昭41.11.14-1907）。この場合、地上権者が登記義務者となる。

> **One Point ◆ 区分地上権→普通地上権**
>
> 区分地上権を普通地上権に変更することも、もちろん可能です。この場合は、地上権者が登記権利者となります。ただし、先順位の地上権者がいるときは、区分地上権を普通地上権に変更することはできません。普通地上権の二重設定となってしまうからです。

Q 18 「地上権者が死亡した時は地上権が消滅する」との定めを登記している場合に、地上権者が死亡したときは、登記権利者が、単独で地上権の登記の抹消を申請することができる。

Q 19 甲土地の地上権者のAが、地上権をBに賃貸したため、「何番地上権の賃借権設定」の登記を申請するときは、地上権設定者である甲土地の所有権登記名義人の承諾を証する情報の提供を要する。

Q 20 地上権の登記の抹消を申請する場合に、地上権を目的とする抵当権の登記があるときは、抵当権者の承諾を証する情報の提供を要する。

A 18 ○　　地上権者の死亡を証する情報を提供して、登記権利者が単独抹消
できる（不動産登記令別表26添付情報欄イ、不動産登記法69条）。
なお、権利消滅の定めは、権利に関する登記事項の通則である（不
動産登記法59条5号）。

A 19 ✗　　承諾を要しない。地上権は土地の排他的な支配権であり、地上権
者は、自由に地上権を処分することができる。なお、地上権を目的
とする賃借権設定の登記は、付記登記による（先例平28.6.8-386、
登記記録例303）。

A 20 ○　　そのとおり（不動産登記法68条）。その結果、地上権を目的とす
る抵当権は登記官が職権で抹消することとなる。

Section 3 賃借権

1 賃借権の登記全般

Q 1　既に賃借権の設定の登記がある不動産を目的として、重ねて賃借権の設定
の登記を申請することはできない。

Q 2　賃借権の登記の絶対的登記事項は、賃料である。

Q 3　賃料の定めとして、「甲土地を使用収益する」と提供することはできない。

Q 4　不動産ごとに賃料が異なるときは、登記原因日付や当事者が同一であって
も、複数の不動産を目的とする賃借権の設定の登記を一の申請情報によって
申請することができない。

Q 5　賃料の定めとして、「甲土地と乙土地で合計金何万円」と提供して、賃借権
の設定の登記を申請することはできない。

Q 6　存続期間、支払時期の定め、敷金は、いずれも賃借権の登記の登記事項で
ある。

Q 7　存続期間を「借主が死亡するまで」として、賃借権の設定の登記を申請す
ることはできない。

Q 8　賃借権の譲渡または賃借物の転貸をすることができる旨を定めたときは、
その定めを登記することができる。

A 1 ✕ 　賃借権の二重設定の登記は可能である（先例昭30.5.21-972）。賃借権は債権であり、他を排除する力がない。

A 2 ◯ 　賃料は賃借権の要素であり、絶対的登記事項である（不動産登記法81条1号）。

> 🐕 **One Point ◆ 登記請求権**
>
> 　不動産に賃借権を設定した場合でも、当事者間に、賃借権の登記をするという特約がない限り、賃借人は、賃貸人に対して賃借権の設定の登記を請求することができません（大判大10.7.11）。

A 3 ✕ 　賃料は金銭である必要はなく、本問のような定めも提供することができる（先例昭41.4.15-193）。

A 4 ✕ 　一括申請することができる（登記研究463P85）。賃料の定めの同一は、一括申請の要件ではない。

A 5 ◯ 　そのとおり（先例昭54.4.4回答）。賃料は不動産ごとに定めることを要する。

A 6 ◯ 　いずれも任意的登記事項である（不動産登記法81条2号・4号）。

A 7 ✕ 　登記することができる（先例昭38.11.22-3116）。

A 8 ◯ 　譲渡、転貸ができる旨の特約も、賃借権の登記の任意的登記事項である（不動産登記法81条3号）。

② 借地借家法

Q 9 建物所有を目的とする土地の賃借権の設定の登記を申請するときは、目的
として「建物所有」と提供する。

Q 10 定期借地権の登記を申請するときは、「特約　借地借家法第22条第1項の特
約」と提供する。

Q 11 借地借家法23条1項または2項の事業用借地権の設定の登記を申請すると
きは、執行力ある確定判決の正本を提供する場合を除いて、登記原因証明情
報として、公正証書の謄本の提供を要する。

③ 賃借権その他

Q 12 賃借権の登記に譲渡、転貸できる旨の定めがない場合、賃借権の移転の登
記の申請には、賃貸人の承諾を証する情報を提供することを要する。

Q 13 譲渡、転貸できる特約のない賃借権を譲渡し、その契約の日よりも後に賃
貸人の承諾を得た場合、賃借権の移転の登記の登記原因日付は、承諾の日で
ある。

Q 14 転貸の登記がある場合、賃借権の賃料を増額する変更の登記の申請には、
転借権者の承諾を証する情報の提供を要する。

Q 15 転貸の登記がある賃借権の設定の登記の抹消を申請するときは、申請情報
と併せて、転借権者の承諾を証する情報の提供を要する。

A 9 ◯ 　そのとおり（不動産登記法81条6号、先例平4.7.7-3930）。本来、
賃借権において「目的」は登記事項ではないが、建物所有を目的と
する土地の賃借権の場合は、目的を登記するのである。

A 10 ◯ 　そのとおり（不動産登記法78条3号、81条8号、先例平4.7.7-
3930）。なお、定期借地権、事業用定期借地権に関する登記事項に
ついて、賃借権と地上権は共通する。

Part
2

各種の登記

A 11 ◯ 　そのとおり（不動産登記令別表33添付情報欄ロ、38添付情報欄
ロ）。事業用借地権の設定に特有の仕組みである。前問の一般の定期
借地権の場合の登記原因証明情報は、公正証書に限られていないこ
とに注意しよう。

> 🐕 **One Point♦ 事業用借地権の譲渡**
>
> 　事業用借地権であっても、その移転の登記の登記原因証明情報は、公正証
> 書に限定されません（登記研究537P49）。

A 12 ◯ 　そのとおり（不動産登記令別表40添付情報欄ロ）。賃借権の登記
があるときは、譲渡または転貸できる旨の特約があるかどうかを確
認しよう。

A 13 ✕ 　登記原因の日付は、契約の日である。日付はズレない。

A 14 ✕ 　不要である（登記研究212P55）。賃貸借と転貸借は別契約であり、
転借人は登記上の利害関係を有する第三者に当たらない。

A 15 ◯ 　そのとおり（不動産登記法68条）。登記官が、職権で転貸の登記
を抹消するためである。

Section **4**　地役権

1 地役権の登記全般

Q 1　地役権の移転の登記を申請することができる。

Q 2　要役地の地上権者を登記権利者として、地役権の設定の登記を申請することができる。

Q 3　同一の承役地を目的として、異なる地役権者のために数個の地役権の設定の登記を申請することはできない。

Q 4　地役権の設定の登記は、要役地を管轄する登記所に対して申請する。

Q 5　要役地に所有権の登記がないときでも、地役権の設定の登記を申請することができる。

Q 6　要役地と承役地の管轄登記所が異なるときは、地役権の設定の登記の申請情報と併せて、要役地の登記事項証明書の提供を要する。

A 1 ✗ 　地役権には移転の登記がない（先例昭35.3.31-712）。

A 2 ○ 　そのとおり（先例昭36.9.15-2324）。また、要役地の賃借権者を
登記権利者として、地役権設定登記をすることもできる（先例昭
39.7.31-2700）。

A 3 ✗ 　地役権の二重設定の登記は可能である（先例昭43.12.27-3671）。
この場合、既に登記している地役権者の承諾も不要である。

A 4 ✗ 　申請情報の提出先は、承役地の管轄登記所である。

> 🐕 **One Point ◆ 登録免許税**
>
> 　地役権の設定の登記の登録免許税は、承役地１筆につき金1500円です。
> 他の用益権と比べると、地役権は、色々と特殊な点が多いのが特徴です。

リンク ➡ Section 1 **Q** 4

A 5 ✗ 　要役地に所有権の登記がないときは、承役地に地役権の設定の登
記をすることができない（不動産登記法80条３項）。

A 6 ○ 　そのとおり（不動産登記令別表35添付情報欄ハ）。要役地の所有
権の有無や、現在の登記名義人が権利者として申請しているかどう
かなどを確認するためである。なお、要役地と承役地の管轄登記所
が同じときは、この登記事項証明書は不要である。

> 🐕 **One Point ◆ 要役地の登記事項証明書**
>
> 　要役地と承役地の管轄登記所が相違するときの登記事項証明書の提供は、
> 設定の登記のほか、地役権の登記の変更や抹消の場合にもついて回ります。
> 覚えておくと何かと役に立つ知識といえるでしょう。

Q 7 地役権の設定の登記が完了したときは、申請人である地役権者に登記識別情報が通知される。

Q 8 要役地が共有である場合、地役権の設定の登記の申請情報の内容として、それぞれの登記名義人の持分を記載しなければならない。

Q 9 要役地の一部について、地役権の設定登記をすることはできない。

② 地役権の登記事項

Q 10 地役権の登記の絶対的登記事項は、要役地の表示、地役権設定の目的および範囲である。

Q 11 地役権の範囲を「全部」と提供して地役権の設定の登記を申請する場合でも、添付情報として、図面の提供を要する。

Q 12 地役権の設定契約で「地役権は要役地の所有権とともに移転しない」と定めたときでも、その定めを登記することはできない。

Q 13 地代は地役権の登記の登記事項ではないが、存続期間は登記事項である。

A 7 ✗ 　登記識別情報は通知されない。地役権の登記が完了しても、地役権者の氏名および住所を登記しないからである（不動産登記法80条2項）。

A 8 ✗ 　地役権者は登記されないから、持分の記載を要しない。

A 9 ○ 　そのとおり。これに対し、承役地の一部を目的として地役権の設定の登記をすることができる。

> 🐕 **One Point◆ 土地の一部についての登記**
>
> 　一筆の土地の一部を目的として設定の登記をすることができる権利は、この地役権のみです。一筆の土地の一部を目的とする所有権の移転や、地上権、抵当権の設定は、その契約をすることはできますが、分筆登記をしない限り、登記はできません。

A 10 ○ 　そのとおり（不動産登記法80条1項1号・2号）。要役地の表示が、地役権者に代わる地役権独自の登記事項である。

A 11 ✗ 　承役地の一部を目的として設定した場合のみ、図面の提供を要する（不動産登記令別表35添付情報欄ロ）。範囲が全部であるときは、不要である。なお、区分地上権の設定登記を申請する場合、図面の提供を要しないことと比較しておこう。

リンク Section 2 🅠 12

A 12 ✗ 　任意的登記事項として、登記することができる（不動産登記法80条1項3号）。

A 13 ✗ 　地代も存続期間も、地役権の登記の登記事項ではない。

③ 地役権その他

Q 14 甲土地を要役地とし、所有者の異なる乙土地および丙土地を承役地として地役権を設定したときは、一の申請情報により、地役権の設定の登記を申請することができる。

Q 15 地役権は要役地の所有権とともに移転しないとの定めの登記がある地役権の要役地について所有権の移転の登記をしたときは、登記官が、職権で地役権の登記を抹消する。

Q 16 地役権の設定の登記の後に、要役地を目的として抵当権の設定の登記がある場合において、地役権の抹消の登記を申請するときは、抵当権者の承諾を証する情報の提供を要する。

A 14 ✗ 　承役地ごとに登記義務者が異なるため、一括申請することはできない（先例昭33.2.22-421）。

A 15 ✗ 　職権抹消の規定がないため、「年月日要役地の所有権移転」を原因として、当事者が地役権の登記の抹消を申請することを要する。

A 16 ◯ 　そのとおり（不動産登記令別表37添付情報欄ハ）。抵当権の効力が地役権に及んでいるため、抵当権者に利害関係アリなのである。

> **One Point ◆ 地役権者の登記識別情報**
>
> 　Q7のとおり、地役権の登記の登記識別情報は存在しません。そのため、地役権の登記の抹消など、地役権者が登記義務者となるときは、地役権者が要役地の所有権を取得した際の登記識別情報を提供することとなります（先例昭37.6.21-1652）。

Section **5**　永小作権、採石権、配偶者居住権

1 永小作権、採石権

Q 1　永小作権の絶対的登記事項は、小作料と目的である。

Q 2　存続期間、小作料の支払時期の定めは、永小作権の登記の登記事項である。

Q 3　永小作権の設定契約において永小作権の譲渡、賃貸を禁止する旨を定めたときは、その定めを登記することができる。

Q 4　採石権の登記の絶対的登記事項は、採石料である。

2 配偶者居住権

Q 5　配偶者居住権の登記の絶対的登記事項は、存続期間である。

Q 6　配偶者居住権の移転の登記を申請することができる。

Q 7　配偶者居住権の設定登記の登録免許税は、不動産価額の1000分の10である。

A 1 ✗　絶対的登記事項は、小作料である（不動産登記法79条１号）。

A 2 ○　いずれも任意的登記事項である（不動産登記法79条２号）。

A 3 ○　任意的登記事項として登記することができる（不動産登記法79条３号）。

A 4 ✗　絶対的登記事項は、存続期間である（不動産登記法82条１号）。採石料は、任意的登記事項である（不動産登記法82条２号）。

A 5 ○　そのとおり（不動産登記法81条の２第１号）。存続期間の定めがあるときは、「存続期間　年月日から何年又は配偶者居住権者の死亡時までのうち、いずれか短い期間」の具合で登記する。その定めがないときは、「存続期間　配偶者居住権者の死亡時まで」と登記する。

> 🐕 **One Point ◆ 配偶者居住権の登記事項**
>
> 　配偶者居住権の登記事項は、不動産登記法59条に規定するもの（登記原因及びその日付など）のほか、次のとおりです（不動産登記法81条の２）。１が絶対的登記事項、２が任意的登記事項です。
> 　1　存続期間
> 　2　第三者に居住建物の使用または収益をさせることを許す旨の定めがあるときは、その定め

A 6 ✗　配偶者居住権を譲渡することができないため、その移転の登記を申請することもできない（民法1032条２項、先例令2.3.30-324）。

A 7 ✗　正しくは、1000分の２である。

Q 8　配偶者居住権の設定登記は、配偶者居住権を取得した配偶者を登記権利者、居住建物の所有者を登記義務者とする共同申請によってする。

Q 9　死因贈与を登記原因として、配偶者居住権の設定登記を申請することはできない。

Q 10　配偶者が遺贈によって配偶者居住権を取得した場合において、遺言執行者の定めがあるときは、遺言執行者は、配偶者と共同して、配偶者居住権の設定登記を申請することができる。

Q 11　配偶者居住権の存続期間の延長を内容とする配偶者居住権の変更登記を申請することができる。

Q 12　配偶者居住権者の死亡によって配偶者居住権が消滅したときであっても、居住建物の所有者は、単独で、配偶者居住権の抹消登記を申請することはできない。

A 8 ⭕ そのとおり（先例令2.3.30-324）。このため、居住建物が被相続人名義のままであるときは、配偶者居住権の設定登記の前提として、被相続人から居住建物の承継人に対し、相続または遺贈を原因とする所有権移転登記の申請を要する。

A 9 ❌ 贈与者死亡の日をもって「年月日死因贈与」を登記原因とする配偶者居住権の設定登記を申請することができる（先例令2.3.30-324）。

> 🐕 **One Point ◆ 登記原因**
>
> 配偶者居住権の設定登記の登記原因は、本問のほか、次のとおりです。
> 1　年月日遺贈（日付は遺言の効力発生日）
> 2　年月日遺産分割（日付は遺産分割協議等の成立日）

A 10 ⭕ そのとおり（先例令2.3.30-324）。この場合、代理権限証明情報として、遺言執行者として指定されたことを証する遺言書（家庭裁判所によって選任されたときは、その選任を証する書面）の提供を要する。

A 11 ❌ 配偶者居住権の存続期間の延長や更新をすることができないため、その旨の変更登記を申請することはできない（先例令2.3.30-324）。

> 🐕 **One Point ◆ 配偶者居住権の変更登記**
>
> 　本問のケースと相違して、配偶者居住権を取得した配偶者が、その存続期間の一部を放棄したときは、存続期間の短縮を内容とする配偶者居住権の変更登記を申請することができます。

A 12 ❌ 死亡によって消滅したときは、単独で配偶者居住権の抹消登記を申請することができる。民法上、配偶者居住権の存続期間は配偶者の終身の間とされているため、不動産登記法69条（死亡等による登記の単独抹消）の規定の適用がある（先例令2.3.30-324、民法1030条参照）。

急所 1 先例等（地上権、賃借権）

用益権の主な先例等を整理しておこう。まずは、地上権と賃借権である。

① 既に地上権設定登記のある土地については、たとえ存続期間が満了していることが登記記録上からあきらかであっても、重ねて地上権の設定登記を申請することはできない（先例昭37.5.4-1262）。

② 既に賃借権の設定登記がある不動産について、第三者のために重ねて賃借権の設定の登記を申請することができる（先例昭30.5.21-972）。

③ 地上権の存続期間として、「永久」と定めて登記することができる（大判明36.11.16）。

④ 賃借権の存続期間として、「何某が死亡するまで」と提供して登記をすることができる（先例昭38.11.22-3116）。

⑤ 地上権の譲渡、賃貸を禁止する特約を定めても、登記事項ではないため、その特約を登記することはできない。

⑥ 賃借権の譲渡または賃借物の転貸を許す旨の定めがあるときは、その定めが登記事項となる（不動産登記法81条3号）。

⑦ 永小作権の譲渡、賃貸を禁止する旨を定めたときは、その定めが登記事項となる（不動産登記法79条3号）。

急|所|2| 主な先例等（地役権）

地役権の主な先例等を整理しておこう。

① 承役地の一部を目的として、地役権の設定の登記をすることができる。

② 地役権の登記の絶対的登記事項は、①要役地の表示、②目的、③範囲である（不動産登記法80条１項１号・２号）。

③ 地役権の設定の目的として「日照確保のため高さ何メートル以上の工作物を設置しない」旨の登記をすることができる（先例昭54.5.9-2863）。

④ 地役権の設定契約で、「地役権は要役地の所有権とともに移転しない」旨を定めたときは、その定めが登記事項となる（不動産登記法80条１項３号）。

⑤ 地役権の設定登記が完了しても、地役権者の氏名、住所は登記されない（不動産登記法80条２項）。そのため、地役権者に登記識別情報は通知されない。

⑥ 要役地が共有であっても、地役権の設定登記の申請情報の内容として、登記権利者の持分の記載を要しない。

⑦ 「地役権は要役地の所有権とともに移転しない」との定めがある場合に、要役地の所有権が移転したときは、「年月日要役地の所有権移転」を原因として、地役権の抹消の登記を申請することができる。

⑧ 地役権の抹消の登記を申請するときは、申請情報と併せて、登記上の利害関係を有する第三者の承諾を証する情報の提供を要する（不動産登記法68条）。具体的には、地役権の設定登記後に、要役地を目的として抵当権の設定の登記を受けた者が、利害関係人に当たる。

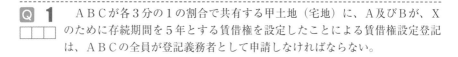

① 共有土地の変更および管理

Q 1 ＡＢＣが各3分の1の割合で共有する甲土地（宅地）に、A及びBが、Xのために存続期間を5年とする賃借権を設定したことによる賃借権設定登記は、ＡＢＣの全員が登記義務者として申請しなければならない。

Q 2 ＡＢＣＤが共有する甲土地（宅地）に、その持分価格の過半数を有するA及びBが、Xのために、存続期間を5年とする賃借権を設定した。XとA及びBが共同して賃借権設定登記を申請し、その登記が完了したときは、登記官は、登記の申請人とならなかったCまたはDのうち一人に対して、登記が完了した旨を通知すれば足りる。

Q 3 甲土地（宅地）の共有者ＡＢＣＤのうち、Dの所在を知ることができないため、Aの請求により、D以外の共有者の持分価格の過半数で共有物の管理に関する事項を決することができる旨の裁判が確定した。これに基づいて、持分価格の過半数を有するA及びBが、甲土地に存続期間を5年とする賃借権を設定し、A及びBを申請人とする賃借権設定登記が完了したときは、登記官は、C及びDに対し、登記が完了した旨を通知しなければならない。

A 1 ✗ 　　共有者の全員が申請人となることを要しない。本問の事案は共有
物の管理に関する事項に当たるため、持分価格の過半数を有する者
（たとえば、AおよびB）が申請人となれば足りる（先例令5.3.28-
533）。

> 🐕 **One Point◆ 申請情報の記載**
>
> 　本事例において、甲土地の共有者のうち、AおよびBが登記義務者として
> 申請する場合であっても、申請情報には、登記義務者としてCを含めた共有
> 者全員の記載を要することに注意しましょう。また、登記原因証明情報とし
> て、持分価格の過半数により短期の賃借権等を設定したことを証する情報を
> 提供します。

A 2 ✗ 　　一人に対する通知では足りない。本問の場合、申請人とならなか
った共有者の全員（CD）に通知を要する（先例令5.3.28-533）。
一般論として、申請人以外の者へ通知をすべき場合、その通知を受
ける者が数人あるときは、その1人に通知をすれば足りる（不動産
登記規則183条2項）。しかし、本事案は、共有者全員の利害に関わ
るケースであることから、通達がその例外的な取扱いを定めている。

A 3 ✗ 　　所在等不明共有者（D）には、通知を要しない（そもそも、所在
が知れない者への通知は不可能であろう）。この場合、登記官は、所
在等不明共有者以外の者であって、申請人とならなかった共有者の
全員（本問ではC）に登記完了の旨を通知すべきこととなる（先例
令5.3.28-533）。

2 共有物の管理者がいる場合

Q 4 　共有物の管理者が、共有物に短期の賃借権を設定したことによる賃借権設
□□□ 定登記を申請する場合、その代理権限を証する情報として提供すべき共有物
の管理者を選任したことを証する書面には、共有物の管理者を選任した共有
者の押印及びその印鑑証明書の添付を要するが、その印鑑証明書は、作成後
3か月以内のものであることを要しない。

Q 5 　共有物の管理者が、共有物に短期の賃借権を設定したことによる賃借権設
□□□ 定登記を申請するときは、その代理権限を証する情報として、共有物の管理
者を選任したことを証する情報のほか、登記の申請に係る代理権を授与した
ことを証する情報を提供しなければならない。

Q 6 　共有不動産である甲土地（宅地）の管理者Ｘが、共有者の全員の同意を得
□□□ て、甲土地に存続期間を10年とする賃借権を設定した。この場合において、
Ｘが賃借権設定登記を申請するときは、その代理権限を証する情報として、
各共有者の持分価格の過半数の決定によりＸを選任したことを証する情報に
加えて、各共有者が共有物に長期の賃借権を設定したことに同意したことを
証する情報の提供を要する。

3 所在等不明共有者の持分の処分

Q 7 　不動産の共有者の１人が、所在等不明共有者の持分を取得させる旨の裁判
□□□ の確定によりその持分を取得したため、「民法第262条の２の裁判」を登記原
因とする持分移転登記を申請するときは、登記義務者である所在等不明共有
者の登記識別情報の提供を要しない。

Q 8 　甲土地をＡＢＣＤが等しい割合で共有している。Ｄの所在を知ることがで
□□□ きないため、Ａの請求により、Ｄ以外の共有者の全員が第三者Ｘに対して、
その持分の全部を譲渡することを停止条件として、Ｄの持分をＸに譲渡する
権限をＡに付与する旨の裁判が確定した。この裁判に基づいて、Ｘへの共有
者全員持分全部移転登記を申請するときは、共有者の全員の登記識別情報を
提供しなければならない。

A 4 ✕ 　　最後の一文が誤り。印鑑証明書は、作成後３か月以内のものであ
ることを要する（先例令5.3.28-533）。本問の選任書は、管理者へ
の申請権限の付与の意味を有しており、共有物の管理者を選任した
共有者は、本件登記の登記義務者かつ、所有権登記名義人だからで
ある。

A 5 ✕ 　　本問の場合、共有者がその持分価格の過半数により共有物の管理
者を選任したことを証する情報を提供すれば足り、別途、登記申請
に係る代理権を授与したことを証する情報の提供を要しない（先例
令5.3.28-533）。選任された管理者は短期の賃借権の設定権限を有
し、その登記申請もできると解されるためである。

A 6 ◯ 　　そのとおり。本問は、長期の賃貸借（処分行為）のハナシ。なお、
共有物の管理者の選任を証する情報と、長期の賃借権の設定に同意
したことを証する情報の双方につき、作成者の押印と作成後３か月
以内の印鑑証明書の添付を要する（先例令5.3.28-533）。

A 7 ◯ 　　そのとおり（先例令5.3.28-533）。登記原因証明情報として提供
する確定裁判に係る裁判書の謄本により、登記の真正が担保される
ためである。

🐕 **One Point◆ 代理人の権限を証する情報**

　本問の登記は、所在等不明共有者の持分を取得した共有者が、所在等不明
共有者の代理人として申請します。この場合、登記原因証明情報として提供
する裁判書の謄本が、代理人の権限を証する情報を兼ねることとなります。

A 8 ✕ 　　共有者のうち、所在等不明共有者であるＤの登記識別情報の提供
を要しない（先例令5.3.28-533）。

Q 9 甲土地をＡＢＣＤが等しい割合で共有している。Ｄの所在を知ることができないため、Ａの請求により、Ｄ以外の共有者の全員が第三者Ｘに対して、その持分の全部を譲渡することを停止条件として、Ｄの持分をＸに譲渡する権限をＡに付与する旨の裁判が確定した。この場合、Ｘへの共有者全員持分全部移転登記は、裁判の確定後２か月以内に申請しなければならない。

④ 所有者不明土地管理命令等

Q 10 甲土地を対象とする所有者不明土地管理命令があったときは、裁判所書記官は、職権で、遅滞なく、所有者不明土地管理命令の登記を嘱託しなければならない。

Q 11 裁判所が、利害関係人の請求により、甲土地を対象として管理不全土地管理命令を発したときは、裁判所書記官は、職権で、遅滞なく、管理不全土地管理命令の登記を嘱託しなければならない。

Q 12 所有権の登記がない建物を目的として所有者不明建物管理命令の登記が嘱託されたときは、登記官は、職権で、所有権保存登記をしなければならない。

Q 13 甲土地の所有権登記名義人のＡが死亡し、その唯一の相続人がＢである。相続登記が未了のまま、Ｂが所有者となった甲土地を対象として所有者不明土地管理命令が発令されたときは、所有者不明土地管理命令の登記をする前提として、ＡからＢへの相続による所有権移転登記を申請することを要しない。

Q 14 所有者不明土地管理人が、裁判所の許可を証する情報を提供して、所有者不明土地管理命令の対象である土地を第三者に売却したことによる所有権移転登記を申請するときは、登記義務者の登記識別情報の提供を要しない。

Q 15 所有者不明土地管理人が、裁判所の許可を得て、所有者不明土地管理命令の対象である土地を第三者に売却した場合、所有権移転登記の申請情報と併せて提供する代理権限を証する情報及び登記義務者の印鑑証明書として、裁判所書記官の作成に係る「所有者不明土地管理人選任及び印鑑証明書」を提供することができる。

A9 ✗　そのような制限はナイ。本問の場合、裁判の確定後2か月以内（その期間を伸長する旨の裁判があったときは、伸長された期間内）の日を、登記原因の日付とすることを要する。本問の裁判は、その効力が生じた後2か月以内に、裁判によって付与された権限に基づくD持分の譲渡の効力が生じないときは、その裁判の効力が失われるためである。2か月以内に登記を申請すべしという意味ではないことに注意しよう。

A10 ◯　そのとおり（先例令5.3.28-533）。また、建物を対象として所有者不明建物管理命令があったときも、裁判所書記官がその旨の登記を嘱託する。

A11 ✗　所有者不明土地（建物）管理命令と相違して、管理不全土地（建物）管理命令があった場合でも、その旨の登記が嘱託されることはナイ。注意しておこう。

A12 ◯　そのとおり。所有者不明建物（土地）管理命令の登記は、処分の制限の登記であるため、本問の場合、登記官が職権で所有権保存登記をする（先例令5.3.28-533）。対象の不動産に表題登記すらないときは、登記官が、職権で、表題登記および所有権保存登記をする。すなわち、未登記不動産に差押（仮差押・仮処分）の登記の嘱託があった場合と同じである。

A13 ✗　Aの死亡後にBを行方不明者として所有者不明土地管理命令が発令されたのであるから、その旨の登記の前提として、相続登記の申請を要する。この相続登記は、所有者不明土地管理人が、Bの代理人として申請することとなる（先例令5.3.28-533）。

A14 ◯　そのとおり（先例令5.3.28-533）。裁判所の許可を証する情報の提供により、登記の真正が担保されるためである。

A15 ◯　そのとおり。管理人の印鑑証明書（問題文後半の裁判所書記官の作成に係る云々のカギカッコ内の文書のコト）が、所有者不明土地管理人の代理権限を証する情報および印鑑証明書の双方を兼ねることとなる（先例令5.3.28-533）。

Chapter 12 処分制限の登記

1 処分の制限全般

Q 1 　不動産の所有権を目的とする差押えの登記の登録免許税は、不動産価額の1000分の4である。

Q 2 　不動産強制競売の買受人が代金を納付したときは、裁判所書記官は、買受人への所有権の移転の登記のほか、抵当権など売却により消滅した権利の登記および差押えの登記の抹消を嘱託する。

Q 3 　差押債権者の住所及び氏名を「代替住所A、代替氏名A」とする秘匿決定がされた確定判決の正本を債務名義として、裁判所書記官から不動産の差押えの登記の嘱託があったときは、債権者の住所及び氏名を「代替住所A（何地令何ワ第何号）、代替氏名A（何地令何ワ第何号）」とする差押えの登記をすることができる。

2 処分禁止仮処分全般

Q 4 　所有権の移転登記請求権を保全するための処分禁止仮処分の執行は、処分禁止の仮処分の登記のみをすることによって行う。

Q 5 　抵当権の移転登記請求権を保全するための処分禁止仮処分の執行は、処分禁止の仮処分の登記のほか、保全仮登記をすることによって行う。

A1 ✗ 債権額の1000分の4である（登録免許税法別表第一　1（5））。

A2 〇 いずれの登記も、裁判所書記官の嘱託によってする（民事執行法82条1項）。

A3 〇 本問の場合、登記記録には、問題文の記述の要領で、匿名による差押えの登記が入ることとなる（仮差押え、仮処分の登記の場合も同じ。先例令5.2.13-275）。この点、登記手続をすべきことを命じる確定判決等に基づく登記の場面においては、匿名による登記ができないこととの比較が重要である。

A4 〇 そのとおり（民事保全法53条1項）。なお、処分禁止仮処分の登記は、裁判所書記官の嘱託によってする。

A5 ✗ 保全仮登記を併用するのは、所有権以外の権利の保存、設定または変更の登記請求権を保全する場合である（民事保全法53条2項）。

One Point ◆ 処分禁止仮処分単発型

移転登記、抹消登記請求権を保全するための仮処分は、処分禁止仮処分の登記のみをする方法により行います。したがって、所有権はもちろん、抵当権や地上権の場合でも、移転登記や抹消登記を保全するときは、処分禁止仮処分の登記のみをすることになります。

Q 6 　地上権の設定登記請求権を保全するための処分禁止仮処分の執行は、処分禁止の仮処分の登記のほか、保全仮登記をすることによって行う。

Q 7 　所有権の移転登記請求権保全のための処分禁止仮処分の登記の登録免許税は、不動産価額に1000分の10を乗じた額である。

Q 8 　抵当権の設定登記請求権保全のための仮処分の登記の登録免許税は、債権額に1000分の4を乗じた額であり、保全仮登記の分を別途納付することを要しない。

③ 仮処分による失効・基本

Q 9 　所有権移転登記請求権を保全していた仮処分債権者は、仮処分債務者から自己への所有権移転登記の申請と同時に、仮処分に対抗できない登記を単独で抹消することができる。

Q 10 　所有権の移転登記請求権を保全していた仮処分債権者は、自己への所有権移転登記を、債務者と共同して申請する場合でも、仮処分に対抗できない登記を単独で抹消できる。

Q 11 　仮処分による失効を原因とする抹消登記を申請するときは、登記原因証明情報の提供を要しない。

Q 12 　仮処分による失効を原因とする抹消登記の登記原因の日付は、登記申請日である。

Q 13 　仮処分による失効を原因とする抹消登記を申請するときは、申請情報と併せて、通知をしたことを証する情報の提供を要する。

A 6 ○　所有権以外の権利の保存、設定または変更の登記請求権を保全するときは、保全仮登記を併用する（民事保全法53条2項）。

One Point ◆ 保全仮登記併用型

　所有権以外の権利の保存、設定または変更の登記請求権を保全するときは、処分禁止の仮処分の登記に加えて、保全仮登記を併用します。つまり、単発型か併用型かというのは、登記請求権の内容によって、使い分けをしているのです。

A 7 ✕　1000分の10ではなく、1000分の4である。

A 8 ○　処分禁止仮処分と保全仮登記は一体の登記であり、保全仮登記の分は加算されない（先例平2.11.8-5000）。

A 9 ○　そのとおり（不動産登記法111条1項）。単独抹消のチャンスは、保全した登記請求権に係る登記（所有権移転、抹消等）を申請する場合に限られる。

A 10 ○　仮処分債権者への登記は、判決による単独申請のほか、仮処分債務者との共同申請でもよい（先例平2.11.8-5000）。

A 11 ○　そのとおり（不動産登記令7条3項3～5号）。これは登記原因証明情報の提供を要しないとする例外の一つである。

A 12 ✕　登記原因の日付の記載を要しない（先例平2.11.8-5000）。登記原因は単に「仮処分による失効」でよい。

A 13 ○　添付情報は、代理権限証明情報のほか、この「通知をしたことを証する情報」のみである。なお、通知は、内容証明郵便ですることを要する（先例平2.11.8-5000）。

Q 14 　仮処分に対抗できない権利の登記名義人に対する通知は、その登記記録上
☐☐☐ の住所にあてて発することができる。

Q 15 　所有権移転登記請求権を保全していた仮処分債権者が、仮処分に後れる登
☐☐☐ 記を仮処分による失効を原因として抹消したときは、処分禁止仮処分の登記
は、裁判所書記官の嘱託により抹消する。

④ 仮処分による失効・応用

Q 16 　不動産の所有権の一部を目的として、処分禁止の仮処分の登記をすること
☐☐☐ はできない。

Q 17 　所有権の一部を目的とするXのための処分禁止仮処分の登記に後れて、Y
☐☐☐ への所有権移転登記があるときは、Xは、仮処分によって保全していた登記
と同時に、単独でYの登記を抹消することができる。

Q 18 　仮処分債権者の住所及び氏名を「代替住所A、代替氏名A」とする処分禁
☐☐☐ 止仮処分の登記がされた後、仮処分債権者が、本案の勝訴判決に基づいて、
仮処分債務者を登記義務者とする所有権移転登記を申請するときは、代替住
所及び代替氏名により登記された仮処分債権者と、申請情報に記載された登
記権利者が同一人であることを証する裁判所書記官が作成した情報を提供し
なければならない。

⑤ 保全仮登記併用型の処分禁止仮処分

Q 19 　保全仮登記に錯誤があるときは、仮処分債権者は、仮処分債務者と共同し
☐☐☐ て、保全仮登記の更正の登記を申請することができる。

A 14 ◯ 現住所ではなく、登記記録上の住所あてでもよい（民事保全法59条2項前段）。

> 🐕 **One Point ✦ みなし到達**
>
> 　本問の通知は、遅くともこれを発した日から1週間を経過した時に、通知が到達したものとみなされます（民事保全法59条2項後段）。この規定に基づいて抹消登記を申請するときは、配達証明などを提供する必要はありません。なお、通知が現実に到達したときは、1週間の経過を待たず、配達証明を提供して、抹消登記を申請することができます。

A 15 ✖ 登記官が職権で抹消する（不動産登記法111条3項）。なお、仮処分の登記に後れる登記が存在しない場合など、後れる登記を抹消しなかったときは、仮処分債権者の申立てにより、裁判所書記官が仮処分の登記の抹消を嘱託する。

A 16 ✖ 所有権の一部や共有持分に対して処分禁止の仮処分が発せられることもある（先例昭30.4.20-695）。

A 17 ✖ 抹消ではなく、「仮処分による一部失効」を原因として、所有権更正登記を申請すべきである（先例昭41.2.16-386）。Yの登記は、その一部だけが仮処分に抵触しているため、Xは、その全部を抹消することはできない。

A 18 ◯ そのとおり。（仮）差押えや仮処分の登記と相違して、所有権移転登記を匿名のままで登記することができないためである（先例令5.2.13-275）。

A 19 ✖ 当事者が更正登記を申請することはできない（先例平2.11.8-5000）。この場合の更正登記は、仮処分債権者の申立てにより、裁判所書記官が嘱託する。

Q 20 抵当権設定登記請求権を保全している仮処分債権者は、保全仮登記に基づく本登記と同時に、仮処分の登記に後れる登記を単独で抹消することはできない。

Q 21 抵当権設定登記請求権を保全していた仮処分債権者が、保全仮登記に基づく本登記をしたときは、登記官は、職権で、処分禁止仮処分の登記を抹消する。

Q 22 地上権設定登記請求権を保全している仮処分債権者は、保全仮登記に基づく本登記と同時に、仮処分の登記に後れる地上権の登記を単独で抹消することができる。

Q 23 地上権設定登記請求権を保全している仮処分債権者は、保全仮登記に基づく本登記と同時に、仮処分の登記に後れる抵当権の登記を単独で抹消できる。

Q 24 地上権設定保全仮登記の仮処分債権者は、保全仮登記に基づく本登記と同時に、仮処分に後れる地上権を目的とする抵当権の登記を、単独で抹消することはできない。

Q 25 賃借権設定保全仮登記の仮処分債権者は、保全仮登記に基づく本登記と同時に、仮処分に後れる賃借権の登記を単独で抹消することができる。

Q 26 地上権設定保全仮登記の仮処分債権者は、保全仮登記に基づく本登記と同時に申請することにより、仮処分に後れる地役権の登記を単独で抹消することができる。

Q 27 地上権設定保全仮登記の仮処分債権者は、保全仮登記に基づく本登記と同時に、仮処分に後れる質権の登記で、使用収益をしない旨の特約のないものを、単独で抹消することができる。

A 20 ◯ 　そのとおり。ジャマ者を一掃するのが仮処分の効力であるところ、抵当権のケースは、順位が保全できれば、後順位に担保権や用益権が設定されても、痛くも痒くもないからである。

A 21 ◯ 　そのとおり（不動産登記法114条）。保全仮登記の本登記により、処分禁止の仮処分の目的完了があきらかとなるためである。

A 22 ◯ 　本事案では、後順位の地上権がジャマになるため、仮処分債権者は、仮処分の登記に後れる地上権を単独で抹消できる（不動産登記法113条、先例平2.11.8-5000）。

A 23 ✕ 　抹消できない。このケースの仮処分債権者が抹消できるのは、仮処分に後順位の「不動産の使用収益をする権利（所有権を除く）またはその権利を目的とする権利の取得に関する登記」である（民事保全法58条４項）。不動産の所有権を目的とする抵当権は、これに当てはまらない。

A 24 ✕ 　仮処分債権者は、仮処分に抵触する地上権を抹消できるから、それとともに、その地上権を目的とする抵当権を単独抹消できる（民事保全法58条４項、不動産登記法113条）。

> 🐕 **One Point◆ 地上権設定保全仮登記と抵当権**
>
> 　本問の抵当権者は、「仮処分に後順位の不動産の使用収益をする権利（所有権を除く）またはその権利を目的とする権利の取得に関する登記」のうち、色文字部分の権利に当てはまります。前問と比較しましょう。

A 25 ◯ 　抹消できる（不動産登記法113条）。

A 26 ✕ 　地役権は、不動産の使用もしくは収益をする権利ではないため、抹消できない。

A 27 ✕ 　抹消できない（先例平2.11.8-5000）。質権の本質は債権の担保にあり、その質権が先順位の地上権者に使用収益権を対抗できないとすれば足りるのである。

急所 1 申請情報例その1

仮処分による失効を原因とする抹消登記の申請情報例である。

【申請情報例】

登 記 の 目 的	何番所有権抹消
原　　　　因	仮処分による失効
義　務　者	何市何町何番地
	A
申　請　人	何市何町何番地
	X
添 付 情 報	通知をしたことを証する情報
	代理権限証明情報
登 録 免 許 税	金1000円

* 　仮処分債権者は、保全していた登記請求権を実現する登記と同時に申請する場合に限り、仮処分に対抗できない登記を単独で抹消することができる（不動産登記法111条1項・2項）。
* 　仮処分による失効を原因とする登記を申請する場合、申請情報の内容として、登記原因の日付の記載を要しない。
* 　仮処分による失効を原因とする登記を申請するときは、登記原因証明情報の提供を要しない（不動産登記令7条3項3〜5号）。
* 　仮処分債権者が、仮処分による失効を原因として、仮処分に後れる登記を単独で抹消したときは、登記官は、処分禁止仮処分の登記を職権で抹消する（不動産登記法111条3項）。

急|所|2| 申請情報例その2

仮処分による一部失効を原因とする更正登記の申請情報例である。

【申請情報例】

登記の目的	何番所有権更正
原　　　因	仮処分による一部失効
更正後の事項	目　的　所有権一部移転
	共有者　何市何町何番地
	持分2分の1　C
義　務　者	何市何町何番地
	C
申　請　人	何市何町何番地
	X
添 付 情 報	通知をしたことを証する情報
	代理権限証明情報
登録免許税	金1000円

＊　不動産の所有権の一部を目的として、処分禁止仮処分の登記をすることができる（先例昭30.4.20-695）。

＊　仮処分の登記に後れる第三者の登記が、仮処分債権者の権利と一部抵触する場合は、仮処分債権者は、「仮処分による一部失効」を原因として、単独で、仮処分に後れる登記の更正登記を申請することができる（先例昭41.2.16-386）。

Chapter 13 その他の登記について

Section 1 信託の登記

1 信託の登記全般

Q 1 信託による所有権の移転の登記と信託の登記の申請は、一の申請情報によって申請しなければならない。

Q 2 信託の登記は、受託者が単独で申請することができる。

Q 3 信託の登記を申請するときは、信託目録に記録すべき情報の提供を要する。

Q 4 委託者、受託者、受益者の氏名または名称および住所は、信託登記の登記事項である。

Q 5 受益者の定めのない信託をすることはできない。

Q 6 信託による所有権移転の登記については、登録免許税は課されない。

A 1 ◯ そのとおり（不動産登記法98条１項、不動産登記令５条２項）。
２つの別の登記を同時に、かつ、同一の申請情報で申請することを
要するのである。この場合、登記の目的は「所有権移転及び信託」
とする。

A 2 ◯ そのとおり（不動産登記法98条２項）。このため、同時に申請す
る登記が所有権の移転の登記であれば、共同申請と単独申請の混在
という珍しい申請形態になる。

A 3 ◯ これに基づいて、登記官が信託目録を作成することになる（不動
産登記法97条３項）。

A 4 ◯ そのとおり（不動産登記法97条１項１号）。これらの者は、信託
目録に記録すべき事項となる。

> 🐕 **One Point◆ 信託目録**
>
> 　信託目録とは、信託の登記の登記事項を記録した目録のことをいいます。
> 信託の登記は、一般の登記と比べて、登記事項があまりにも膨大なので、登
> 記官が信託目録を作成して、それを公示することとしています。なお、信託
> 登記の登記事項は、不動産登記法の97条１項に列挙されています。

A 5 ✕ 受益者の定めのない信託も可能である（不動産登記法97条１項６
号参照）。なお、受益者の定めのない信託の場合、受益者の氏名また
は名称および住所は登記されない（不動産登記法97条２項）。

A 6 ◯ 所有権移転分は非課税である（登録免許税法７条１項１号）。なお、
信託登記分としての不動産価額に1000分の４を乗じた額の納付は要
する。

Q 7 権利能力なき社団を受益者として、信託の登記をすることができる。

Q 8 信託を原因として、所有権移転請求権仮登記および信託の仮登記を申請することができる。

Q 9 受託者を複数とする信託の登記を申請する場合でも、申請情報の内容として、持分の記載を要しない。

2 受託者の変更

Q 10 受託者が1名の不動産の信託において、その受託者の任務が終了したときは、前受託者から新受託者への所有権の移転の登記を申請する。

Q 11 受託者の変更による所有権の移転の登記を申請するときは、登録免許税が課されない。

Q 12 受託者が複数いる場合、そのうちの1人の任務が終了したときは権利の変更の登記を申請する。

Q 13 受託者の辞任による所有権の移転の登記は、新受託者が単独で申請することができる。

A 7 ✗ 信託法上、受益者に目的不動産の所有権が帰属する可能性があるため、権利能力なき社団を受益者とすることはできない（先例昭59.3.2-1131）。

A 8 ✗ 信託による2号仮登記を申請することはできない（登記研究508P172）。信託により所有権が移転するのであり、所有権移転請求権は発生しない。なお、1号仮登記は可能である。

A 9 ◯ 受託者が複数いるときは、信託財産はその合有となるため、持分の記載を要しない（不動産登記令3条9号カッコ書）。

> 🐕 **One Point ◆ 申請情報と持分の記載のまとめ**
>
> 登記名義人となる者が2人以上あるときは、申請情報などにそれぞれの持分を記載するのが原則です。例外として、次の登記を申請するときは、持分の記載を要しません。
> 1 （元本確定前の）根抵当権・根質権の登記
> 2 信託の登記
> 3 地役権の設定登記
> 4 処分の制限の登記（差押えなど。嘱託情報への記載を要しない）

A 10 ◯ そのとおり（不動産登記法100条1項参照）。

A 11 ◯ 非課税である（登録免許税法7条1項3号）。

A 12 ◯ 「何番合有登記名義人変更」として、変更の登記を申請する（不動産登記法100条2項参照）。なお、この場合の登記も、非課税である。

A 13 ✗ 前受託者と新受託者の共同申請によってする。

Q 14 受託者の死亡による所有権の移転の登記は、新受託者が単独で申請することができる。

③ 信託財産の処分による信託、代位申請

Q 15 「売買」を原因として、所有権移転および信託財産の処分による信託の登記を申請するときの登録免許税は、所有権移転分については非課税となる。

Q 16 所有権移転および信託財産の処分による信託の登記を申請する場合、信託の登記は、受託者が単独で申請することができる。

Q 17 委託者は、受託者に代わって信託の登記を申請することができる。

Q 18 受託者が信託の登記を申請しない場合でも、受益者は、受託者に代わって信託の登記を申請することはできない。

④ 信託の登記の変更、信託の併合・分割

Q 19 信託の受益権の譲渡により受益者が変更したときは、受託者は、信託の変更の登記を申請しなければならない。

Q 20 受益者に変更があったにもかかわらず、受託者が信託の変更の登記を申請しないときは、委託者が受託者に代位して信託の変更の登記を申請することができる。

A 14 ◯　受託者の変更の原因が死亡など、前受託者の関与が不可能である場合や、適切でない場合は、新受託者による単独申請が認められている（不動産登記法100条1項）。

> 🐕 **One Point♦ 単独申請のケース**
>
> 受託者の変更の原因が以下の場合に、新受託者等が単独で申請することができます。
> ① 死亡　② 破産手続開始の決定　③ 後見開始・保佐開始の審判
> ④ 法人の解散（合併による解散を除く）
> ⑤ 裁判所、主務官庁による解任命令

A 15 ✖　通常の税率による課税対象となる。

A 16 ◯　そのとおり（不動産登記法98条2項）。

A 17 ◯　受託者が信託の登記を申請しないような場合に、代位申請が認められている（不動産登記法99条）。

A 18 ✖　受益者も、受託者に代位して、信託の登記を申請できる（不動産登記法99条）。

A 19 ◯　そのとおり（不動産登記法103条1項）。この登記も、受託者の単独申請による。

A 20 ◯　信託の変更の登記は、委託者、受益者が代位して申請することもできる（不動産登記法103条2項、99条）。

Q 21 信託の併合または分割による所有権の変更の登記は、新たな信託の受託者および受益者を登記権利者、従前の信託の受託者および受益者を登記義務者として、共同で申請する。

Q 22 信託の併合または分割による所有権の変更の登記を申請するときは、登記義務者である従前の信託の受益者については、その登記識別情報の提供を要しない。

Q 23 信託の併合または分割による所有権の変更の登記は、付記登記によってする。

5 信託登記の抹消

Q 24 信託登記の抹消は、受託者が単独で申請することができる。

Q 25 信託の終了による所有権の移転の登記と信託の登記の抹消の申請は、一の申請情報によって申請しなければならない。

Q 26 受託者の固有財産となった旨の所有権の変更の登記の登記義務者は、委託者である。

Q 27 受託者の固有財産となった旨の所有権の変更の登記を申請するときは、登記義務者の登記識別情報を提供することを要しない。

Q 28 受託者の固有財産となった旨の所有権の変更の登記は、主登記によってする。

A 21 ○ 　そのとおり（不動産登記法104条の2第2項3号）。受託者のほか、受益者も申請人となる。なお、信託の登記の抹消と新たな信託の登記は、受託者が単独で申請する（不動産登記法98条2項、104条2項）。

A 22 ○ 　受益者にはそもそも登記識別情報は通知されていないため、その提供を要しない（不動産登記法104条の2第2項後段）。なお、従前の信託の受託者については、登記識別情報の提供を要する。

A 23 ✕ 　主登記によってする。

A 24 ○ 　そのとおり（不動産登記法104条2項）。

A 25 ○ 　そのとおり（不動産登記令5条3項）。

> 🐕 **One Point ◆ 非課税登記**
>
> 　信託の当初から「委託者＝受益者」であったときに、その「委託者＝受益者」に所有権を移転する場合、所有権の移転の登記の登録免許税は非課税となります。このケースは、行き（委託者→受託者）が非課税だったので、帰り（受託者→委託者）も非課税となります。行きがタダなら帰りもタダというわけです。

A 26 ✕ 　委託者ではなく、受益者が登記義務者となる（不動産登記法104条の2第2項2号）。

A 27 ○ 　そもそも、受益者には登記識別情報が通知されていないため、その提供を要しない（不動産登記法104条の2第2項後段）。

A 28 ○ 　本問の登記は変更登記ではあるが、主登記によってする。

❻ 特殊な信託

Q 29 　自己信託による権利の変更の登記は、受託者が単独で申請することができる。

Q 30 　自己信託による権利の変更の登記を申請するときは、登記識別情報の提供を要しない。

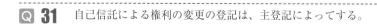

Q 31 　自己信託による権利の変更の登記は、主登記によってする。

Q 32 　信託を原因として抵当権の設定の登記を申請することはできない。

356

A 29 ◯ 　委託者自らが受託者となるため、受託者からの単独申請によってする（不動産登記法98条3項）。

A 30 ✕ 　単独申請であるが、登記識別情報の提供を要する（不動産登記令8条1項8号）。

> **One Point ◆ 単独申請と登記識別情報（復習）**
>
> 単独申請であるにもかかわらず登記識別情報の提供を要するのは、次のケースです。
> 1　所有権の保存の登記の抹消
> 2　自己信託による変更の登記
> 3　仮登記名義人が単独で申請する仮登記の抹消

A 31 ◯ 　変更登記ではあるが、主登記によってする。

A 32 ✕ 　抵当権の設定による信託の登記をすることもできる（先例平19.9.28-2048）。登記の目的は「抵当権設定及び信託」である。

1 工場抵当全般

Q 1 工場抵当法2条による抵当権の設定の登記をした後、新たに機械を備え付けたときは、所有権の登記名義人が、単独で抵当権の変更の登記を申請することができる。

Q 2 工場財団の所有権の保存の登記をした後、6か月以内に抵当権の設定の登記をしないときは、所有権の保存の登記は効力を失う。

Q 3 工場財団の所有権の保存の登記の登録免許税は、工場財団1個につき金3万円である。

Q 4 工場財団を目的とする抵当権の設定の登記の登録免許税は、債権額に1000分の4を乗じた額である。

Q 5 工場財団およびこれに属しない土地を目的として共同抵当権を設定するときの登録免許税は、債権額に1000分の2.5を乗じた額である。

Q 6 工場財団に属した旨の登記は、常に主登記によってする。

2 工場財団その他

Q 7 所有権の登記のない不動産を工場財団の組成物件とすることはできない。

Q 8 差押えなどの第三者の権利の目的となっている不動産を、工場財団の組成物件とすることはできない。

Q 9 既にA工場財団の組成物件となっている甲土地を、B工場財団の組成物件とすることができる。

A 1 ◯　　そのとおり。この場合、抵当権者の同意を証する情報の提供を要する（工場抵当法3条4項、38条2項)。

A 2 ◯　　工場財団登記簿は、抵当権を設定することのみを目的として作成するものだから、その目的に沿わないときは失効する（工場抵当法10条)。

A 3 ◯　　そのとおり。

A 4 ✕　　債権額の1000分の2.5である（登録免許税法別表第一　5 (2))。

A 5 ◯　　工場財団を目的とする抵当権の税率は1000分の2.5、それ以外の通常の抵当権の税率は1000分の4である。このように共同担保に係る不動産ごとに登録免許税の税率が異なるときは、そのうち最も低い税率（1000分の2.5）による（登録免許税法13条1項後段)。

A 6 ✕　　地上権や賃借権など、所有権以外の権利が工場財団に属したときは、付記登記によってする。

A 7 ◯　　工場財団に属した旨の登記をする前提として、所有権の保存の登記が必須だからである（工場抵当法12条)。

A 8 ◯　　そのとおり（工場抵当法13条1項)。

A 9 ✕　　既に組成物件となったものを、別の工場財団の組成物件とすることはできない（工場抵当法8条2項)。

Q 10 　A工場財団に属する甲土地を賃貸したときは、甲土地に賃借権の設定の登記をすることができる。

Q 11 　抵当権者の同意を得てA工場財団を賃貸したときは、賃借権の設定の登記をすることができる。

Q 12 　工場財団目録に変更が生じたときは、工場の所有者は、抵当権者の同意を証する情報を提供して、単独でその変更の登記を申請することができる。

A 10 ◯　抵当権者の同意があれば組成物件を賃貸でき、その登記をすることができる（先例昭41.12.20-851）。

A 11 ✕　工場財団登記簿は、所有権と抵当権しか登記することができない。前問とよく区別しよう。

A 12 ◯　そのとおり（工場抵当法38条1項）。なお、この場合の登録免許税は、金6000円である。

Part
2

各種の登記

Section 3 抵当証券

Q 1 抵当証券発行の定めがあるときは、元本または利息の弁済期または支払場所の定めが登記事項となる。

Q 2 債権の分割による変更の登記は、付記登記によってする。

Q 3 抵当権が根抵当権であるときでも、抵当証券を発行することができる。

Q 4 買戻特約の登記に後れる抵当権者は、抵当証券の発行を請求することができない。

Q 5 抵当証券が発行されている場合、抵当権の債務者の氏名や住所の変更の登記は、債務者が単独で申請することができる。

Q 6 抵当証券を発行している場合に、抵当権の債務者が単独でその住所の変更の登記を申請するときは、抵当証券の提供を要しない。

Q 7 抵当証券を発行している共同抵当権のうちの一部の不動産について、抵当権の抹消の登記を申請するときは、担保の十分性を証する情報の提供を要する。

A 1 ◯ 抵当証券発行の定めがあるときに特有の登記事項である（不動産登記法88条1項6号）。

A 2 ◯ そのとおり（不動産登記規則3条2号イ）。

A 3 ✕ 根抵当権であるときは、発行できない（抵当証券法2条）。

A 4 ◯ 買戻権が行使されると、その抵当権は買戻権者に対抗できないため消滅してしまうからである（先例平1.11.15-4777）。

A 5 ◯ 登記名義人ですらない債務者の単独申請を認める異例の規定である（不動産登記法64条2項）。抵当証券における基本知識である。

A 6 ◯ そのとおり。

A 7 ◯ 抵当証券を購入した投資家の保護のためである（先例平1.10.16-4200）。このほか、抵当証券を発行している抵当権の順位が下がる順位変更の登記を申請するときも、この情報の提供を要する（先例平1.10.16-4200）。

Part 2

各種の登記

Part 3

登記手続の問題

Section **1** 登記の申請全般

1 オンライン申請全般

Q 1 オンラインにより登記を申請したときは、登記識別情報を記載した書面の交付を求めることはできない。

Q 2 送付の方法により登記識別情報を記載した書面の交付を求めるときは、登記識別情報の通知を受けるための特別の委任を受けた司法書士であっても、代理人である司法書士の事務所を送付先とすることはできない。

Q 3 オンラインにより登記を申請した者が、登記識別情報をダウンロードできるようになってから30日以内にダウンロードしないときは、登記官は、登記識別情報を通知することを要しない。

Q 4 オンラインにより登記を申請した場合、申請人は、申請に係る登記が完了するまでの間、申請書及びその添付情報の受領証の交付を求めることができる。

Q 5 書面申請をした申請人は、申請に係る登記が完了するまでの間、申請書及びその添付書面の受領証の交付を求めることができる。

Q 6 登記権利者と登記義務者が共同して、自らオンライン申請をするときは、登記権利者及び登記義務者の双方が申請情報に電子署名を行わなければならない。

2 添付情報の省略、援用

Q 7 AからBへの所有権の移転の登記を申請する場合において、Bの住民票コードを提供したときは、住所を証する情報の提供を要しない。

A 1 ✗　オンライン申請の場合でも、その旨を申請情報の内容とすることにより、本問の書面（登記識別情報通知書）の交付を求めることができる（先例平20.1.11-57）。

A 2 ✗　代理人の住所を送付先とすることもできる（不動産登記規則63条3項カッコ書）。なお、登記識別情報は、書面申請の場合は窓口交付を、オンライン申請の場合はオンラインによる交付をそれぞれ原則とするが、そのいずれにおいても、送付の方法による登記識別情報通知書の交付の申出をすることができる。

A 3 ○　そのとおり（不動産登記規則64条1項2号）。登記所は、いつまでも大事な情報を保管したくないのである。

A 4 ✗　オンライン申請をしたときは、受領証の交付を求めることができない。

A 5 ○　前問と相違して、書面申請の場合に限り、申請人は、受領証の交付を求めることができる（不動産登記規則54条1項）。商業登記では、オンライン申請でも書面申請でも受領証の交付を求めることができることと比較しよう。

A 6 ○　本問は、代理人によらない本人申請の例であり、当事者の双方が申請情報に電子署名を要する（不動産登記令12条1項）。

A 7 ○　住民票コードの提供により、住所を証する情報の提供を省略できる（不動産登記令9条、不動産登記規則36条4項）。

Q 8 Xから株式会社Aへの所有権の移転の登記を申請する場合に、株式会社A の会社法人等番号を提供したときは、住所証明情報の提供を要しない。

Q 9 合併による所有権の移転登記を申請する場合に、会社法人等番号を提供し たときは、合併を証する登記事項証明書の提供を省略することができる。

Q 10 遺産分割協議書に添付した印鑑証明書を、登記義務者の印鑑証明書として 援用することができる。

3 添付情報の作成期限

Q 11 所有権の登記名義人が登記義務者となる場合に添付する印鑑証明書は、作 成後3か月以内のものであることを要する。

Q 12 登記権利者の住所を証する情報として印鑑証明書を提供する場合、その印 鑑証明書は、作成後3か月以内のものでなければならない。

Q 13 遺産分割協議書に添付する印鑑証明書は、作成後3か月以内のものである ことを要する。

Q 14 登記上の利害関係を有する第三者の承諾書に添付する印鑑証明書は、作成 後3か月以内のものであることを要する。

Q 15 会社法人等番号を有する法人以外の法人の代表者の資格を証する情報を記 載した書面であって、市町村長、登記官その他の公務員が職務上作成したも のは、作成後3か月以内のものでなければならない。

Q 16 会社法人等番号を有する法人が、会社法人等番号に代えて提供するその法 人の代表者の資格を証する登記事項証明書は、作成後3か月以内のものでな ければならない。

Q 17 代理権限証明情報であって官公署が作成したものは、作成後3か月以内の ものであることを要する。

A 8 ◯   登記権利者が会社法人等番号を有する法人であるときは、会社法人等番号の提供により、住所証明情報の提供を省略できる（不動産登記令9条、不動産登記規則36条4項）。

A 9 ◯   そのとおり（先例平27.10.23-512）。

A 10 ✕   添付の根拠が異なるため、援用することができない。

A 11 ◯   そのとおり（不動産登記令16条2項・3項、18条2項・3項）。

A 12 ✕   住所を証する情報には作成期限の定めがないため、作成後3か月以内のものであることを要しない。

A 13 ✕   特別な規定がないため、作成後3か月以内のものでなくてもよい（登記研究129P47）。

A 14 ✕   特別の規定がなく、作成後3か月以内のものであることを要しない。

A 15 ◯   そのとおり（不動産登記令7条1項1号ロ、17条1項）。

A 16 ◯   そのとおり（不動産登記規則36条2項、先例令2.3.30-318）。これも、作成後3か月以内の書面の1つである。

A 17 ◯   そのとおり（不動産登記令7条2号、17条1項）。なお、司法書士への委任状は公文書ではないから、作成後3か月以内のものでなくてもよい。

④ 原本還付

Q 18　オンラインにより登記の申請をした申請人は、申請情報と併せて提供した添付情報の原本の還付を請求することができる。

Q 19　登記義務者の印鑑証明書は、原本の還付を請求することができない。

Q 20　利害関係人の承諾書に添付した印鑑証明書は、原本の還付を請求することができる。

Q 21　遺産分割協議書に添付した印鑑証明書は、原本の還付を請求することができる。

Q 22　甲土地の所有権の移転の登記を申請するために作成された司法書士への登記申請の委任状は、原本の還付を請求することができない。

Q 23　株式会社と取締役の利益相反取引を承認した取締役会議事録に押印した印鑑に係る印鑑証明書は、原本の還付を請求することができない。

Q 24　司法書士が作成した本人確認情報に添付した司法書士の職印に係る印鑑証明書は、原本の還付を請求することができない。

Q 25　原本の還付を請求する申請人は、原本と相違ない旨を記載した謄本を提出しなければならない。

Q 26　相続関係を証する戸籍全部事項証明書等の原本の還付を請求するときは、その謄本の提出に代えて、相続関係説明図を提出することができる。

A 18 ✗　オンライン申請には、原本の還付という概念がない。

A 19 ○　そのとおり（不動産登記規則55条1項ただし書、不動産登記令18条2項）。

A 20 ✗　原本の還付を請求することはできない（不動産登記規則55条1項ただし書、不動産登記令19条2項）。

A 21 ○　この印鑑証明書は、原本の還付を請求することができないとされている印鑑証明書に当たらない。

A 22 ○　当該登記申請のためにのみ作成されたものは、原本の還付を請求することができない（不動産登記規則55条1項ただし書）。

A 23 ○　これも、第三者の同意書または承諾書に押印された印鑑に係る印鑑証明書である（不動産登記規則55条1項ただし書、不動産登記令19条2項）。

A 24 ✗　原本の還付を請求することができる。なお、司法書士作成の本人確認情報は、登記申請のためにのみ作成されたものであり、原本還付できない。

A 25 ○　原本の還付を請求するときは、コピーの提出を要するのである（不動産登記規則55条2項）。

A 26 ○　相続関係書類は、その量が膨大になることが通常であるため、簡易な取扱いが認められている（先例昭39.11.21-3749）。

🐕 **One Point ◆ 相続関係説明図と原本還付**

　相続関係説明図を提出して原本の還付を請求することができるのは、戸籍全部事項証明書等に限られています（先例平17.2.25-457）。たとえば、遺産分割協議書の原本の還付を請求するためには、原則どおり、謄本の提出が必要となります。

1 登記識別情報

Ⓠ **1** 分筆の登記の後、申請人には分筆後の土地についての登記識別情報が通知
☐☐☐ される。

Ⓠ **2** 合筆の登記の後、申請人には合筆後の土地についての登記識別情報が通知
☐☐☐ される。

Ⓠ **3** Aを抵当権者とする共同抵当権の設定の登記がされている甲土地および乙
☐☐☐ 土地につき、乙土地を甲土地に合筆する合筆の登記がされた。その後、Aの
抵当権の移転の登記を申請するときは、Aは、合筆前の甲土地および乙土地
の登記識別情報を提供しなければならない。

Ⓠ **4** Aが所有権の登記名義人である甲土地および乙土地につき、乙土地を甲土
☐☐☐ 地に合筆する合筆の登記がされた。その後、Aが合筆後の甲土地をBに売却
したことによる所有権の移転の登記を申請するときは、Aは、合筆前の甲土
地および乙土地の登記識別情報を提供することができる。

2 登記識別情報の提供ができない場合

Ⓠ **5** 登記識別情報を提供することができないときは、申請情報の内容として、
☐☐☐ その提供をすることができない理由を提供しなければならない。

Ⓠ **6** オンラインで登記を申請した場合、事前通知はオンラインによってする。
☐☐☐

Ⓠ **7** 登記義務者が自然人であるときは、その者に対する事前通知は、本人限定
☐☐☐ 受取郵便によってする。

A 1 ✗ 通知されない。たとえば、甲土地を2つに分筆した場合（分筆後は甲土地と乙土地）、乙土地の登記識別情報は、分筆前の甲土地のそれと同じものになる。

A 2 〇 そのとおり。たとえば、甲土地に乙土地を合筆したときは、合筆後の土地についての登記識別情報が通知される。このため、合筆の場合、その申請人は、合筆後の甲土地の登記識別情報のほか、合筆前の甲土地および乙土地のそれぞれの登記識別情報を有することとなる。

A 3 ✗ 甲土地の登記識別情報のみ提供すれば足りる（先例平19.10.15-2205）。

A 4 〇 そのとおり。合筆の登記後に通知された登記識別情報のほか、合筆前のそれぞれの土地の登記識別情報を提供することもできる（先例昭39.7.30-2702）。

A 5 〇 そのとおり（不動産登記令3条12号）。たとえば「登記識別情報を提供できない理由　不通知」のように提供する。

A 6 ✗ 事前通知は、必ず書面を送付する方法により行う（不動産登記規則70条）。

A 7 〇 そのとおり（不動産登記規則70条1項1号）。このほか、登記義務者が法人である場合において、代表者の住所にあてて通知するときも、本人限定受取郵便によってする（不動産登記規則70条1項1号）。

Q 8 日本国内に住所を有する登記義務者に対して事前通知がされた場合、申請内容が真実である旨の申出は、登記官が事前通知を発送した日から2週間以内にすることを要する。

Q 9 オンラインにより登記を申請した場合でも、事前通知に対する申請の内容が真実である旨の申出は、書面ですることを要する。

Q 10 事前通知に対する申出をする前に登記義務者が死亡したときは、その相続人の一人から申請の内容が真実である旨の申出をすることができる。

Q 11 事前通知に対し、申請の内容が真実である旨の申出があったときは、その登記の申請は、申出をしたときに受付がされたことになる。

③ 前住所通知

Q 12 登記識別情報を提供することなく所有権移転登記の申請があった場合において、登記義務者の住所の変更の登記がされているときは、登記官は、一定の例外を除いて、事前通知のほか、前住所通知をしなければならない。

Q 13 登記識別情報を提供することなく、抵当権設定登記を申請する場合において、登記義務者の住所の変更登記がされているときは、登記官は、事前通知のほか、前住所通知をしなければならない。

Q 14 登記識別情報を提供しないで所有権の移転の登記を申請した場合において、登記名義人の住所の変更の登記の申請日から3か月以上経過しているときは、前住所への通知を要しない。

Q 15 登記義務者が法人であるときは、前住所通知を要しない。

Q 16 前住所通知をすべき場合において、住所が複数回移転しているときは、その最後の前住所にあてて通知をすれば足りる。

A 8 ◯ そのとおり（不動産登記規則70条8項）。なお、登記義務者の住所が外国にある場合は、4週間以内に申出をすればよい（同項ただし書）。

A 9 ✗ オンラインで申請した場合の事前通知に対する申出は、オンラインによってする（不動産登記規則70条5項1号）。

A 10 ✗ 相続人全員から申出をすることを要する（準則46条1項）。この場合、相続を証する情報および印鑑証明書の提供を要する。

A 11 ✗ 申出の時点ではなく、登記を申請した時点で受け付けられ、受付番号が付される（不動産登記法19条1項）。

A 12 ◯ そのとおり（不動産登記法23条2項）。所有権は重要な権利だから、より慎重に本人確認をするのである。

A 13 ✗ 抵当権設定登記は、所有権に関する登記ではないので、事前通知のみで足り、前住所通知を要しない。

A 14 ◯ そのとおり（不動産登記規則71条2項2号）。なお、この場合でも、事前通知はすることに注意しよう。

A 15 ◯ そのとおり（不動産登記規則71条2項3号）。

A 16 ✗ 前の住所のすべてにあてて前住所通知を発する（準則48条2項）。

❹ 本人確認情報

Q 17 登記識別情報を提供できない場合でも、司法書士が作成した本人確認情報を提供し、登記官がその内容を相当と認めるときは、事前通知を要しない。

Q 18 司法書士が提供した本人確認情報の内容が相当であり、その内容により、申請人が登記義務者であることが確実であると認められるときは、事前通知のほか、前住所通知も省略される。

Q 19 資格者代理人による本人確認情報の内容を登記官が相当と認めなかったときは、その登記の申請は却下される。

Q 20 登記の申請に係る委任状について、登記義務者であることを確認するために必要な公証人の認証を受け、登記官がその内容を相当と認めたときは、事前通知が省略される。

Q 21 司法書士が虚偽の本人確認情報を作成したときは、過料に処せられるが、刑事罰を科されることはない。

❺ 登記識別情報の失効申出と有効証明

Q 22 登記識別情報の失効の申出は、オンラインですることはできない。

Q 23 登記識別情報が有効であることの証明の請求をするときは、登記識別情報の提供を要する。

Q 24 登記識別情報が失効していることの証明の請求をするときは、登記識別情報の提供を要する。

Q 25 登記識別情報の失効の申出をするときは、登記識別情報の提供を要しない。

Q 26 資格者代理人が登記名義人を代理して登記識別情報に関する証明の請求をするときは、代理人の権限を証する情報を提供しなければならない。

A 17 ◯   そのとおり（不動産登記法23条4項1号）。この本人確認情報を書面で作成したときは、その書面に押印した職印に係る印鑑証明書の提供を要する。

A 18 ◯   この場合は、事前通知はもとより、前住所通知も省略される（不動産登記規則71条2項4号）。

A 19 ✗   却下されるのではない。原則に戻って、事前通知の手続をとる。

A 20 ◯   公証人の認証を受けるという方法も存在する（不動産登記法23条4項2号）。

A 21 ✗   行政罰（過料）ではなく、刑事罰が待ち受けている（不動産登記法160条、2年以下の懲役または50万円以下の罰金）。

A 22 ✗   オンラインまたは書面によってする（不動産登記規則65条3項）。なお、登記識別情報が有効であることの証明その他の登記識別情報に関する証明の請求も同様である（不動産登記規則68条3項）。

A 23 ◯   そのとおり（不動産登記規則68条2項）。

A 24 ✗   提供を要しない（不動産登記規則68条2項カッコ書）。

A 25 ◯   そのとおり。

A 26 ✗   提供を要しない（不動産登記規則68条7項カッコ書）。この場合、資格者代理人であることを証する情報の提供を要する（不動産登記規則68条14項）。

Part
3
登記手続の問題

Section 3 登記官の本人確認

Q 1 　登記の申請を却下すべき場合には、登記官は、申請人となるべき者以外の者が申請していると疑うに足りる相当な理由があると認められるときでも、申請人の申請の権限の有無の調査を要しない。

Q 2 　登記の完了前に前住所通知に対する異議の申出があったときは、登記官は、申請人の申請の権限の有無を調査しなければならない。

Q 3 　不正登記防止申出が相当であると認められる場合において、申出の日から3か月以内に申出に係る登記の申請があったときは、登記官は、申請人の申請の権限の有無を調査しなければならない。

Q 4 　オンラインによって不正登記防止申出をすることができる。

A 1 ◯ 　却下すべき場合は、本人確認を要しない（不動産登記法24条 1 項）。

A 2 ◯ 　そのとおり（準則33条 1 項 4 号）。また、登記識別情報を提供できない理由が事実と異なる場合にも、本人確認を要する（同項 6 号）。

A 3 ◯ 　そのとおり（準則33条 1 項 2 号）。

A 4 ✗ 　不正登記防止申出はめったにある話ではないため、オンラインによる申出の仕組みが存在しない（法務省にシステム構築の予算がない）。

Section **4**　取下げ、却下その他

① 取下げ全般

Q 1　登記の申請の取下げは、オンラインで登記を申請したときでも、書面によってしなければならない。

Q 2　オンラインによって不動産登記を申請した場合において、その申請の不備を補正するときは、オンラインまたは書面のいずれの方法によってもすることができる。

Q 3　登記の申請の不備を補正するために、代理人が申請を取り下げるときは、取下げのための授権を要する。

Q 4　登記の申請を撤回するために、代理人が登記の申請を取り下げるときは、取下げのための授権を要する。

Q 5　登記の申請の取下げは、登記が完了した後でもすることができる。

Q 6　登記の申請を取り下げたときは、原則として申請書および添付書面が還付される。

② 再使用証明

Q 7　登記の申請を取り下げたときは、申請書に貼り付けた印紙で消印がされたものの再使用の申出をすることができる。

Q 8　登記の申請を取り下げた場合、申請書に貼り付けた印紙の再使用証明を求めることなく、登録免許税の現金還付を受けることもできる。

Q 9　再使用証明を受けた領収証書または印紙は、取下げの日から1年以内に限り再使用することができる。

A 1 ✕ 　オンラインで申請したときはオンラインで、書面で申請したとき は書面で取り下げる（不動産登記規則39条1項）。

A 2 ✕ 　補正は、オンライン申請の場合はオンラインで、書面申請の場合 は書面でしなければならない（不動産登記規則60条2項）。

A 3 ✕ 　授権を要しない（先例昭29.12.25-2637）。

A 4 ◯ 　このケースでは授権を要する（先例昭29.12.25-2637）。この場 合、当事者双方からの授権を要する。

A 5 ✕ 　登記完了後の取下げは認められない（不動産登記規則39条2項）。

A 6 ◯ 　そのとおり（不動産登記規則39条3項前段）。ただし、偽造され た書面その他の不正な登記の申請のために用いられた疑いがある書 面は返却されない（同項後段、38条3項ただし書）。

A 7 ◯ 　そのとおり（登録免許税法31条3項）。

A 8 ◯ 　そのとおり（登録免許税法31条1項2号）。むしろ、現金で還付 するのが原則である。

A 9 ◯ 　そのとおり（登録免許税法31条3項）。

Q 10　A登記所で再使用証明を受けた領収証書または印紙を、B登記所で使用することができる。

Q 11　不動産登記の申請を取り下げたときに再使用証明を受けた印紙を、商業登記の申請で使用することはできない。

Q 12　オンライン申請において、インターネットバンキングにより登録免許税を納付していた場合でも、再使用証明を受けることができる。

❸ 申請の却下

Q 13　登記の申請が却下されたときは、申請書および添付書面が還付される。

Q 14　登記の申請が却下されたときは、申請人は、消印がされた印紙の再使用証明の申出をすることはできない。

Q 15　オンラインによる不動産登記の申請を却下する場合であっても、登記官は、書面によって却下決定書を作成しなければならない。

Q 16　代理人によって申請した登記を却下したときは、登記官は、却下決定書を代理人に交付または送付すればよい。

❹ 登記事項の証明など

Q 17　オンラインにより登記事項証明書の交付請求をするときは、電子署名を要しない。

A 10 ✗　再使用証明を受けた登記所でのみ使用できる（登記研究321P71）。

A 11 ✗　同一の登記所であれば可能である（登記研究393P87）。

A 12 ✗　インターネットバンキングで納付していたときは、現金還付を受けるしかない。再使用証明は、使用済みの記載がされた領収証書または消印がされた印紙を再使用するというものである。

A 13 ✗　添付書面は還付されるが、申請書は還付されない（不動産登記規則38条3項）。

> 🐕 **One Point ◆ 添付書面**
>
> 　登記の申請が却下になると添付書面は還付されますが、偽造された書面その他の不正な登記の申請のために用いられた疑いのあるものは還付されません（不動産登記規則38条3項ただし書）。このことは、取下げの場合でも同じです（不動産登記規則39条3項後段）。

A 14 ◯　そのとおり。この場合、登録免許税は現金で還付される。

A 15 ◯　そのとおり。却下決定書は、オンライン申請、書面申請のいずれの場合でも、書面で作成する（不動産登記規則38条1項）。

A 16 ◯　そのとおり（不動産登記規則38条1項ただし書、2項）。なお、代理人によらないで申請したときは、却下決定書は、申請人ごとに交付される。

A 17 ◯　そのとおり。誰でも交付請求できるものを、いちいち本人確認なんてしない。

Q 18 オンラインによって交付の請求をした登記事項証明書を登記所で受領することはできない。

Q 19 抵当権の設定の登記がされた乙区1番の部分のみを記載事項とする登記事項証明書の交付を請求することはできない。

Q 20 登記記録に記録されている事項のうち現に効力を有するもののみを記載事項とする登記事項証明書の交付を請求することができる。

Q 21 オンラインにより登記事項要約書の交付請求をすることができる。

Q 22 登記を申請した者が、登記官に対して、自己を申請人とする登記記録に係る登記簿の附属書類の閲覧を請求するときは、手数料の納付を要しない。

❺ 法定相続情報証明制度

Q 23 法定相続情報一覧図つづり込帳の保存期間は、作成の年の翌年から10年間である。

A 18 ✕ 　請求者が指定した登記所で受け取ることもできる（不動産登記規則194条3項後段）。また、郵送で受領することもできる（不動産登記規則193条1項7号）。

A 19 ✕ 　登記事項の一部の証明を求めることもできる（不動産登記規則196条1項3号、何区何番事項証明書）。

A 20 ◯ 　そのとおり。現在事項証明書の交付を求めることもできる（不動産登記規則196条1項2号）。

A 21 ✕ 　元が閲覧の仕組みだから、オンラインや郵送での交付請求はできない。

A 22 ✕ 　手数料の納付を要する（不動産登記法121条4項）。

> 🐕 **One Point ◆ 閲覧請求と正当な理由**
>
> 　申請人以外の者が、登記簿の附属書類の閲覧を請求するためには、手数料の納付はもちろんのこと、正当な理由を要します（不動産登記法121条3項）。これに対し、登記の申請人が、申請した登記に係る附属書類の閲覧請求をする場合は、正当な理由を要しません。申請人であることそのものが、正当な理由といえるためです。

A 23 ✕ 　保存期間は、作成の年の翌年から5年間である（不動産登記規則28条の2第6号）。

> 🐕 **One Point ◆ 法定相続情報一覧図つづり込帳**
>
> 　登記所には、法定相続情報一覧図つづり込帳が備えられます（不動産登記規則18条35号）。そして、そのつづり込帳に、法定相続情報一覧図とその保管の申出に関する書類がつづり込まれて、上記の期間保管されることとなります（不動産登記規則27条の6、28条の2第6号）。

法定相続情報一覧図には、被相続人の最後の住所を記載しなければならない。

法定相続情報一覧図には、相続人の住所を記載しなければならない。

相続の放棄をした者は、法定相続情報一覧図に記載することを要しない。

法定相続情報一覧図の保管及びその写しの申出は、申出人の住所地を管轄する登記所の登記官に対してすることができる。

法定相続情報一覧図の保管及びその写しの交付の申出書には、利用目的の記載を要しない。

法定相続情報一覧図の写しの再交付の申出をすることはできない。

A 24 ◯ そのとおり。このほか、被相続人の氏名、生年月日、死亡の年月日なども記載する（不動産登記規則247条1項1号・2号）。

> 🐕 **One Point ◆ 法定相続情報一覧図**
>
> 本問のとおり、法定相続情報一覧図には、被相続人の最後の住所を記載しますが、これに加えて、申出人の選択により、被相続人の最後の本籍を記載することもできます（先例平30.3.29-166）。

A 25 ✕ 相続人の住所は、法定相続情報一覧図の必要的記載事項ではない。なお、一覧図に相続人の住所を記載したときは、その保管および写しの交付の申出書には、相続人の住所を証する書面の添付を要する（不動産登記規則247条4項）。

A 26 ✕ 相続人としての記載を要する（先例平29.4.17-292参照）。法定相続情報証明制度は、戸籍から読み取ることのできる法定の相続人を証明するものである。相続の放棄をしたことは戸籍に記載されないため、相続の放棄をした者も、相続人として、その氏名等の記載を要するのである。

> 🐕 **One Point ◆ 廃除**
>
> 推定相続人の廃除があった場合、その旨は戸籍に記載されることから、廃除された推定相続人は、法定相続情報一覧図にその記載を要しません（先例平29.4.17-292）。

A 27 ◯ そのとおり（不動産登記規則247条1項）。このほか、被相続人の本籍地またはその最後の住所地、被相続人を所有権の登記名義人または表題部所有者とする不動産の所在地を管轄する登記所の登記官に申出をすることもできる。申出人が法定相続情報証明制度を利用しやすくするために、選択肢を多くしているのである。

A 28 ✕ 記載を要する（不動産登記規則247条2項3号）。何の利用目的もなく、申出をすることはできない。

A 29 ✕ 再交付の申出をすることもできる（不動産登記規則247条7項）。

Q 30 法定相続情報一覧図の保管及びその写しの交付の申出人以外の相続人は、申出人の代理人としてする場合を除き、一覧図の写しの再交付の申出をすることができない。

Q 31 相続を原因とする所有権の移転の登記の申請と同時に、法定相続情報一覧図の保管及びその写しの交付の申出をすることはできない。

Q 32 相続による所有権の移転の登記の申請情報と併せて、法定相続情報一覧図の写しを提供したときは、これをもって、相続があったことを証する市町村長その他の公務員が職務上作成した情報の提供に代えることができる。

Q 33 相続人の住所が記載された法定相続情報一覧図の写しを提供して、相続による所有権の移転の登記を申請するときは、その申請情報と併せて、相続人の住所を証する情報の提供を要しない。

Q 34 共同相続人間で遺産分割協議が成立したため、その旨の相続を原因とする所有権の移転の登記を申請する場合において、添付情報として、被相続人の法定相続情報一覧図の写しを提供したときは、遺産分割協議書の提供を要しない。

Q 35 共同相続人の中に相続を放棄した者があるため、その者を除いて相続を原因とする所有権の移転の登記を申請する場合において、添付情報として、被相続人の法定相続情報一覧図の写しを提供するときは、これと併せて相続放棄申述受理証明書を提供しなければならない。

Q 36 数次に相続が生じたときは、被相続人一人につき一つの法定相続情報一覧図を作成し、申出をしなければならない。

A 30 ◯   そのとおり。再交付の申出をすることができるのは、申出人（または、その相続人や代理人）である（不動産登記規則247条7項）。

A 31 ✕   相続登記の申請と同時に申出をすることもできる。

A 32 ◯   そのとおり。本問は、法定相続情報一覧図の写しの交付を受けた後のハナシである。一覧図の写しの提供により、相続を証する情報の提供に代えることができる（不動産登記規則37条の3）。

A 33 ◯   そのとおり（先例平30.3.29-166）。相続人の住所は、法定相続情報一覧図の必要的記載事項ではないが（Q24参照）、その記載があれば、相続登記の際に、相続人の住所を証する情報の提供を省略できるのである。

A 34 ✕   提供を要する。法定相続情報一覧図の写しは、戸籍から読み取ることのできる法定の相続人を証明するものであり、遺産分割の結果が反映されることはないからである（先例平29.4.17-292）。

A 35 ◯   そのとおり。相続放棄の事実は法定相続情報一覧図の記載事項ではないため、一覧図の写しのほか、相続放棄申述受理証明書の提供も要する（先例平29.4.17-292）。

A 36 ◯   そのとおり。複数の相続を一つにまとめて記載することはできない（不動産登記規則247条1項2号、先例平29.4.17-292）。

Chapter 2 その他の問題点

Section 1 嘱託による登記

Q 1 官公署が登記を嘱託するときは、登記識別情報の提供を要しない。

Q 2 不動産に関する国の機関の所管に属する権利につき、命令または規則により指定された官公署の職員が登記を嘱託するときは、資格証明情報及び代理権限証明情報の提供を要する。

Q 3 官公署が登記権利者となるときは、あらかじめ通知を希望する旨の申出をしない限り、登記識別情報は通知されない。

Q 4 官公署を登記権利者として登記を嘱託するときは、登録免許税は課されない。

Q 5 私人を登記権利者、官公署を登記義務者として登記を嘱託するときは、登録免許税は課されない。

Q 6 私人が登記権利者、官公署が登記義務者となるときは、嘱託情報と併せて住所を証する情報の提供を要しない。

Q 7 官公署が登記権利者となって所有権の移転の登記を嘱託するときは、登記義務者の承諾を証する情報を提供しなければならない。

Q 8 官公署が登記義務者として所有権の移転の登記を嘱託するときは、登記権利者の承諾を証する情報を提供しなければならない。

Q 9 私人を登記権利者、官公署を登記義務者として所有権の移転の登記を嘱託したときは、私人である登記権利者に対して、直接、登記識別情報を通知する。

A 1 ◯　官公署が登記権利者、登記義務者のいずれであっても不要である（定理）。

A 2 ✕　いずれも提供を要しない（定理）。

A 3 ◯　そのとおり（不動産登記規則64条1項4号）。後日、官公署が登記識別情報を使うことがないためである。

A 4 ◯　自分で自分に税金を払っても無意味である。

A 5 ✕　登録免許税の納付を要する。私人が権利を取得する場合に、これをタダでやる道理はない。

A 6 ✕　住所証明情報の提供を要する（先例昭43.4.1-290）。

A 7 ◯　そのとおり（不動産登記法116条1項）。登記義務者の意思を反映させるためである。また、承諾を証する情報の一部として印鑑証明書の提供も要する。

A 8 ✕　提供を要するのは、官公署が登記権利者となるときの登記義務者の承諾書である（前問参照）。

A 9 ✕　官公署に対して登記識別情報が通知され、そして、官公署が遅滞なく登記権利者に通知する（不動産登記法117条1項・2項）。

Section 2 登記申請の代理権

Q 1 ☐☐☐　登記の申請をする者の委任による代理人の権限は、本人の死亡によっては消滅しない。

Q 2 ☐☐☐　法人の代表者が、登記の申請を司法書士に委任した後に代表権を失ったときは、司法書士の代理権は消滅する。

Q 3 ☐☐☐　登記申請の委任を受けた代理人が、復代理人を選任した後に死亡したときは、復代理人の代理権は消滅する。

Q 4 ☐☐☐　所有権移転登記の登記義務者Ｘが、司法書士に登記の申請を委任した後に死亡した場合、申請情報と併せて、作成後３か月以内のＸの印鑑証明書の添付を要する。

A 1 ◯　そのとおり（不動産登記法17条 1 号）。生前に登記名義人から委任状の交付を受けていれば、その者を登記義務者とする申請を死後にすることができる。

A 2 ✕　消滅しない。不動産登記法17条 4 号の法定代理人には、法人の代表者も含む（先例平5.7.30-5320）。

A 3 ✕　復代理人についても、代理権不消滅の規定が適用になる。

A 4 ◯　そのとおり（先例平6.1.14-366）。

Section **3** 登録免許税

Q 1　登記完了後に登録免許税額に不足があったことが判明したときは、不足額を支払うことを要しない。

Q 2　課税標準金額に不服があるときは、申請人は、監督法務局または地方法務局の長に対して審査請求をすることができる。

Q 3　登録免許税の還付請求権は、請求することができる日から5年間これを行使しないときは、時効により消滅する。

Q 4　既にした登記を登記官が職権で抹消したときは、その際に納付した登録免許税は、還付を受けることができる。

Q 5　オンラインによって登記を申請する場合、登録免許税の納付は、インターネットバンキングを利用して納付する方法に限られる。

Q 6　登記を受ける者が2人以上いる場合、これらの者は、連帯して登録免許税を納付する義務を負う。

Q 7　登記権利者および登記義務者が共同して登記を申請したが、その申請を取り下げたときは、登記権利者または登記義務者は、納付した登録免許税の還付を受けることができる。

Q 8　課税標準の金額に不服があるときは、監督法務局または地方法務局の長に対して審査請求をすることができる。

Q 9　区分建物3個、敷地権の目的が甲土地の所有権のみの敷地権付き区分建物の所有権登記名義人であるAが、その住所を移転したことによる所有権登記名義人の住所変更登記を申請するときの登録免許税の額は、6000円である。

Q 10　同一の申請情報によって、20個を超える不動産について、抵当権の抹消登記を申請するときの登録免許税の額は、2万円である。

A 1 ✗　税務署長が、その不足額を申請人から徴収する（登録免許税法29条2項）。取るものは取るのが国家である。

A 2 ✗　国税不服審判所長に対して審査請求をする（国税通則法75条1項）。

A 3 ○　そのとおり（国税通則法74条1項）。

A 4 ○　そのとおり（先例昭38.7.19-2117）。

A 5 ✗　オンライン申請の場合、インターネットバンキングを利用して納付する方法のほか、領収証書または印紙による納付も認められている。なお、書面申請により登記を申請するときは、領収証書または印紙によって納付する。

A 6 ○　そのとおり（登録免許税法3条）。登記権利者と登記義務者の共同申請による登記の場合であれば、その双方が納付義務を負う。

A 7 ○　そのとおり。共同申請の場合、その双方が登録免許税の納付義務を負うため（前問参照）、登記の申請を取り下げたときも、権利者または義務者のいずれもが還付を受けることができる。

A 8 ✗　税金に関する不服は、国税不服審判所長に審査請求をすべきである（国税通則法75条1項5号）。

A 9 ✗　不動産の個数は建物3個、土地1個の合計4個であるから、正しくは、4000円である。敷地権付き区分建物の場合、建物の数（3個）につられて、敷地の数も3個で合計6個と勘違いする受験生が多いので気をつけよう。

A 10 ○　そのとおり（登録免許税法別表第1.1(15)）。抹消登記の登録免許税額は、2万円が上限となる。

Q 11 同一の申請情報によって、20個を超える不動産について、所有権更正登記を申請するときの登録免許税の額は、2万円である。

Q 12 抹消回復登記、登記事項の変更登記の登録免許税の額は、いずれも不動産1個について1000円である。

A 11 ✗ 　更正登記を申請するときは、1000円×不動産の個数分の登録免許
税額の納付を要する（登録免許税法別表第1.1(14)）。前問の上限
２万円の特例は、抹消登記に限定のハナシである。

A 12 ○ 　そのとおり（登録免許税法別表第1.1(14)）。登録免許税額は、前
問の更正登記に同じである（上限もナシ）。

Q **1**　書面又は口頭によって審査請求をすることができる。

Q **2**　審査請求は、登記官を経由してしなければならない。

Q **3**　登記官は、審査請求に理由があると認めるときは、その請求の日から３日以内に、意見を付して、事件を法務局または地方法局の長に送付しなければならない。

Q **4**　審査請求をすることができる期間に制限はない。

Q **5**　申請書の保存期間が満了した後は、審査請求をすることができない。

Q **6**　登記申請の委任を受けた代理人は、特別の委任がなくても、審査請求をすることができる。

Q **7**　所有権の移転の登記の申請が却下されたときは、登記義務者は審査請求をすることはできない。

Q **8**　抵当権の移転の登記の申請が却下されたときは、抵当権設定者は、審査請求をすることができる。

Q **9**　登記官が添付情報の不備を見逃して登記を実行したときは、登記義務者は、審査請求をすることができる。

Q **10**　審査請求をすることができる場合でも、審査請求をすることなく行政訴訟の提起や国家賠償の請求をすることができる。

Q **11**　審査請求の送付を受けた法務局の長は、登記官に対し、仮登記を命じなければれらない。

A 1 ✘ 口頭で審査請求をすることはできない。なお、審査請求の取下げも口頭ですることができず、書面ですることを要する（行政不服審査法27条2項）。

A 2 ◯ そのとおり（不動産登記法156条2項）。

A 3 ✘ 送付を要するのは、審査請求に理由がないと認めるときである（不動産登記法157条2項）。

A 4 ◯ そのとおり。審査請求の利益がある限り、いつでもすることができる。

A 5 ✘ 請求の利益がある限り、審査請求することができる（先例昭37.12.18-3604）。

A 6 ✘ 登記申請の代理権とは別に、審査請求についての代理権の授与を要する。

A 7 ✘ 登記権利者はもとより、登記義務者も審査請求できる。

A 8 ✘ 設定者には審査請求の利益はない（大決大6.4.25）。

A 9 ✘ 本問の場合、登記官には職権抹消の権限がないため、審査請求できない。

A 10 ◯ いずれも別の制度であり、どれを先にしてもよいし、手続を平行してもよい。

A 11 ✘ 一定の場合に仮登記を命ずることができるのであり、命じなければならないのではない（不動産登記法157条4項）。

オートマ実行委員会メンバー

山本浩司 （やまもとこうじ）

大阪生まれ。
Wセミナー専任講師
１年合格コースの最短最速合格者。２ＷＡＹ学習法を活かし、本試験の出題範囲を効果的に教授する資格試験講師のプロ。実務でも活躍する中、講演会活動なども精力的にこなしている。
本書では、全科目の監修を行っている。

西垣哲也 （にしがきてつや）

名古屋生まれ。ＴＡＣ名古屋校司法書士講座専任講師。平成19年司法書士試験合格。オートマシリーズをこよなく愛する実行委員。座右の銘は「日進月歩」。合言葉は「いつかはフェラーリ」。

司法書士

<ruby>山<rt>やま</rt></ruby><ruby>本<rt>もと</rt></ruby><ruby>浩<rt>こう</rt></ruby><ruby>司<rt>じ</rt></ruby>のオートマシステム

<ruby>新<rt>しん</rt></ruby>・でるトコ　<ruby>一<rt>いち</rt></ruby><ruby>問<rt>もん</rt></ruby><ruby>一<rt>いっ</rt></ruby><ruby>答<rt>とう</rt></ruby>＋<ruby>要<rt>よう</rt></ruby><ruby>点<rt>てん</rt></ruby><ruby>整<rt>せい</rt></ruby><ruby>理<rt>り</rt></ruby>　②　<ruby>不<rt>ふ</rt></ruby><ruby>動<rt>どう</rt></ruby><ruby>産<rt>さん</rt></ruby><ruby>登<rt>とう</rt></ruby><ruby>記<rt>き</rt></ruby><ruby>法<rt>ほう</rt></ruby>〈<ruby>第<rt>だい</rt></ruby>6<ruby>版<rt>はん</rt></ruby>〉

2016年4月25日	初　版　第1刷発行
2024年3月25日	第6版　第1刷発行

著　　者	山　本　浩　司	
発　行　者	猪　野　　　樹	
発　行　所	株式会社　早稲田経営出版	

〒101-0061　東京都千代田区神田三崎町3-1-5
　　　　　　　　神田三崎町ビル
電話 03(5276)9492（営業）
FAX 03(5276)9027

印　　刷	株式会社　ワ　コ　ー	
製　　本	株式会社　常　川　製　本	

© Kōji Yamamoto 2024　　　Printed in Japan

ISBN 978-4-8471-5152-1
N.D.C. 327

書籍の正誤に関するご確認とお問合せについて

書籍の記載内容に誤りではないかと思われる箇所がございましたら、以下の手順にてご確認とお問合せを
してくださいますよう、お願い申し上げます。
なお、正誤のお問合せ以外の書籍内容に関する解説および受験指導などは、一切行っておりません。
そのようなお問合せにつきましては、お答えいたしかねますので、あらかじめご了承ください。

1 「Cyber Book Store」にて正誤表を確認する

早稲田経営出版刊行書籍の販売代行を行っている
TAC出版書籍販売サイト「Cyber Book Store」の
トップページ内「正誤表」コーナーにて、正誤表をご確認ください。

URL:https://bookstore.tac-school.co.jp/

2 1の正誤表がない、あるいは正誤表に該当箇所の記載がない ⇒ 下記①、②のどちらかの方法で文書にて問合せをする

★ご注意ください★

お電話でのお問合せは、お受けいたしません。
①、②のどちらの方法でも、お問合せの際には、「お名前」とともに、
「対象の書籍名（○級・第○回対策も含む）およびその版数（第○版・○○年度版など）」
「お問合せ該当箇所の頁数と行数」
「誤りと思われる記載」
「正しいとお考えになる記載とその根拠」
を明記してください。
なお、回答までに1週間前後を要する場合もございます。あらかじめご了承ください。

① ウェブページ「Cyber Book Store」内の「お問合せフォーム」より問合せをする

【お問合せフォームアドレス】

https://bookstore.tac-school.co.jp/inquiry/

② メールにより問合せをする

【メール宛先　早稲田経営出版】

sbook@wasedakeiei.co.jp

※土日祝日はお問合せ対応をおこなっておりません。
※正誤のお問合せ対応は、該当書籍の改訂版刊行月末日までといたします。

乱丁・落丁による交換は、該当書籍の改訂版刊行月末日までといたします。なお、書籍の在庫状況等
により、お受けできない場合もございます。
また、各種本試験の実施の延期、中止を理由とした本書の返品はお受けいたしません。返金もいたし
かねますので、あらかじめご了承くださいますようお願い申し上げます。

早稲田経営出版における個人情報の取り扱いについて
■お預かりした個人情報は、共同利用させていただいているTAC（株）で管理し、お問合せへの対応、当社の記録保管のみに利用いたします。お客様の同意なしに業務委託先以
外の第三者に開示、提供することはございません（法令等により開示を求められた場合を除く）。その他、共同利用に関する事項等については当社ホームページ
（http://www.waseda-mp.com）をご覧ください。